全过程工程咨询服务指南

杨彦军　牛衍亮　主　编

赵建伟　张雪峰　栗　达　刘　丽　副主编

中国建筑工业出版社

图书在版编目（CIP）数据

全过程工程咨询服务指南 / 杨彦军，牛衍亮主编；
赵建伟等副主编 . — 北京：中国建筑工业出版社，
2023.9
ISBN 978-7-112-28930-1

Ⅰ.①全… Ⅱ.①杨… ②牛… ③赵… Ⅲ.①建筑工
程-咨询服务-指南 Ⅳ.①F407.9-62

中国国家版本馆 CIP 数据核字（2023）第 130544 号

　　《全过程工程咨询服务指南》全书共七章，介绍了全过程工程咨询服务在建设项目各个阶段所涉及的工作，并通过流程图和表格的方式对其进行梳理和衔接，形成了一个完整的全过程工程咨询业务流程体系，使读者可以详细了解全过程工程咨询分阶段的工作内容及其逻辑关系，以及全过程工程咨询服务中可能涉及的法律、法规、规章制度等内容。

　　本书可为建筑行业相关专业人员实施全过程工程咨询相关业务提供参考，也可作为高校土木工程专业、工程管理专业的教材。

责任编辑：徐仲莉　王砾瑶
责任校对：姜小莲

全过程工程咨询服务指南

杨彦军　牛衍亮　主　编
赵建伟　张雪峰　栗　达　刘　丽　副主编

*

中国建筑工业出版社出版、发行（北京海淀三里河路9号）
各地新华书店、建筑书店经销
北京光大印艺文化发展有限公司制版
人卫印务（北京）有限公司印刷

*

开本：787毫米×1092毫米　1/16　印张：20¾　字数：390千字
2023年7月第一版　　2023年7月第一次印刷
定价：95.00元
ISBN 978-7-112-28930-1
（41649）

前 言

推行全过程工程咨询有助于实现建设项目绿色、可持续发展，解决项目利益相关方的冲突矛盾，打造求同存异的工作环境，有利于维护良好的生态环境和减少污染的建设项目；推行全过程工程咨询有助于建设项目继承传统文化，实现传统文化的创造性转化、创新性发展，有利于传统与当代文化的相融相通；推行全过程工程咨询有助于建设项目进行集约管理，全过程工程咨询将集约思想融入建设项目中，充分发挥全过程工程咨询的作用，有利于提高建设项目的质量和效率，使建设资源的运用更加科学、合理、节约；推行全过程工程咨询有助于更好地提升建设项目价值，提高工程建设管理水平，提升行业集中度，保证建设项目获取最大的经济和使用效益。

在建设项目咨询服务过程中，全过程工程咨询一方面通过协调管理打破过程中的信息与资源壁垒，提高沟通效率，保证项目顺利运营，达成建设项目边际效益最大化的目标；另一方面实现工程咨询机构转型升级，增强综合实力，加快与国际建设管理服务方式接轨，是适应社会主义市场经济发展的必然要求。

全过程工程咨询的价值优势共包括以下四点。

1.提高投资效益，打破条块分割

采用投资人单次招标的方式，使得其时间成本、交易成本远低于传统模式下设计、造价、监理等参建单位多次发包的成本。由一家咨询单位或者采用联合体的形式通过总咨询师的协调管理，将咨询服务覆盖工程建设全过程，包含传统模式下设计、造价、监理等各专业咨询单位的职责义务。这种高度整合各阶段的咨询模式，一方面，将更有利于实现全过程投资控制，有效解决各阶段各专业之间的条块分割问题；另一方面，通过限额设计、优化设计和精细化管理等措施提高投资收益，确保项目投资目标的实现。

2.保障项目合规，助力政府监管

当前建设市场还不完善，监管需加强，一些地方存在违规审批、违规拆迁、违法分包等损害社会利益的问题，扰乱了社会主义市场经济秩序。通过对项目实施全过程工程咨询，能够集约整合社会资源对建设项目进行有效监管，为政府提供强有力的全过程监管措施；由总咨询师统一指导梳理建设项目全过程的报批报建流程、资料，最大限度地规避项目建设各阶段可能出现的违法违规现象的发生，有利于规范建筑市场秩序。

3.加强风控预防，降低项目风险

对于项目而言，通过强化管控决策、投资、过程、运营、自然、社会等风险，有效降低决策失误、投资失控的概率，减少生产安全事故；对于社会而言，也可避免对自然环境的破坏，保护生态，有效集约利用资源，减少浪费。

4.提高项目品质，增强行业价值

首先，不同专业咨询工程师组成咨询团队参与全过程工程咨询，各专业咨询工作统筹安排，分工协作，可极大提高服务质量和项目品质，弥补了多个单一服务团队下可能出现的管理疏漏和缺陷；同时，有利于激发专业咨询工程师的主动性、积极性和创造性，促进新技术、新工艺和新方法的应用；其次，响应党的二十大的号召，借助"一带一路"的机会平台，加快构建新发展格局，着力推动我国工程行业高质量发展，培养具备国际视野的人才，促进行业转型升级，提高工程咨询行业国际竞争力，支持工程咨询行业走出去，在国际建设项目中立足；此外，还可吸引优秀的国际化人才，保持行业的可持续性发展。

目 录

第一章
全过程工程咨询概述

第一节　全过程工程咨询的概念、特征、原则及目标

一、全过程工程咨询相关概念

根据国家和有关省市的相关政策文件，并参考FIDIC等有关国际专业组织惯例，全过程工程咨询的相关概念定义如下。

（一）全过程工程咨询

全过程工程咨询是指对项目从前期决策至运营全过程提供组织、管理、经济、技术和法务等各有关方面的工程咨询服务，包括全过程项目管理以及前期决策咨询、规划、勘察、设计、造价咨询、招标代理、监理、运行维护咨询以及BIM咨询等专业咨询服务。全过程工程咨询服务可采用多种组织方式，由投资人委托一家单位负责或牵头，为项目前期决策至运营持续提供局部或整体解决方案以及管理服务。

（二）全过程工程咨询单位

全过程工程咨询单位是指建设项目全过程工程咨询服务的提供方。全过程工程咨询单位应具有国家现行法律规定的与工程规模和委托工作内容相适应的工程咨询、规划、勘察、设计、监理、招标代理、造价咨询等一项或多项资质（或资信），可以是独立咨询单位或多家咨询单位组成的联合体。

（三）全过程工程咨询总咨询师和专业咨询工程师

总咨询师是指全过程工程咨询单位委派并经投资人确认的，应取得工程建设类注册执业资格或具有工程类、工程经济类高级及以上职称，并具有相关能力和经验，为建设项目提供全过程工程咨询的项目总负责人。总咨询师应具有良好的职业道德和执业信用记录，遵纪守法、廉洁奉公、作风正派、责任心强；具有承担项目全过程工程咨询任务相适应的专业技术管理、经济和法律等知识体系。

专业咨询工程师是指具备相应资格和能力，并在总咨询师管理协调下，开展全过程工程咨询服务的相关专业人士。专业咨询工程师主要包括（但不限于）：注册建筑

师、勘察设计注册工程师、注册造价工程师、注册监理工程师、注册建造师、咨询工程师（投资）等相关执业人员。

全过程工程咨询是"咨询型代建"，应以全过程项目管理为核心，以项目策划为灵魂，以总咨询师为负责人，以资源整合为抓手，全面集成前期决策咨询、规划咨询、勘察、设计、造价咨询、监理、招标代理（或采购管理）、运行维护咨询以及BIM咨询等专业咨询服务，为建设项目提供全方位、全要素的咨询服务，实现项目增值和项目目标。

二、全过程工程咨询的特征

（一）咨询服务覆盖面广

服务阶段覆盖项目策划决策、建设实施（设计、招标、施工）全运营维护等过程。服务内容包括技术咨询、管理咨询，兼而有之。

（二）强调智力性策划

工程咨询单位要运用工程技术、经济学、管理学、法学等多学科的知识和经验，为委托方提供智力服务。如投资机会研究、建设方案策划、融资方案策划、招标方案策划、建设目标分析论证等。

（三）实施集成化管理

工程咨询单位需要综合考虑项目质量、安全、环保、投资、工期等目标以及合同管理、资源管理、信息管理、技术管理、风险管理、沟通管理等要素之间的相互制约和影响关系，实施集成化管理，避免各项目管理要素独立运作而出现的漏洞和制约。

三、全过程工程咨询的原则与目标

（一）全过程工程咨询的原则

1.独立

独立是指全过程工程咨询单位应具有独立的法人地位，不受其他方面偏好、意图的干扰，独立自主地执业，对完成的咨询成果独立承担法律责任。全过程工程咨询单位的独立性，是其从事市场中介服务的法律基础，是坚持客观、公正立场的前提条件，是赢得社会信任的重要因素。

2.科学

科学是指全过程工程咨询的依据、方法和过程应具有科学性。全过程工程咨询要求实事求是，了解并反映客观、真实的情况，据实比选，据理论证，不弄虚作假；要求符合科学的工作程序、咨询标准和行为规范，不违背客观规律；要求体现科学发展观，运用科学的理论、方法、知识和技术，使咨询成果经得住时间和历史的检验。全过程工程咨询科学化的程度，决定了全过程工程咨询服务的水准和质量，进而决定咨询成果是否可信、可靠、可用。

3. 公正

公正是指在全过程工程咨询工作中，坚持原则，坚持公正立场。全过程工程咨询的公正性并非无原则地调和或折中，也不是简单地在矛盾的双方保持中立。在整个咨询过程中，全过程工程咨询单位要替委托方着想，但这并不意味着盲从委托方的所有想法和意见。当委托方的想法和意见不正确时，全过程工程咨询单位及其工程师应敢于提出不同意见，或在授权范围内进行协调，支持意见正确的另一方。特别是对不符合国家法律法规、宏观规划、政策的项目，要敢于提出并坚持不同意见，帮助委托方优化方案，甚至做出否定的咨询结论。这既是对国家、社会和人民负责，也是对委托方负责，因为不符合宏观要求的盲目发展，不可能取得长久的经济和社会效益，最终可能成为委托方的历史包袱。因此，全过程工程咨询是原则性、政策性很强的工作，既要忠实地为委托方服务，又不能完全以委托方满意度作为评价工作好坏的唯一标准。全过程工程咨询单位及总咨询师、专业咨询工程师要恪守职业道德，不应为了自身利益而丧失原则。

（二）全过程工程咨询的目标

1. 文化为本

建筑设计与先进技术的结合是必然的，而具有民族性、地域性以及社会性的传统文化直接影响着现代建筑设计运动，复兴中华优秀传统文化也是必然趋势。优秀传统文化是发展现代建筑设计的本质和内涵，是全过程工程咨询的根本出发点。

近年来，复兴优秀传统文化逐渐得到社会各界的重视。中国共产党第二十次全国代表大会报告中提出，要高举中国特色社会主义伟大旗帜，全面贯彻落实习近平新时代中国特色社会主义思想，加快构建新发展格局，着力推动高质量发展，推动文化自信自强，铸就社会主义文化新辉煌。这也对全过程工程咨询单位提出了更深层次的咨询要求。

策划和设计出一个客体以承载深邃的背景文化，需要更深刻地了解其内在本质。继承传统文化精神的内涵，创造性地运用现代技术与材料，建设具有中国特色、中国元素的建筑。同时，在将本国工程咨询推出国门的过程中，既要尊重当地文化，又要保持中国特色文化，和谐共处，减少冲突。

在推行全过程工程咨询发展中继承与弘扬优秀传统文化，是"坚定文化自信、推动社会主义文化繁荣兴盛"精神的体现，是全过程工程咨询单位不可推卸的责任。

2. 绿色为先

绿色是指在全过程工程咨询的工作中，需要强调营造绿色生态自然环境和社会环境，打造优质建设项目产品和咨询产品。绿色是全过程工程咨询的前提，起着导向和引领的作用。

绿色生态自然环境是指全过程工程咨询充分应用现代科学技术，在建设项目中一方面加强环境保护，发展清洁施工生产，不断改善和优化生态环境，使人与自然和谐发展；另一方面使人口、资源和环境相互协调、相互促进，建造质量优良、经济效益长久、具有较高的社会效益、有利于维护良好的生态环境和减少污染的建设项目。绿色生态自然环境是实施工程项目乃至全社会可持续发展的主要保障，其本质特征就是可持续发展。

绿色社会环境是指全过程工程咨询单位的总咨询师具备良好的职业道德，通过个人品格影响利益相关方，协调各方意见，尊重各方差异，促进各方相互理解，减少冲突矛盾，营造和谐融洽、求同存异的工作环境，维护健康向上、正当竞争的社会秩序，坚持客观公正的态度，拒绝低价恶性竞争等不良现象的发生。

3. 集约发展

集约化是出自经济领域中的一个术语，本意是指在最充分利用一切资源的基础上，更集中合理地运用现代管理与技术，充分发挥人力资源的积极效应，以提高工作效益和效率的一种形式。

集约发展是将集约思想融入全过程工程咨询中，充分有效地发挥全过程工程咨询的作用，才能真正提高建设项目的质量和效率，才能使建设资源的运用更加科学、合理、节约。

集约发展是动态的，是一种循序渐进、不断创新的过程。

4. 价值创新

价值创新是全过程工程咨询的目的，不仅要通过创新有效的咨询建议或方案，优化建设项目，提高建设项目产品的技术竞争力，更要在有限的经济条件下提升建设项目服务能力，为投资人创造更多价值。

综合分析建设项目的消耗、合理平衡建设成本和运营成本是取得建设项目效益的关键。在此基础上实现价值创新，总咨询师对建设项目应做到：一是从经济的实现条件出发，选择恰当的技术设置，有机协调建设的各个要素，提高整体效率；二是根据社会生产力水平、国家经济的发展状况、人民生活的现状等因素，确定建设项目的合理投入和建造所要达到的建设标准，以求在全过程工程咨询服务中做到以最小的投入去获取最大的经济和使用效益；三是善于把技术问题与经济指标相结合，通过经济分析、经济比较及效果评价等手段正确认识和处理先进技术与经济合理之间的相互关系。

全过程工程咨询单位只有将控制建设项目成本的概念渗透到决策、设计、招标采购、施工、竣工、运营等阶段中，对经济先进技术的合理性进行全面评估，并在实际经济基础上合理大胆地采用先进技术，才能真正实现全过程工程咨询的创新发展。

第二节　全过程工程咨询的服务范围、内容和模式

一、全过程工程咨询的服务范围和内容

（一）全过程工程咨询的服务范围

全过程工程咨询的服务范围是投资项目的全生命周期，包括决策阶段、实施阶段（设计和施工）和运营阶段，具体由委托合同约定。

（二）全过程工程咨询的服务内容

全过程工程咨询的服务内容是合同委托范围内全过程（或相对全过程）实施的策划、控制和协调，以及单项或单项组合专业工程咨询。

"1+X"模式，其中："1"——全过程（或相对全过程）工程咨询管理服务，服务内容是全过程（或阶段全过程）的策划、控制和协调工作，接近于以往业主的工作，是贯穿全过程的项目管理咨询；"X"——专业工程咨询管理服务的集合，可以用 {X0, X1, X2, X3} 表达，具体单项专业工程咨询管理服务内容见表1-1（不限于此）。承担全过程工程咨询企业可以根据委托方意愿、自身服务能力、资质和信誉状况等承担其中的一项或多项专业工程咨询服务，"剩余"的其他专业工程咨询服务可以由委托方直接委托或全过程工程咨询企业通过转委托、联合体、合作体等方式统筹组织和管理。

表 1-1 单项专业工程咨询管理服务内容

阶段	单项专业工程咨询管理服务内容
决策阶段	（1）规划或规划设计（概念性规划、城市设计、交通规划等）； （2）项目投资机会研究（市场调研报告等）； （3）项目策划（定位策划、功能产品策划、产业策划和商业策划等）； （4）立项咨询（编制项目建议书、项目可行性研究报告、项目申请报告和资金申请报告等）； （5）评估咨询（可行性研究评估、环境影响评估、节能评估、社会稳定风险评估等）； （6）项目实施策划报告编制； （7）报批报建和证照办理
实施阶段	（1）工程勘察； （2）工程设计、设计优化、设计总包、设计管理等； （3）招标采购（或采购管理）； （4）造价咨询； （5）工程监理； （6）竣工结算
运营阶段	（1）项目后评价； （2）运营管理； （3）拆除方案咨询

二、全过程工程咨询的服务模式

（一）对"全过程"的理解

由于实施阶段主要包含设计和施工两个阶段，将"决策、实施、运营"三个阶段拆分为"决策、设计、施工和运营"四个阶段。包含这四个阶段的哪几个阶段才能称之为"全过程"，目前相关文件没有给出答案。同时包含两个及两个以上阶段的工程咨询服务即可认为是一个相对全过程的工程服务，或称为"相对全过程"工程咨询，只有一个阶段的工程咨询服务称之为阶段性工程咨询服务（图1-1）。

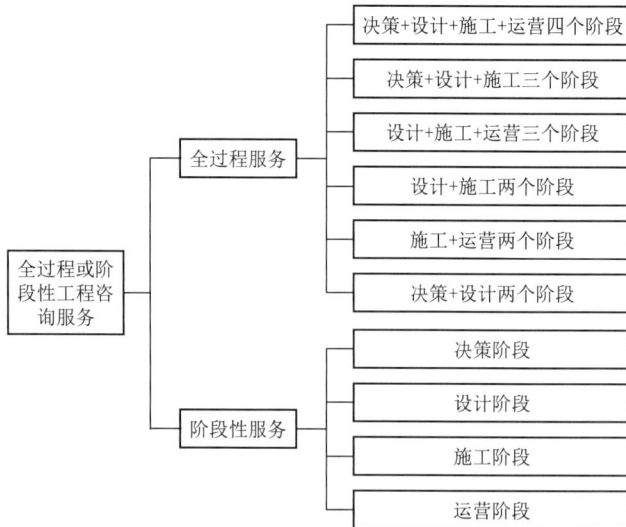

图 1-1 全过程或阶段性工程咨询服务管理

（二）全过程工程咨询服务模式

根据当前国内情况和实践状况，目前大致有三大类服务模式。

1.全过程工程咨询顾问型模式。该模式是指从事全过程工程咨询企业受业主委托，按照合同约定，为工程项目的组织实施提供全过程或若干阶段的顾问咨询服务。其特点是咨询单位只是顾问，不直接参与项目的实施管理。

2.全过程工程咨询管理型模式。该模式是指从事全过程工程咨询企业受业主委托，按照合同约定，代表业主对工程项目的组织实施进行全过程或若干阶段的管理和咨询服务。其特点是咨询单位不仅是顾问，还直接对项目的实施进行管理。咨询单位可根据自身的能力和资质条件提供单项咨询服务。

3.全过程咨询一体化协同管理模式。该模式是指从事全过程工程咨询企业和业主共同组成管理团队，对工程项目的组织实施进行全过程或若干阶段的管理和咨询服务。

以上三种模式，咨询单位可根据自身的能力和资质条件提供单项或多项咨询服务。

第二章

项目决策阶段管理咨询服务

第一节　决策阶段工程咨询服务概述

一、决策阶段管理目标

建设项目决策阶段需要确定建设项目目标，项目目标分为两个层次——宏观目标和具体目标。宏观目标是指项目建设对国家、地区、部门或行业要达到的整体发展目标所产生的积极影响和作用；具体目标是指项目建设要达到的直接效果。具体目标主要包括效益目标、规模目标、功能目标、市场目标。

重点解决"该不该建、在哪建、建什么、建多大、何时建、如何实施、如何规避风险、谁来运营、产生哪些社会效应和经济效益等"重大问题，所确定的项目目标对工程项目长远经济效益和战略方向起着关键性和决定性作用。

二、决策阶段主要管理内容

建设项目在决策阶段的主要工作包括项目建议书、可行性研究报告（包括确定投资目标、风险分析、建设方案等）、运营策划、评估报告（包括节能评估报告、环境影响评价、安全评价、社会稳定风险评价、地质灾害危险性评估、交通影响评价以及水土保持方案）等相关报告的编制以及报送审批工作。从项目建议书到可行性研究报告，是一个由粗到细、由浅入深、逐步明确建设项目目标的过程。在投资人具有投资意向时，全过程工程咨询机构即可介入项目策划。

第二节　项目行政审批管理

工程项目行政审批管理是工程项目管理工作中的一项重要内容，工作程序烦琐复杂，涉及部门多、环节多，办事程序相互穿插。如何加强工程项目行政审批管理工作，确保工程建设项目的顺利推进是工程项目建设成功的基本保证。

一、工程项目行政审批流程

工程项目行政审批流程如图2-1所示。

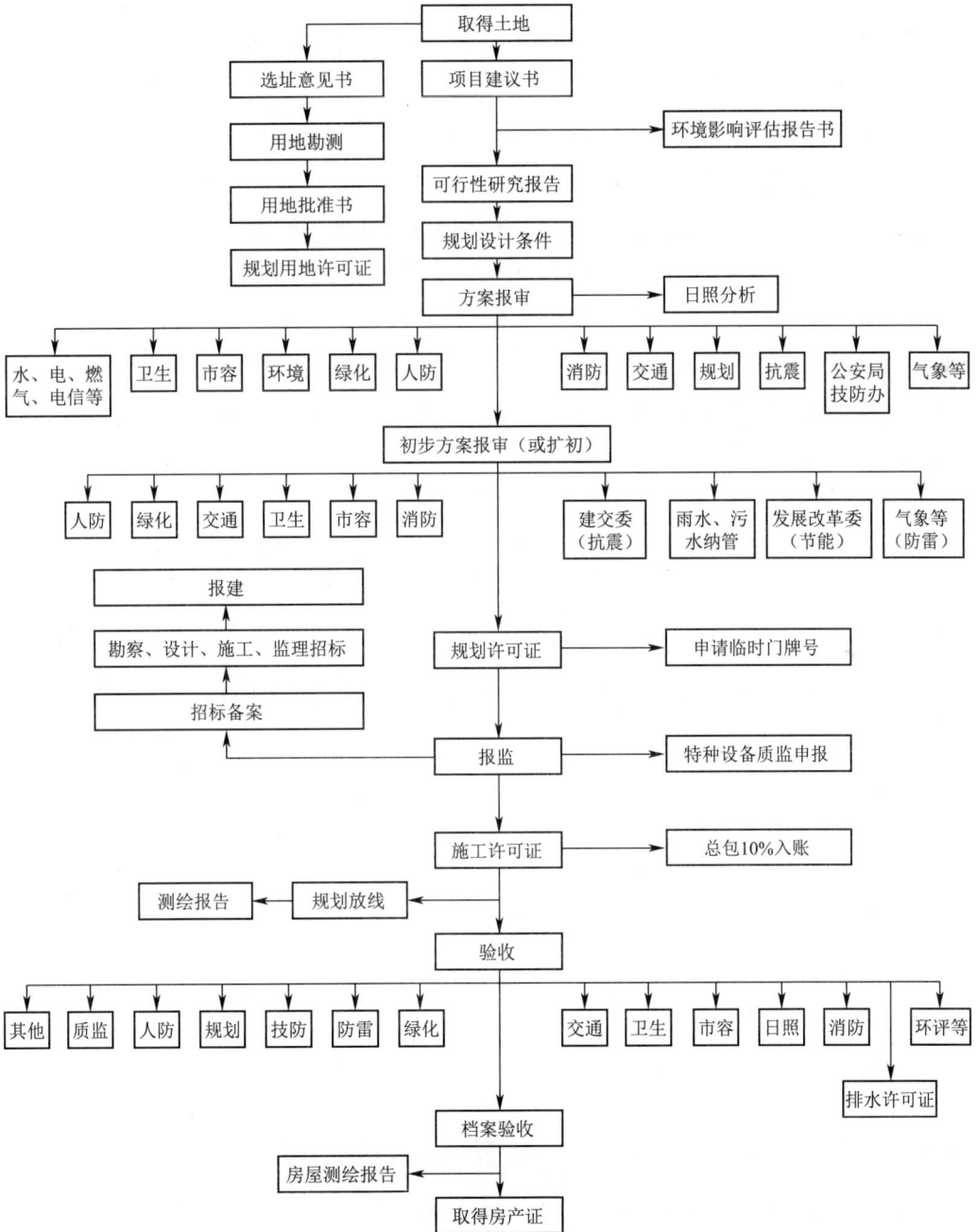

```
                              取得土地
                                 │
          ┌──────────────────────┤
          │                      │
       选址意见书              项目建议书
          │                      │
       用地勘测                  ├──────────────→ 环境影响评估报告书
          │                      │
       用地批准书             可行性研究报告
          │                      │
       规划用地许可证          规划设计条件
                                 │
                              方案报审 ──────────→ 日照分析
                                 │
   ┌──────┬──────┬──────┬──────┬──────┬       ┌──────┬──────┬──────┬──────┬──────┐
水、电、燃  卫生   市容   环境   绿化   人防      消防   交通   规划   抗震  公安局  气象等
气、电信等                                                              技防办
   └──────┴──────┴──────┴──────┴──────┘       └──────┴──────┴──────┴──────┴──────┘
                                 │
                            初步方案报审（或扩初）
                                 │
   ┌──────┬──────┬──────┬──────┬──────┐       ┌──────┬──────┬──────┬──────┐
  人防    绿化   交通   卫生   市容   消防      建交委  雨水、污  发展改革委  气象等
                                            （抗震） 水纳管  （节能）  （防雷）
   └──────┴──────┴──────┴──────┘              └──────┴──────┴──────┘

       报建
  勘察、设计、施工、监理招标        规划许可证 ──────────→ 申请临时门牌号
       招标备案                      │
          └──────────────────────  报监 ──────────→ 特种设备质监申报
                                 │
                              施工许可证 ──────────→ 总包10%入账
                                 │
   测绘报告 ←── 规划放线           │
                              验收
                                 │
 ┌────┬────┬────┬────┬────┬────┬────┐    ┌────┬────┬────┬────┬────┬────┐
其他  质监  人防  规划  技防  防雷  绿化    交通  卫生  市容  日照  消防  环评等
 └────┴────┴────┴────┴────┴────┘    └────┴────┴────┴────┘
                                                        排水许可证
                                 │
                              档案验收
                                 │
   房屋测绘报告 ←─────────────────┤
                                 │
                              取得房产证
```

图 2-1 工程项目行政审批流程

二、项目行政审批重点环节

（一）前期配套

1.土地

土地的取得主要有出让、划拨、转让三种方式，不同的土地获取方式对应着不同的土地政策和审批程序，下面就从定义、主要形式、使用年限和禁止性规定等方面对上述三种土地取得方式作简要的介绍。

（1）土地使用权出让

土地使用权出让，是指国家将一定年限内的土地使用权出让给土地使用者，由土地使用者向国家支付土地使用权出让金的行为。土地使用权出让主要形式有招标、拍卖、挂牌和协议转让等。居住用地使用权最高年限为70年，工业用地使用权最高年限为50年，教育、科技、文化、卫生、体育用地使用权最高年限为50年，商业、旅游、娱乐用地使用权最高年限为40年，综合或者其他用地使用权最高年限为50年。

（2）土地使用权划拨

土地使用权划拨，是指县级以上人民政府依法批准，在土地使用者缴纳补偿、安置等费用后将该幅土地交付其使用，或者将土地使用权无偿交付给土地使用者使用的行为。即划拨土地使用权不需要使用者出钱购买土地使用权，而是经国家批准其无偿、无年限限制地使用国有土地。但取得划拨土地使用权的使用者应当依法缴纳城镇土地使用税。

以划拨方式取得土地使用权的，除法律、行政法规另有规定外，没有使用期限的限制。虽无年限限制，但因土地使用者迁移、解散、撤销、破产或者其他原因而停止使用土地的，国家应当无偿收回划拨土地使用权；因城市建设发展需要和城市规划的要求，也可以对划拨土地使用权无偿收回。无偿收回划拨土地使用权的，其地上建筑物和其他附着物归国家所有，但应根据实际情况给予适当补偿。

划拨土地使用权一般不得转让、出租、抵押，但土地使用者为公司、企业、其他组织和个人，领有土地使用权证，地上建筑物有合法产权证明，经当地政府批准其出让并补交土地使用权出让金或者以转让、出租、抵押所获收益抵交出让金的，可以转让、出租、抵押。未经批准擅自转让、出租、抵押划拨土地使用权的，没收其非法收入，并根据其情节处以相应罚款。

（3）土地使用权转让

土地使用权转让，是指土地使用者将土地使用权再转移的行为，即土地使用者将土地使用权单独或者随同地上建筑物、其他附着物转移给他人的行为。原拥有土地使用权的一方成为转让人，接受土地使用权的一方成为受让人。土地使用权转让的主要形式有出售、交换和赠与等。通过转让方式取得的土地使用权，其使用年限为土地使用权出让合同规定的使用年限减去原土地使用者已使用年限后的剩余年限。未按土地使用权出让合同规定的期限和条件投资开发、利用土地的，土地使用权不得转让。

2.立项

经项目实施组织决策者和政府有关部门的批准，并列入项目实施组织或者政府计划的过程称为项目立项。项目立项的报批程序包括备案制、核准制和审批制。报批程序结束即为项目立项完成。

（1）政府投资项目，对于采用直接投资和资本金注入方式的政府投资项目，政府需要从投资决策的角度审批项目建议书和可行性研究报告，除特殊情况外，不再审批开工报告，同时还要严格审批其初步设计和概算；对于采用投资补助、转贷和贷款贴息方式的政府投资项目，则只审批资金申请报告。政府投资项目一般都要经过符合资质要求的咨询中介机构的评估论证，特别重大的项目还应实行专家评议制度。国家将逐步实行政府投资项目公示制度，以广泛听取各方面的意见和建议。

（2）非政府投资项目，对于企业不使用政府资金投资建设的项目，政府不再进行投资决策性质的审批，区别不同情况实行核准制或备案制。

1）核准制。企业投资建设《政府核准的投资项目目录》中的项目时，仅需向政府提交项目申请报告，不再经过批准项目建议书、可行性研究报告和开工报告的程序。

2）备案制。对于《政府核准的投资项目目录》以外的企业投资项目，实行备案制。除国家另有规定外，由企业按照属地原则向地方政府投资主管部门备案。为扩大大型企业集团的投资决策权，对于基本建设现代企业制度的特大型企业集团，投资建设《政府核准的投资项目目录》中的项目时，可以按项目单独申报核准，也可编制中长期发展建设规划，规划经国务院或国务院投资主管部门批准后，规划中属于《政府核准的投资项目目录》中的项目不再另行申报批准，只需办理备案手续。企业集团要及时向国务院有关部门报告规划执行和项目建设情况。

3.项目前期第三方评估

（1）节能评估

节能评估，是指根据节能法规、标准，对投资项目的能源利用是否科学合理进行分析评估。节能评估由具有工程咨询资质的第三方评估单位编制，发展改革委审批。节能评估有节能评估报告书、节能评估报告表和节能登记表三种形式。年综合能源消费量3000t标准煤以上（含3000t，电力折算系数按当量值，下同），或年电力消费量500万kW·h以上，或年石油消费量1000t以上，或年天然气消费量100万m³以上的固定资产投资项目，编制节能评估报告书。年综合能源消费量1000～3000t标准煤（不含3000t，下同），或年电力消费量200万～500万kW·h，或年石油消费量500～1000t，或年天然气消费量50万～100万m³的固定资产投资项目，编制节能评估报告表。上述条款以外的固定资产投资项目，应由项目建设方填写节能登记表。部分地区报告分类与国家分类不一致时，视实际情况具体分析。

（2）环境影响评价

国家根据建设项目对环境的影响程度，对建设项目的环境影响评价实行分类管理。环境影响评价由具有工程咨询资质的第三方评估单位编制，生态环境局审批。环境影响评价有环境影响报告书、环境影响报告表和环境影响登记表三种形式。可能造成重大环境影响的，应当编制环境影响报告书，对产生的环境影响进行全面评价；可能造成轻度环境影响的，应当编制环境影响报告表，对产生的环境影响进行分析或者专项评价；对环境影响很小、不需要进行环境影响评价的，应当填报环境影响登记表。

（3）第三方评估

根据项目所在地相关政府职能部门的要求，在建设工程项目前期，委托具有相应资质的单位编制各项评估报告，如交通影响评价、日照分析、抗震评估等，以保证建设工程项目的顺利进行。

4.建设用地规划许可

《建设用地规划许可证》是建设单位在向土地管理部门申请征用、划拨土地前，经城乡规划行政主管部门确认建设项目位置和范围符合城乡规划的法定凭证，是建设单位用地的法律凭证。没有此证的用地属非法用地。办理建设用地规划许可的条件：

（1）建设项目符合城乡规划；

（2）以划拨方式获得土地使用权的建设项目，取得《建设项目选址意见书》（有效期内）和国有主管部门对建设项目用地的预审意见或其他相关文件；

（3）以出让方式获得土地使用权的建设项目，取得《国有土地使用权出让合同》；

（4）取得项目批准（或核准、备案）文件的建设项目；

（5）建设项目涉及环保、城管、国家安全、消防、文物保护等部门的，需提供各相关行政主管部门的书面意见。《建设用地规划许可证》及附图，有效期限一年。以划拨方式获得土地使用权的建设项目，还包括以规划条件为主要内容的附件。在有效期限内取得《国有土地使用证》的，有效期与《国有土地使用证》相同。逾期未办理土地使用手续或在有效期届满30日前未申请办理延期手续的，上述证件及附图自行失效。

5.建设工程规划许可

《建设工程规划许可证》是城市规划行政主管部门依法核发的，确认有关建设工程符合城市规划要求的法律凭证。城市规划区内各类建设项目（包括住宅、工业、仓储、办公楼、学校、医院、市政交通基础设施等）的新建、改建、扩建、翻建，均需依法办理《建设工程规划许可证》。具体包括：

（1）新建、改建、扩建建筑工程；

（2）各类市政工程、管线工程、道路工程等；

（3）文物保护单位和优秀近代建筑的大修工程以及改变原有外貌、结构、平面的装修工程；

（4）沿城市道路或者在广场设置的城市雕塑等美化工程；

（5）户外广告设施；

（6）各类临时性建筑物、构筑物。

6.工程报建

工程建设项目报建是指工程建设项目由建设单位或其代理机构在工程项目可行性研究报告或其他立项文件被批准后，须向建设行政主管部门或其授权机构进行报建，交验工程项目立项的批准文件，包括银行出具的资信证明以及批准的建设用地等其他有关文件的行为。

工程报建的主要内容有：

（1）工程名称；

（2）建设地点；

（3）投资规模；

（4）资金来源；

（5）工程规模；

（6）开竣工日期等。

7.初步设计审批

消防、环保、卫生、规划、气象等相关政府职能部门对初步设计文件出具意见，设计单位根据征询意见调整初步设计文件，最终通过建设单位和有关建设主管部门审批的过程。

8.施工图审查

施工图审查是施工图设计文件审查的简称，是指建设主管部门认定的施工图审查机构按照有关法律、法规，对施工图涉及公共利益、公众安全和工程建设强制性标准的内容进行的审查。国务院建设行政主管部门负责全国的施工图审查管理工作。省、自治区、直辖市人民政府建设行政主管部门负责组织本行政区域内的施工图审查工作的具体实施和监督管理工作。

建设单位应当将施工图报送建设行政主管部门，由建设行政主管部门委托有关审查机构，进行结构安全和强制性标准、规范执行情况等内容的审查。建筑工程设计等级分级标准中的各类新建、改建、扩建的建筑工程项目均属审查范围。省、自治区、直辖市人民政府建设行政主管部门，可结合当地的实际情况，确定具体的审查范围。

施工图审查包括以下主要内容：

（1）建筑物的稳定性、安全性审查，包括地基基础和主体结构体系是否安全、可靠；

（2）是否符合消防、节能、环保、抗震、卫生、人防等有关强制性标准、规范；

（3）施工图是否达到规定的深度要求；

（4）是否损害公众利益。

审查机构应当在收到审查材料后20个工作日内完成审查工作，并提出审查报告；特级和一级项目应当在30个工作日内完成审查工作，并提出审查报告，其中重大及技术复杂项目的审查时间可适当延长。审查合格的项目，审查机构向建设行政主管部门提交项目施工图审查报告，由建设行政主管部门向建设单位通报审查结果，并颁发施工图审查批准书。对审查不合格的项目，提出书面意见后，由审查机构将施工图退回建设单位，并由原设计单位修改，重新送审。

施工图审查批准书，由省级建设行政主管部门统一印制，并报国务院建设行政主管部门备案。

凡应当审查而未经审查或者审查不合格的施工图项目，建设行政主管部门不得发放施工许可证，施工图也不得交付施工。

施工图一经审查批准，不得擅自进行修改。如遇特殊情况需要进行涉及审查主要内容的修改时，必须重新报请原审批部门，由原审批部门委托审查机构审查后再批准实施。

建设单位或者设计单位对审查机构做出的审查报告如有重大分歧时，可由建设单位或者设计单位向所在省、自治区、直辖市人民政府建设行政主管部门提出复查申请，由省、自治区、直辖市人民政府建设行政主管部门组织专家论证并做出复查结果。建筑工程竣工验收时，有关部门应当按照审查批准的施工图进行验收。

9.施工许可

除国务院建设行政主管部门确定的限额以下的小型工程外，建筑工程开工前，建设单位应当按照国家有关规定向工程所在地县级以上人民政府建设行政主管部门申请领取施工许可证。按照国务院规定的权限和程序批准开工报告的建筑工程，不再领取施工许可证。

申请领取施工许可证，应当具备以下条件：

（1）已办理建筑工程用地批准手续；

（2）在城市规划区内的建筑工程，已取得规划许可证；

（3）需要拆迁的，其拆迁进度符合施工要求；

（4）已经确定建筑施工企业；

（5）有满足施工需要的施工图纸及技术资料；

（6）有保证工程质量和安全的具体措施；

（7）建设资金已落实；

（8）法律、行政法规规定的其他条件。

建设单位应当自领取施工许可证之日起3个月内开工。因故不能按期开工的，应当向发证机关申请延期；延期以两次为限，每次不超过3个月。既不开工又不申请延期或者超过延期时限的，施工许可证自行废止。

在建的建筑工程因故中止施工的，建设单位应当自中止施工之日起1个月内，向发证机关报告，并按照规定做好建设工程的围护管理工作。

建筑工程恢复施工时，应当向发证机关报告；中止施工满1年的工程恢复施工前，建设单位应当报发证机关核验施工许可证。

按照国务院有关规定批准开工报告的建筑工程，因故不能按期开工或者中止施工的，应当及时向批准机关报告情况。因故不能按期开工超过6个月的，应当重新办理开工报告的批准手续。

（二）竣工验收

当工程项目按设计文件的规定内容和施工图纸的要求全部建成后，便可组织验收。竣工验收是投资成果转入生产或使用的标志，也是全面考核工程建设成果、检验设计和工程质量的重要步骤。

1.专项工程验收

专项工程验收是指对建（构）筑物、公共工程、消防、职业卫生、环境保护、档案、防雷、特种设备等方面的验收。

专项工程验收以项目专项批复文件及合同为依据，评价项目质量和效果。专项工程验收的内容和标准，要符合各级建设行政主管部门以及行业的相关规定。

专项工程验收包括消防验收、环保验收、绿化验收、交通验收、防雷验收、档案验收、规划验收及特种设备验收等。

2. 工程质量验收

（1）建筑工程质量验收的程序与组织

1）检验批和分项工程应该由监理工程师（建设单位项目技术负责人）组织施工单位项目专业质量（技术）负责人等进行验收。

2）分部工程应该由总监理工程师（建设单位项目负责人）组织施工单位项目负责人和技术、质量负责人等进行验收。地基与基础，主体结构分部工程的勘察、设计单位项目负责人和施工单位技术、质量负责人等也应参加相关分部工程验收。

3）单位工程完工后，施工单位应自行组织有关人员进行检查评定，并向建设单位提交工程验收报告。

4）建设单位收到工程验收报告后，应由建设单位（项目）负责人组织施工（含分包）、设计、监理等单位负责人进行单位工程验收。

5）单位工程质量验收合格后，建设单位应在规定时间内（15天）将竣工验收报告和有关文件，报建设行政管理部门备案。

（2）建筑工程质量验收条件

检验批的合格质量应符合下列要求：

1）主控项目和一般项目的质量经抽样检查合格。

2）具有完整的施工操作依据，质量检查记录。

3）分项工程的合格质量应符合下列要求：

①分项工程所含的检验批均应符合合格质量的规定。

②分项工程所含的检验批的质量验收记录应完整。

4）分部工程的合格质量应符合下列要求：

①分部工程（子分部）所含的分项工程均应符合合格质量的规定；

②质量控制资料应完整；

③地基与基础，主体结构和设备安装等分部工程有关工程安全和功能的检验与抽样检测结果应符合有关规定；

④观感质量验收应符合要求。

单位工程的合格质量应符合下列要求：

1）单位工程（子单位）所含的分部工程（子分部）均应符合合格质量的规定；

2）质量控制资料应完整；

3）单位工程（子单位）所含的分部工程有关工程安全和功能的检测资料应完整；

4）主要功能项目的抽查结果应符合相关质量验收规范的规定；

5）观感质量验收应符合要求。

当建筑工程质量不符合要求时，应按照下列规定进行：

1）经过返工重做或更换器具、设备的检验批，应重新进行评定；

2）经过有资质的检测单位鉴定，能够达到设计要求的检验批，应进行验收；

3）经过有资质的检测单位鉴定，达不到设计要求，但是经过原设计单位核算认可能够达到满足结构安全和使用功能的检验批，可进行验收；

4）经过返修或加固处理的分项工程，分部工程，虽然改变了外形尺寸但仍能够满足安全使用功能，可以按照技术处理方案和协商文件验收；

5）经过返修或加固处理仍不能满足安全使用要求的分部工程、单位工程，严禁验收。

3.工程质量验收备案

建设单位应当自建设工程竣工验收合格之日起15日内，将建设工程竣工验收报告和规划、消防、环保等部门出具的验收文件报建设行政主管部门或者其他有关部门备案。

第三节　项目建议书

项目建议书是要求建设某一具体项目的建议文件，是基本建设程序中最初阶段的工作，是投资决策前对拟建项目的轮廓设想，其主要作用是论述一个拟建建设项目建设的必要性、条件的可行性和获得的可能性，供投资人或建设管理部门选择并确定是否进行下一步工作。项目建议书报经投资主管部门批准后，可以进行可行性研究工作，但并不表明项目非进行不可，项目建议书不是项目的最终决策。

一、项目建议书的依据

项目建议书的依据包括以下内容。

1.《政府投资项目可行性研究报告编写通用大纲（2023年版）》；

2.《企业投资项目可行性研究报告编写参考大纲（2023年版）》；

3.《关于投资项目可行性研究报告编写大纲的说明（2023年版）》；

4.《项目申请报告通用文本》；

5.《建设项目经济评价方法与参数》（第三版）；

6.项目建议书及其批复文件；

7.城市规划行政主管部门出具的项目规划意见；

8.国土资源行政主管部门出具的项目用地意见；

9.环境保护行政主管部门出具的项目环评意见；

10.土地合同及土地规划许可；

11.其他区（市）县发展改革或市级主管部门的转报文件；

12.国家和地方的经济和社会发展规划、行业部门的发展规划，如江河流域开发治理规划、铁路公路路网规划、电力电网规划、森林开发规划，以及企业发展战略规划等；

13.有关的法律、法规和政策；

14.有关机构发布的工程建设方面的标准、规范、定额；

15.拟建场（厂）址的自然、经济、社会概况等基础资料；

16.合资、合作项目各方签订的协议书或意向书；

17.与拟建项目有关的各种市场信息资料或社会公众要求等；

18.根据不同行业项目的特殊要求需要的其他相关资料；

19.建设项目的其他相关资料；

20.全过程工程咨询单位的知识体系和经验。

二、项目建议书的内容

项目建议书的编制是按照建设项目的隶属关系，根据国民经济和社会发展的长远规划、行业规划、地区规划及经济建设的方针、任务和技术经济政策等要求，结合资源情况、建设条件、投资人的战略、投资人的资历等，在广泛调查研究、收集资料、踏勘建设地点、初步分析投资效果的基础上由专业咨询工程师进行编制。项目建议书一般应包含以下内容。

（一）项目建设的依据、必要性和任务

1.项目建设的依据

概述项目所在地的行政区划和自然、地理、资源情况，社会经济现状以及地区国民经济与社会发展规划对文创中心建设的要求。

概述项目所在地建设现状及其近、远期发展规划对项目建设的要求。

说明项目所依据的产业发展规划和各项专业规划。

2.项目建设的必要性

阐明项目在地区国民经济和社会发展规划中的地位与作用，论证项目建设的必要性。

根据地区国民经济发展规划和建设项目任务要达到的目标，在产业发展规划和相关规划的基础上，进行必要的补充调查研究工作，对所在地区功能基本相同的项目方案进行综合分析比较，阐明各项目方案的优缺点，论述推荐本项目的理由。

3.项目建设的任务

阐述本项目的建设任务，按照国家政策和总体效益优化原则，分析研究有关部门对本项目的要求，结合工程条件考虑本项目在区域规划中的作用，提出项目的开发目标和任务的主次顺序。

对分期开发的项目分别拟定近期和远期的开发目标与任务。

（二）项目建设条件

1.水文、气候

简述工程所在区域自然地理、水系概况等。简述工程地点的气候特性和主要气象要素的统计特征值。

2.地质

简述工程区域地形地貌、地层岩性、地质构造、构造稳定性，并初步确定工程场区地震基本烈度。对工程地质环境及主要工程地质问题提出初步评价意见。

3.其他外部条件

分析项目所在地区和附近有关地区的生态、社会、人文环境等外部条件及其对本项目的相互影响。

说明有关部门和地区对项目建设的意见、协作关系以及有关协议。

说明有关其他部门、地区影响该工程立项的因素。

（三）项目初步建设方案

1.项目目标及功能定位

对项目目标及功能的定位，是项目投资策划咨询和开发建设的一项重要工作。

2.项目方案构思

对未来投资项目的目标、功能、范围以及项目涉及的各主要因素和大体轮廓的设想与初步界定。

3.项目方案初步论证

本项目的构成，包括大致估计建设内容及规模。提出选址初步意见和初步的土建、公用、辅助工程方案，估算出总建筑面积及主要单项工程的建筑面积。

（四）投资机会研究

投资机会研究又称投资机会论证。这一阶段的主要任务是提出建设项目投资方向建议，即在一个确定的地区和部门内，根据自然资源、市场需求、国家产业政策和国际贸易情况，通过调查预测和分析研究选择建设项目，寻找投资的有利机会。机会研究要解决两个方面的问题：一是社会是否需要；二是有没有可以开展项目的基本条件。

机会研究一般从以下三个方面着手开展工作：第一，以开发利用本地区的某一丰富资源为基础，谋求投资机会；第二，以现有工业的拓展和产品深加工为基础，通过增加现有企业的生产能力与生产工序等途径创造投资机会；第三，以优越的地理位置、便利的交通条件为基础分析各种投资机会。

这一阶段的工作比较粗略，一般是根据条件和背景相类似的建设项目来估算投资额和生产成本，初步分析建设投资效果，提供一个或一个以上可能进行建设的项目投资或投资方案。这个阶段所估算的投资额和生产成本的精确程度控制在 ±30%左右。大中型项目的机会研究所需时间在1～3个月，所需费用占投资总额的0.2%～1%。如果投资人对这个项目感兴趣，再进行下一步的可行性研究工作。

该阶段的工作成果为项目建议书中的部分内容，项目建议书是拟建项目单位向国家提出的要求建设某一项目的建议文件，是对建设项目建设的轮廓设想。

（五）环境影响初步评价

说明项目所在地区的环境质量、环境功能等环境特征。

根据工程影响区的环境状况，结合工程开发的规模、运用方式、施工组织方式等特性，应说明工程开发是否与这些规划的目标相协调。从环境保护角度分析是否存在工程开发的重大制约因素。

对环境的主要不利影响，应初步提出减免的对策和措施。

（六）项目管理实施方案

1.进度计划

包括项目立项、规划方案送审、可行性研究报批、征地拆迁、勘察、设计、施工图设计及相关审查、招标投标等。建设工期基本科学合理，符合相关部门对建设工期的要求。

2.招标方案

招标方案中，对项目的招标事项包括招标范围、招标组织形式、招标方式等进行论述，符合国家有关政策法律法规，符合项目特点和实际需求，具备可操作性和对后期工作的指导性。

（七）投资估算及资金筹措

投资估算、简述投资估算的编制原则、依据及采用的价格水平年。初拟主要基础单价及主要工程单价。提出投资主要指标，包括主要单项工程投资、工程静态总投资及动态总投资。估算分年度投资。对主体建筑工程应进行单价分析，按工程量估算投资。其他建筑工程、临时工程投资可按类比法估算。设备及安装工程投资可采用扩大指标估算。其他费用可根据工程规模逐项分别估算或综合估算。

资金筹措设想提出项目投资主体的组成以及对投资承诺的初步意见和资金来源的设想。

（八）经济初步评价

1.经济评价依据

说明经济评价的基本依据。

2.财务初步评价

说明财务评价的价格水平、主要参数及评价准则；项目总投资、资金来源和条件；说明各项财务支出；构成项目成本的各项费用；初估项目收入。简述项目利润分配原则。提出财务初步评价指标。若需要融资，还需简述还贷资金来源，预测满足贷款偿还条件的物品价格。对项目的财务可行性进行初步评价。

（九）社会初步评价

1.社会影响初步分析

说明项目的社会影响分析旨在分析预测项目可能产生的正面影响和负面影响。包括项目对所在地区居民收入的影响、居民生活水平和生活质量的影响、居民就业的影响；项目对所在地区不同利益群体的影响，对教育、卫生的影响。

2.社会互适性初步分析

初步分析预测项目能否为当地的社会环境、人文条件所接纳，以及当地政府、居民支持项目存在与发展的程度，考察项目与当地社会环境的相互适应关系。

3.项目的初步社会风险分析

项目的社会风险分析是对可能影响项目的各种社会因素进行识别并提出防范措施。对项目的社会可行性进行初步评价。

（十）结论与建议

1.综述项目建设的必要性、任务、规模、建设条件、建设方案、环境影响、建设工期、投资估算和经济评价等主要成果。

2.简述项目建设的主要问题，以及地方政府及各部门有关方面的意见和要求。

3.提出综合评价结论，并提出今后工作的建议。

三、项目建议书的工作流程

在项目建议书编制阶段，其编制工作流程为：全过程工程咨询单位组建项目组→专业咨询工程师搜集资料、踏勘现场→专业咨询工程师编制项目建议书→总咨询师审核项目建议书→投资人确认项目建议书→投资人/全过程工程咨询单位申报项目建议书→投资主管部门审批项目建议书。

建设项目建议书编制工作管理流程图如图2-2所示。

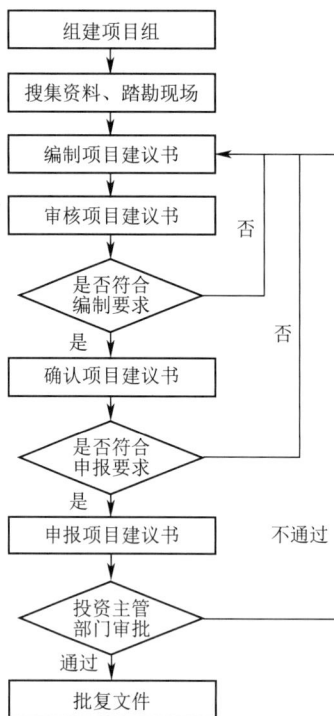

图2-2　建设项目建议书编制工作管理流程图

四、注意事项

1.要充分了解国家、地方的相关法规、政策，紧密结合自身行业的特点论证，项目建设目标要与国家、地区、部门、行业的宏观规划目标一致。

2.要通过广泛的考察、调研，借鉴同行业的经验，资料数据一定要准确、可靠，要有较强的说服力。此外，不同的行业有不同的编制标准，应当根据项目自身的特点以及相关政策文件进行编制。

3.项目建议书评估要点

（1）主要解决项目建设的必要性问题

（2）必要性的审核

1）定性分析：政策因素、效果因素等；

2）定量分析：规划、项目定位、交通需求预测等；

3）重点是与政策、规划的一致性问题。

（3）投资估算审核

多采用简单估算法（包括单位生产能力估算法、生产能力指数法、比例估算法、系数估算法和指标估算法等）。

第四节　项目可行性研究

项目可行性研究一般是在项目建议书的基础上，详细地对在哪建、建什么、建多大、何时建、如何实施、如何规避风险、谁来运营、产生什么社会效应和经济效益等问题进行分析、研究。通过对拟建项目的建设方案和建设条件的分析、比较、论证，从而得出该项目是否值得投资，筹资方案、建设方案、运营方案是否合理、可行的研究结论，为项目的决策提供依据。

可行性研究是建设项目决策分析与评价阶段的重要的工作。可行性研究的过程既是深入调查研究的过程，又是多方案比较选择的过程。此外，项目的可行性研究不仅是投资决策的依据，也是筹措资金、申请贷款和编制初步设计文件的依据。因此，可行性研究具有预见性、公正性、可靠性、科学性的特点。

项目可行性研究报告主要是通过对项目的市场需求、资源供应、建设规模、工艺路线、设备选型、环境影响、资金筹措、盈利能力等，从技术、经济、工程等方面进行调查研究和分析比较，并对项目建成以后可能取得的财务、经济效益及社会影响进行预测，从而提出该项目是否值得投资和如何进行建设的咨询意见，为项目决策提供依据的一种综合性的分析方法。

此外，可行性研究报告为投资人筹集资金、申请银行贷款提供依据；也为商务谈判和签订有关合同或协议提供依据；并且批准的可行性研究报告是初步设计文件的编制依据。

一、可行性研究的依据

可行性研究的依据包括以下内容。

1.《政府投资项目可行性研究报告编写通用大纲（2023年版）》；

2.《企业投资项目可行性研究报告编写参考大纲（2023年版）》；

3.《关于投资项目可行性研究报告编写大纲的说明（2023年版）》；

4.《项目申请报告通用文本》；

5.《建设项目经济评价方法与参数》（第三版）；

6.项目建议书及其批复文件；

7.城市规划行政主管部门出具的项目规划意见；

8.国土资源行政主管部门出具的项目用地意见；

9.环境保护行政主管部门出具的项目环评意见；

10.土地合同及土地规划许可；

11.其他区（市）县发展改革或市级主管部门的转报文件；

12.国家和地方的经济和社会发展规划、行业部门的发展规划，如江河流域开发治理规划、铁路公路路网规划、电力电网规划、森林开发规划，以及企业发展战略规划等；

13.有关的法律、法规和政策；

14.有关机构发布的工程建设方面的标准、规范、定额；

15.拟建场（厂）址的自然、经济、社会概况等基础资料；

16.合资、合作项目各方签订的协议书或意向书；

17.与拟建项目有关的各种市场信息资料或社会公众要求等；

18.根据不同行业项目的特殊要求需要的其他相关资料；

19.建设项目的其他相关资料；

20.全过程工程咨询单位的知识体系和经验。

二、可行性研究的内容

（一）可行性研究报告的内容

根据《投资项目可行性研究指南（试行版）》以及相关政策文件的规定可知，建设项目的可行性研究报告一般包括以下内容。

1.总论

总论包括：项目提出的背景与概况；可行性研究报告编制的依据；项目建设条件；问题与建议。

2.市场预测

市场预测包括：市场现状调查；产品供需预测；价格预测；竞争力与营销策略；市场风险分析。

3.资源条件评价

资源条件评价包括：资源可利用量；资源品质情况；资源赋存条件；资源开发价值。

4.建设规模与产品方案

建设规模与产品方案包括：建设规模与产品方案构成；建设规模与产品方案的比选；推荐的建设规模与产品方案；技术改造项目推荐方案与原企业设施利用的合理性。

5.场（厂）址选择

场（厂）址选择包括：场（厂）址现状及建设条件描述；场（厂）址方案比选；推荐的场（厂）址方案；技术改造项目现有场（厂）址的利用情况。

6.技术设备工程方案

技术设备工程方案包括：技术方案选择；主要设备方案选择；工程方案选择；技术改造项目技术设备方案与改造前比较。

7.原材料、燃料供应

原材料、燃料供应包括：主要原材料供应方案选择；燃料供应方案选择。

8.总图运输与公用辅助工程

总图运输与公用辅助工程包括：总图布置方案；场（厂）内外运输方案；公用工程与辅助工程方案；技术改造项目与原企业设施的协作配套。

9.节能措施

节能措施包括：节能设施；能耗指标分析（技术改造项目应与原企业能耗比较）。

10.节水措施

节水措施包括：节水设施；水耗指标分析（技术改造项目应与原企业水耗比较）。

11.环境影响评价

环境影响评价包括：环境条件调查；影响环境因素分析；环境保护措施；技术改

造项目与原企业环境状况比较。

12.劳动安全卫生与消防

劳动安全卫生与消防包括：危险因素和危害程度分析；安全防范措施；卫生保健措施；消防措施。

13.组织机构与人力资源配置

组织机构与人力资源配置包括：组织机构设置及其适应性分析；人力资源配置；员工培训。

14.项目实施进度

项目实施进度包括：建设工期；实施进度安排；技术改造项目的建设与生产的衔接。

15.投资估算

投资估算包括：投资估算范围与依据；建设投资估算；流动资金估算；总投资额及分年投资计划。

16.资金筹措

资金筹措包括：融资组织形式选择；资本金筹措；债务资金筹措；融资方案分析。

17.财务评价

财务评价包括：财务评价基础数据与参数选取；销售收入与成本费用估算；财务评价报表；盈利能力分析；偿债能力分析；不确定性分析；财务评价结论。

18.经济效益和社会效益

经济效益和社会效益包括：项目的经济效益；项目的社会效益。

19.研究结论与建议

研究结论与建议包括：推荐方案总体描述；推荐方案的优缺点描述；主要对比方案；结论与建议。

（二）可行性研究报告的编制要点

1.应能充分反映项目可行性研究工作的成果，内容齐全，结论明确，数据准确，论据充分，满足决策者定方案、定项目的要求。

2.重大技术方案，应有两个及以上方案的比选，方案中应当包含建设项目的规模、功能、标准和绿色建筑实施方案分析等内容。

3.主要工程技术数据应能指导下一步项目初步设计的进行。

4.项目的资金筹措方案应切实可行，投资估算，土地、资金、建造成本分析应当合理，如有银行贷款等非政府资金筹集方式，报告还应能满足银行等金融部门信贷决策的需要。

5.应反映可行性研究过程中出现的某些方案的重大分歧及未被采纳的理由，以供委托单位与投资人权衡利弊进行决策。

6.应附有评审、审批决策所必需的文件资料等。

（三）可行性研究报告各阶段内容

可行性研究报告在不同阶段的要求不同，在项目建议书被主管计划部门批准后，对于投资规模大，技术工艺又比较复杂的大中型骨干项目，需要先进行初步可行性研究。初步可行性研究也称为预可行性研究，是正式的详细可行性研究前的预备性研究阶段。经过投资机会研究认为可行的建设项目，值得继续研究，但又不能肯定是否值得进行详细可行性研究时，就要做初步可行性研究，进一步判断这个项目是否具有生命力，是否有较高的经济效益，若经过初步可行性研究，认为该项目具有一定的可行性，便可转入详细可行性研究阶段（表2-1）。

表2-1 可行性研究报告各阶段要求

工作阶段	机会研究	初步可行性研究	详细可行性研究	评价阶段
工作性质	项目设想	项目初步选择	项目拟定	项目评估
工作内容	鉴别投资方向和目标，选择项目，寻求投资机会（地区、行业、资源和项目的机会研究），提出项目投资建议	对项目初步评价作专题辅助研究，广泛分析、筛选方案，鉴定项目的选择依据和标准，研究项目的初步可行性，决定是否需要进一步作详细可行性研究或否定项目	对项目进行深入细致的技术经济论证，重点对项目进行财务效益和经济效益分析评价，多方案比选，提出结论性意见，确定项目投资的可行性和选择依据标准	综合分析各种效益，对可行性研究报告进行评估和审查，分析判断项目可行性研究的可靠性和真实性，对项目作最终决定
工作成果及作用	编制项目建议书作为判定经济计划和编制项目建议书的基础，为初步选择投资项目提供依据	编制初步可行性报告，判定是否有必要进行下一步详细可行性研究，进一步判明建设项目的生命力	编制可行性研究报告，作为项目投资决策的基础和重要依据	提出项目评估报告，为投资决策提供最后决策依据，决定项目取舍
估算精度	±30%	±20%	±10%	±10%
研究费用占总投资的百分比	0.26%~1%	0.25%~1.25%	大项目0.2%~1.0% 中小项目1.0%~3.0%	—
需要时间（月）	1~3	4~6	大项目8~12 中小项目4~6	—

三、可行性研究的工作流程

在项目可行性研究报告编制阶段,其编制工作流程为:全过程工程咨询单位组建项目组→专业咨询工程师搜集资料、踏勘现场→专业咨询工程师编制项目可行性研究报告→总咨询师审核项目可行性研究报告→投资人确认项目可行性研究报告→投资人/全过程工程咨询单位申报项目可行性研究报告→投资主管部门审批项目可行性研究报告。可行性研究报告编制工作管理流程图如图2-3所示。

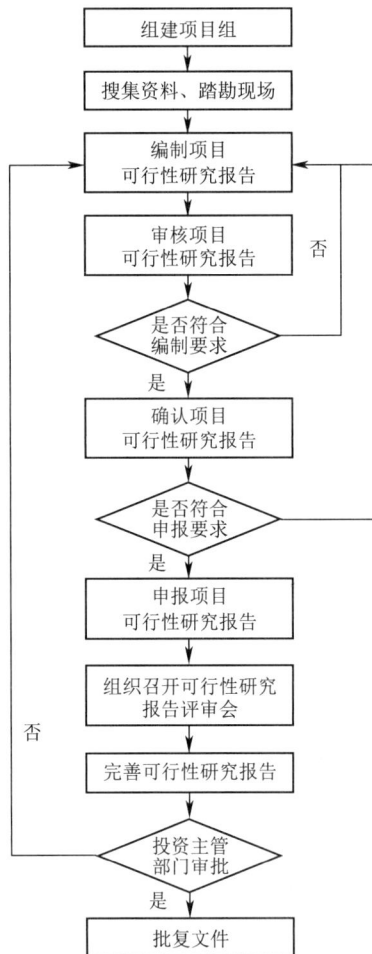

图2-3 可行性研究报告编制工作管理流程图

四、注意事项

(一)可行性研究报告的深度要求

1.可行性研究报告应达到内容齐全、数据准确、论据充分、结论明确的要求,以

28

满足决策者定方案、定项目的需要。

2.可行性研究报告中选用的主要设备的规格、参数应能满足预订货的要求。引进技术设备的资料应能满足引进设备合同谈判的要求。

3.可行性研究报告中的重大技术、财务方案，应有两个及以上方案的比选。

4.可行性研究报告中确定的主要工程技术数据，应能满足项目初步设计的要求。

5.可行性研究阶段对投资和成本费用的估算应采用分项详细估算法。

6.可行性研究报告中确定的融资方案，应能满足项目资金筹措及使用计划对投资数额、时间和币种的要求，并能满足银行等金融机构信贷决策的需要。

7.可行性研究报告应反映可行性研究过程中出现的某些方案的重大分歧及未被采纳的理由，以供决策者权衡利弊进行决策。

8.可行性研究报告应附有供评估、决策审批所必需的合同、协议和城市规划、土地使用、资源利用、节约能源、环境保护、水土保持等相关主管部门的意见，出具相应行政许可文件。

（二）不同行业的可行性研究报告侧重点

不同行业的项目性质、建设目的及其作用对社会的各种影响差异甚大，研究分析方法、技术、各种经济技术指标也不同，并且即使同一行业的项目仍然会存在不同层次的差异性。因此可行性研究中不同行业的可行性研究侧重点不同。以下行业的可行性研究侧重点的提示可供参考使用。

1.水利水电项目。通常具有防洪、灌溉、治涝、发电、供水等多项功能。需要重点研究水利水电资源的开发利用条件，水文、气象、工程地质条件，坝型与枢纽布置，库区淹没与移民安置等；项目经济评价以经济分析为主，财务分析为辅；对于社会公益、洼地水利项目，如防洪、治涝项目，财务分析的目的是测算提出维持项目正常运行需要国家补助的资金数额和需要采取的经济优惠政策。

2.交通运输项目。包括公路、铁路、机场、地铁、桥梁、隧道等。该类项目的特点是不生产实物产品，而是为社会提供运输服务。需要重点研究项目对经济和社会发展、区域综合运输网布局、路网布局等方面的作用和意义，研究运量、线路方案、建设规模、技术标准、建筑工程方案等。项目经济评价以经济分析为主，财务分析为辅。

3.农业开发项目。一般多为综合开发项目，可能包括农、林、牧、副、渔和加工业等项目，建设内容比较复杂。需要重点研究市场分析，建设规模和产品方案，原材料供应等。农业项目受气候等自然条件影响，效益与费用的不确定性较大。项目经济评价一般分项目层和经营层两个层次，项目层次评价以经济分析为主，财务分析为辅；经营层次评价只进行财务分析。

4.文教卫生项目。包括学校、体育馆、图书馆、医院、卫生防疫与疾病控制系统等项目。此类项目建设的目的在于改善公共福利环境，提高人民的生活水平，保障社会公平，促进社会发展。需要重点研究项目的服务范围，确定项目的建设规模；依据项目的功能定位，选择比较适宜的建筑方案、主要设备和器械；项目经济评价以经济分析为主，常用的方法有最小成本分析、经济费用效果分析等。

5.资源开发项目。包括煤、石油、天然气、金属、非金属等矿产资源的开发项目，水利水电资源的开发利用项目，森林资源的采伐项目等。此类项目需要重点研究资源开发利用的条件，包括资源开发的合理性、拟开发资源的可利用量、自然品质、赋存条件和开发价值；分析项目是否符合资源总体开发规划的要求，是否符合资源综合利用、可持续发展的要求，是否符合保护生态环境的有关规定。

（三）可行性研究报告评估要点

1.主要解决项目的建设规模和投资问题

2.建设规模的审核

内在因素：项目本身的交通需求预测情况；

外在因素：规划、建设标准、资源约束、同类项目类比等，重点是建设标准与资源约束。

3.投资估算的审核

多采用建设投资分类估算法，即对构成建设投资的五类投资（建筑工程费、设备购置费、安装工程费、工程建设其他费用、预备费用）分类进行估算。审核重点：价、量、费。

（四）项目建议书与可行性研究两阶段工作要求上的区别

项目建议书要求通过实地踏勘和调查；重点研究必要性和建设时机；初步确定项目平面走线；对项目规模、技术标准、建设资金、经济效益进行必要论证，是可行性研究的依据。可行性研究则要求充分的调查研究，通过必要的测量和地质勘探，对可能的建议方案从技术、经济、安全、环境等方面综合比选论证。研究确定项目的起终点，提出推荐方案，确定建设规模、技术标准，估算项目投资，分析投资项目，编制报告。

第五节 项目其他专项咨询

一、环境影响评价

环境影响评价，是指对规划和建设项目实施后可能造成的环境影响进行分析、预测和评估，提出预防或者减轻不良环境影响的对策和措施，进行跟踪监测的方法与制度。

建设项目环境影响评价的作用是通过评价查清项目拟建地区的环境质量现状，针对项目的工程特点和污染特征，预测项目建成后对当地环境可能造成的不良影响及其范围和程度，从而制订避免污染、减少污染和防止生态环境恶化的对策，为项目选址、空间布局、方案制定和优化提供科学依据。

根据《中华人民共和国环境影响评价法》（2018年版）和《建设项目环境影响评价分类管理名录》的相关规定，总体来说，对于可能造成重大环境影响的，应当编制环境影响报告书，对产生的环境影响进行全面评价；可能造成轻度环境影响的，应当编制环境影响报告表，对产生的环境影响进行分析或者专项评价；对环境影响很小、不需要进行环境影响评价的，应当填报环境影响登记表。在实践中究竟编制环境影响报告书（表）或填报环境影响登记表，应根据《建设项目环境影响评价分类管理名录》具体规定进行编制。

根据《中华人民共和国环境影响评价法》（2018年版）的规定，虽然除重大项目外，环境影响评价不再作为建设项目立项的前置审批条件，但是，建设项目的环境影响评价文件未依法经审批部门审查或者审查后未予批准的，投资人不得开工建设。

（一）环境影响评价的依据

环境影响评价的依据包括以下内容。

1.《中华人民共和国环境保护法》（2014年版）；

2.《中华人民共和国大气污染防治法》（2018年版）；

3.《中华人民共和国水污染防治法》（2017年版）；

4.《建设项目环境保护管理条例》（2017年版）；

5.《建设项目环境保护分类管理名录》；

6.《关于进一步加强环境影响评价管理防范环境风险的通知》（环发〔2012〕77号）；

7.《中华人民共和国环境影响评价法》（2018年版）；

8.《建设项目环境影响评价分类管理名录》（2021年版）；

9.《国务院关于落实科学发展观加强环境保护的决定》（国发〔2005〕39号）；

10.《建设项目环境影响评价技术导则　总纲》HJ 2.1—2016；

11.相关规划（城市总体规划，土地利用规划）；

12.其他相关法律、法规、规划、产业政策等；

13.其他有关工程技术资料；

14.投资人的组织机构、经营范围、财务能力等；

15.根据不同行业项目的特殊要求需要的其他相关资料；

16.全过程工程咨询单位的知识体系和经验；

17.其他现行相关规定或文件。

（二）环境影响评价的内容

全过程工程咨询单位和投资人应当如实提供编制和审批环境影响评价报告所需的数据和资料，根据国家《建设项目环境影响评价分类管理名录》，按照建设项目的性质、规模以及可能对环境造成的影响，编制建设项目环境影响报告书、环境影响报告表或者环境影响登记表等环境影响评价文件。

1.建设项目的环境影响报告书内容

（1）建设项目概况；

（2）建设项目周围环境现状；

（3）建设项目对环境可能造成影响的分析、预测和评估；

（4）建设项目环境保护措施及其技术、经济论证；

（5）建设项目对环境影响的经济损益分析；

（6）对建设项目实施环境监测的建议；

（7）环境影响评价的结论。

2.建设项目的环境影响报告表（登记表）内容

（1）建设项目基本情况；

（2）建设项目所在地自然环境、社会环境简况；

（3）环境质量现状；

（4）评价适用标准；

（5）建设项目工程分析；

（6）项目主要污染物产生及预计排放情况；

（7）环境影响分析；

（8）建设项目拟采取的防治措施及预期治理效果；

（9）结论与建议。

3.环境影响评价原则

突出环境影响评价的源头预防作用，坚持保护和改善环境质量。

（1）依法评价。贯彻执行中国环境保护相关法律法规、标准、政策和规划等，优化项目建设，服务环境管理。

（2）科学评价。规范环境影响评价方法，科学分析项目建设对环境质量的影响。

（3）突出重点。根据建设项目的工程内容及其特点，明确与环境要素间的作用效应关系，根据规划环境影响评价结论和审查意见，充分利用符合时效的数据资料及成果，对建设项目主要环境影响予以重点分析和评价。

（三）环境影响评价的工作流程

项目环境影响评价报告编制阶段，其编制工作流程为：全过程工程咨询单位组建项目组→专业咨询工程师根据《建设项目环境影响评价分类管理名录》确定编制环境影响报告或填报环境影响登记表→专业咨询工程师搜集资料、踏勘现场→专业咨询工程师编制项目环境影响评价报告→总咨询师审核项目环境影响评价报告→投资人确认项目环境影响评价报告→投资人/全过程工程咨询单位申报项目环境影响评价报告→环境保护行政主管部门审批项目环境影响评价报告。

建设项目环境影响评价报告编制工作管理流程如图2-4所示。

具体的环境影响评价报告的编制工作一般分为三个阶段，即

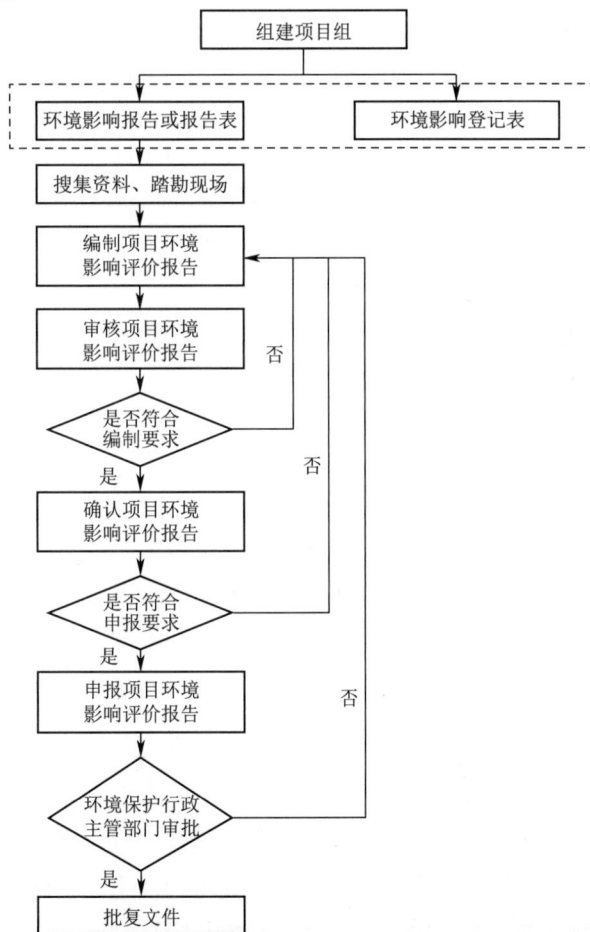

图2-4　建设项目环境影响评价报告编制工作管理流程图

调查分析和工作方案制定阶段、分析论证和预测评价阶段、环境影响报告书（表）编制阶段。具体流程如图2-5所示。

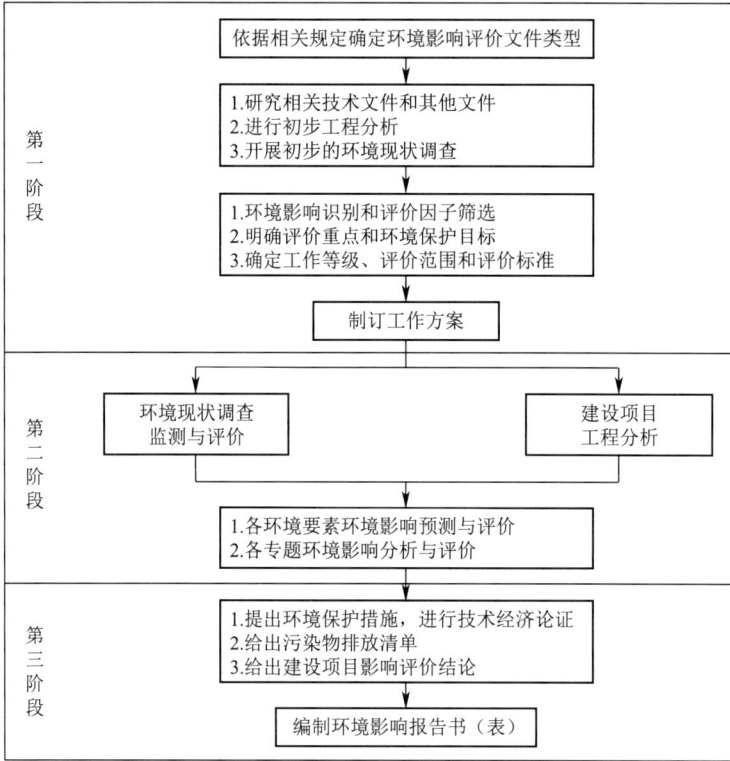

```
┌─────────────────────────────────────────────────────────────┐
│           依据相关规定确定环境影响评价文件类型                  │
│                          ↓                                     │
│ 第    1.研究相关技术文件和其他文件                              │
│ 一    2.进行初步工程分析                                        │
│ 阶    3.开展初步的环境现状调查                                  │
│ 段                       ↓                                     │
│       1.环境影响识别和评价因子筛选                              │
│       2.明确评价重点和环境保护目标                              │
│       3.确定工作等级、评价范围和评价标准                        │
│                          ↓                                     │
│                    制订工作方案                                │
├─────────────────────────────────────────────────────────────┤
│ 第    ┌──────────────┐              ┌──────────────┐          │
│ 二    │ 环境现状调查  │              │  建设项目    │          │
│ 阶    │ 监测与评价    │              │  工程分析    │          │
│ 段    └──────────────┘              └──────────────┘          │
│                          ↓                                     │
│       1.各环境要素环境影响预测与评价                            │
│       2.各专题环境影响分析与评价                                │
├─────────────────────────────────────────────────────────────┤
│ 第    1.提出环境保护措施，进行技术经济论证                      │
│ 三    2.给出污染物排放清单                                      │
│ 阶    3.给出建设项目影响评价结论                                │
│ 段                       ↓                                     │
│              编制环境影响报告书（表）                           │
└─────────────────────────────────────────────────────────────┘
```

图2-5 建设项目环境影响评价报告具体编制工作流程图

（四）环境影响评价注意事项

1.项目投资人和全过程工程咨询单位应当如实提供编制环境影响评价报告所需的数据和资料，根据国家《建设项目环境影响评价分类管理名录》，按照建设项目的性质、规模以及可能对环境造成的影响编制建设项目环境影响报告书、环境影响报告表或者环境影响登记表等环境影响评价文件。

2.根据生态环境部《建设项目环境影响评价技术导则　总纲》HJ 2.1—2016的规定，建设项目环境影响报告书编制要求如下所示。

（1）一般包括概述、总则、建设项目工程分析、环境现状调查与评价、环境影响预测与评价、环境保护措施及其可行性论证、环境影响经济损益分析、环境管理与监测计划、环境影响评价结论和附录附件等内容。

概述可简要说明建设项目的特点、环境影响评价的工作过程、分析判定相关情况、关注的主要环境问题及环境影响、环境影响评价的主要结论等。总则应包括编制依据、评价因子与评价标准、评价工作等级和评价范围、相关规划及环境功能区划、主要环境保护目标等。附录和附件应包括项目依据文件、相关技术资料、引用文献等。

（2）应概括地反映环境影响评价的全部工作成果，突出重点。建设项目工程分析应体现工程特点，环境现状调查与评价应反映环境特征，主要环境问题应阐述清楚，影响预测方法应科学，预测结果应可信，环境保护措施应可行、有效，评价结论应明确。

（3）文字应简洁、准确，文本应规范，计量单位应标准化，数据应真实、可信，资料应翔实，应强化先进信息技术的应用，图表信息应满足环境质量现状评价和环境影响预测评价的要求。

3.环境影响报告表编制要求

环境影响报告表应采用规定格式。可根据工程特点、环境特征，有针对性突出环境要素或设置专题开展评价。

4.环境影响报告书（表）内容涉及国家秘密的，按国家涉密管理有关规定处理。

5.根据《中华人民共和国水土保持法》（2010年版）、《中华人民共和国水土保持法实施条例》（2011年版），在山区、丘陵区、风沙区修建铁路、公路、水利工程，开办矿山企业、电力企业和其他大中型工业企业，需采取水土保持措施，对水土保持方案进行论述。环境影响报告书的水土保持方案必须先经水行政主管部门审查同意。

二、节能评估报告

节能评估是指根据国家节能法规、标准，对投资项目的能源利用是否科学合理进行分析评估。节能评估报告是指在项目节能评估的基础上，由具有工程咨询资信或能力的专业咨询工程师编制的节能评估报告书或节能评估报告表。

根据《固定资产投资项目节能审查办法》的相关规定可知，固定资产投资项目节能审查意见是项目开工建设、竣工验收和运营管理的重要依据。政府投资项目，建设单位在报送项目可行性研究报告前，须取得节能审查机关出具的节能审查意见。企业投资项目，建设单位需在开工建设前取得节能审查机关出具的节能审查意见。未按规定进行节能审查，或节能审查未通过的项目，建设单位不得开工建设，已经建成的不得投入生产、使用。

（一）节能评估报告的依据

节能评价报告的依据包括以下内容。

1.《固定资产投资项目节能审查办法》（2016年版）；

2.其他相关法律、法规、规划、行业准入条件、产业政策；

3.其他相关标准及规范，节能技术、产品推荐目录；

4.国家明令淘汰的用能产品、设备、生产工艺等目录；

5.其他相关本项目的审批文件；

6.项目基本情况：项目名称、建设地点、项目性质、建设规模及内容、项目工艺方案、总平面布置、主要经济技术指标、项目进度计划，改、扩建项目的原项目基本情况等；

7.项目用能概况：项目主要供能、用能系统与设备的初步选择、能源消费种类、数量及能源使用分布情况，改、扩建项目的原项目节能评估项目基本情况及存在问题等；

8.项目所在地区的主要气候特征；

9.项目所在地区的社会经济状况：经济发展现状、节能目标、能源供应和消费现状、重点耗能企业分布及其能源供应消费特点、交通运输状况等；

10.类比工程的相关资料；

11.投资人的组织机构、经营范围、财务能力等；

12.根据不同行业项目的特殊要求需要的其他相关资料；

13.全过程工程咨询单位的知识体系和经验；

14.其他现行相关文件或规定。

（二）节能评估报告的内容

根据《固定资产投资项目节能审查办法》（2016年版）规定，固定资产投资项目节能审查意见是项目开工建设、竣工验收和运营管理的重要依据。

节能评估报告是指在项目节能评估的基础上，由有资质或能力的单位出具的节能评估报告。节能评估报告编制的主要内容包括以下几部分。

1.评价依据

主要包括相关法律、法规、规划、行业准入条件、产业政策，相关标准及规范，节能技术、产品推荐目录，国家明令淘汰的用能产品、设备、生产工艺等目录，以及相关工程资料和技术合同等。

2.项目概况

（1）投资人基本情况。投资人名称、性质、地址、邮编、法人代表、项目联系人及联系方式，企业运营总体情况。

（2）项目基本情况。项目名称、建设地点、项目性质、建设规模及内容、项目工艺方案、总平面布置、主要经济技术指标、项目进度计划等（改、扩建项目需对项目原基本情况进行说明）。

（3）项目用能概况。主要供、用能系统与设备的初步选择，能源消耗种类、数量及能源使用分布情况（改、扩建项目需对项目原用能情况及存在的问题进行说明）。

3.项目建设方案的节能评估

（1）项目选址、总平面布置对能源消费的影响；

（2）项目工艺流程、技术方案对能源消费的影响；

（3）主要用能工艺和工序，及其能耗指标和能效水平；

（4）主要耗能设备，及其能耗指标和能效水平；

（5）辅助生产和附属生产设施，及其能耗指标和能效水平。

4.分析和比选，包括总平面布置、生产工艺、用能工艺、用能设备和能源计量器具等方面。

5.选取节能效果好、技术经济可行的节能技术和管理措施。

6.项目能源消费量、能源消费结构、能源效率等方面的分析。

（1）项目能源消费种类、来源及消费量分析评估。

（2）能源加工、转换、利用情况（可采用能量平衡表）分析评估。

（3）能效水平分析评估。包括单位产品（产值）单耗，单位建筑面积分品种实物能耗和综合能耗，单位投资能耗等。

7.对所在地完成能源消耗总量和强度目标、煤炭消费减量替代目标的影响等方面的分析评价。

（三）节能评估报告的工作流程

在节能评估报告编制阶段，其编制工作流程为：全过程工程咨询单位组建项目组→专业咨询工程师搜集资料、踏勘现场→专业咨询工程师编制项目节能评估报告→总咨询师审核项目节能评估报告→投资人确认项目节能评估报告→投资人/全过程工程咨询单位申报项目节能评估报告→投资主管部门审批项目节能评估报告。

节能评估报告编制工作流程如图2-6所示。

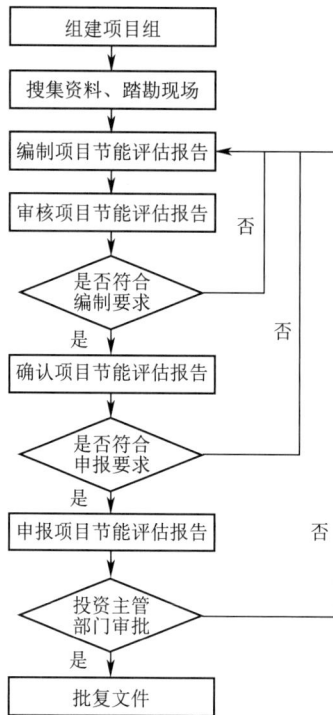

图 2-6 节能评估报告编制工作流程

（四）注意事项

根据《固定资产投资项目节能审查办法》（2016年版）规定，政府投资项目，投资人在报送项目可行性研究报告前，需取得节能审查机关出具的节能审查意见。

1.固定资产投资项目节能审查由地方节能审查机关负责

（1）国家发展改革委核报国务院审批以及国家发展改革委审批的政府投资项目，投资人在报送项目可行性研究报告前，需取得省级节能审查机关出具的节能审查意见。国家发展改革委核报国务院核准以及国家发展改革委核准的企业投资项目，投资人需在开工建设前取得省级节能审查机关出具的节能审查意见。

（2）企业投资项目，投资人需在开工建设前取得节能审查机关出具的节能审查意见。未按规定进行节能审查或节能审查未通过的项目，投资人不得开工建设，已经建成的不得投入生产、使用。

（3）年综合能源消费量5000t标准煤以上（改扩建项目按照建成投产后年综合能源消费增量计算，电力折算系数按当量值，下同）的固定资产投资项目，其节能审查由省级节能审查机关负责。其他固定资产投资项目，其节能审查管理权限由省级节审查机关依据实际情况自行决定。

（4）年综合能源消费量不满1000t标准煤，且年电力消费量不满500万kW·h的固定资产投资项目，以及用能工艺简单、节能潜力小的行业（具体行业目录由国家发展改革委制定并公布）的固定资产投资项目应按照相关节能标准、规范建设，不再单独进行节能审查。

2.项目节能审查条件

（1）节能评估依据的法律法规、标准规范、政策等准确适用；

（2）项目用能分析客观准确，方法科学，结论准确；

（3）节能措施合理可行；

（4）项目的能源消费量和能效水平能够满足本地区能源消耗总量与强度"双控"管理要求等。

三、项目安全评价

安全评价是以实现工程、系统安全为目的，应用安全系统工程原理和方法，对工程、系统中存在的危险、有害因素进行辨识与分析，判断工程、系统发生事故和职业危害的可能性及其严重程度，提出科学、合理、可行的安全对策建议，为制定防范措施和管理决策提供科学依据。以此达到最小损失和最优的安全投资效益。

建设项目安全评价主要评价建设项目从安全角度是否符合当地规划，选址与周边的安全距离是否符合要求，采用的建筑结构、工艺设备，采取的安全应对措施是否符合要求，使安全监管部门明确是否批准项目的建设。对未达到安全目标的系统或单元提出安全补救措施，以利于提高建设项目本身的安全程度，满足安全生产的需要。

根据《建设项目安全实施"三同时"监督管理暂行办法》文件中规定，下列建设项目在进行可行性研究时，生产经营单位应当分别对其安全生产条件进行论证和安全预评价。

1.非煤矿矿山建设项目；

2.生产、储存危险化学品（包括使用长输管道输送危险化学品，下同）的建设项目；

3.生产、储存烟花爆竹的建设项目；

4.化工、冶金、有色、建材、机械、轻工、纺织、烟草、商贸、军工、公路、水运、轨道交通、电力等行业的国家和省级重点建设项目；

5.法律、行政法规和国务院规定的其他建设项目。

投资人应当委托具有相应资信或能力的全过程工程咨询单位，对其建设项目进行安全预评价，并编制安全预评价报告，并且建设项目安全预评价报告应当符合国家标准或者行业标准的规定。

（一）项目安全评价的依据

项目安全评价的依据包括以下内容。

1.《中华人民共和国安全生产法》（2002年版）；

2.《国务院关于进一步加强企业安全生产工作的通知》（国发〔2010〕23号）；

3.《建设工程安全生产管理条例》（国务院令第393号）；

4.《建设项目安全实施"三同时"监督管理暂行办法》（2010年版）；

5.《海洋石油安全生产规定》（2013年版）；

6.《安全评价通则》AQ 8001—2007；

7.《安全预评价导则》AQ 8002—2007；

8.《关于加强建设项目安全设施"三同时"工作的通知》（发改投资〔2003〕1346号）；

9.《建设领域安全生产行政责任规定》；

10.其他安全生产及行业标准；

11.项目选址意见书、项目拟建场地的总平面图；

12.建设项目其他相关政策文件与资料；

13.投资人的组织机构、经营范围、财务能力等；

14.根据不同行业项目的特殊要求需要的其他相关资料；

15.全过程工程咨询单位的知识体系和经验；

16.其他现行相关规定或文件。

（二）项目安全评价的内容

1.安全评价的分类

根据《安全评价通则》AQ 8001—2007规定，安全评价按照实施阶段的不同分为安全预评价、安全验收评价、安全现状评价。建设项目安全评价主要包括安全预评价和安全验收评价，而在决策阶段，建设项目主要进行安全预评价。

（1）安全预评价

在建设项目可行性研究阶段、工业园区规划阶段或生产经营活动组织实施之前，根据相关的基础资料，辨识与分析建设项目、工业园区、生产经营活动潜在的危险、有害因素，确定其与安全生产法律法规、标准、行政规章、规范的符合性，预测发生事故的可能性及其严重程度，提出科学、合理、可行的安全对策措施建议，做出安全评价结论的活动。

（2）安全验收评价

在建设项目竣工后正式生产运行前或工业园区建设完成后，通过检查建设项目安全设施与主体工程同时设计、同时施工、同时投入生产和使用的情况或工业园区内的安全设施、设备、装置投入生产和使用的情况，检查安全生产管理措施到位情况，检查安全生产规章制度健全情况，检查事故应急救援预案建立情况，审查确定建设项目、工业园区建设满足安全生产法律法规、标准、规范要求的符合性，从整体上确定建设项目、工业园区的运行状况和安全管理情况，做出安全验收评价结论的活动。

（3）安全现状评价

针对生产经营活动中、工业园区的事故风险、安全管理等情况，辨识与分析其存在的危险、有害因素，审查确定其与安全生产法律法规、规章、标准、规范要求的符合性，做出安全现状评价结论的活动。

安全现状评价既适用于对一个生产经营单位或一个工业园区的评价，也适用于某一特定的生产方式、生产工艺、生产装置或作业场所的评价。

2.安全预评价报告内容

根据《安全预评价导则》AQ 8002—2007规定，安全预评价报告基本内容如下。

（1）结合评价对象的特点，阐述编制安全预评价报告的目的；

（2）列出有关的法律法规、标准、规章、规范和评价对象被批准设立的相关文件及其他有关参考资料等安全预评价的依据；

（3）介绍评价对象的选址、总图及平面布置、水文情况、地质条件、工业园区规划、生产规模、工艺流程、功能分布、主要设施、设备、装置、主要原材料、产品（中间产品）、经济技术指标、公用工程及辅助设施、人流、物流等概况；

（4）列出辨识与分析危险、有害因素的依据，阐述辨识与分析危险、有害因素的过程；

（5）阐述划分评价单元的原则、分析过程等；

（6）列出选定的评价方法，并作简单介绍。阐述选定此方法的原因。详细列出定性、定量评价过程。明确重大危险源的分布、监控情况以及预防事故扩大的应急预案内容。给出相关的评价结果，并对得出的评价结果进行分析；

（7）列出安全对策措施建议的依据、原则、内容；

（8）作出评价结论。

（三）项目安全评价的工作流程

在项目安全（预）评价报告编制阶段，其编制工作流程为：全过程工程咨询单位组建项目组→专业咨询工程师搜集资料、踏勘现场→专业咨询工程师辨识与分析危险、有害因素→专业咨询工程师划分评价单元，定性、定量评价→专业咨询工程师进行安全评价→专业咨询工程师提出安全对策措施建议→专业咨询工程师做出评价结论并编制项目安全（预）评价报告→总咨询师审核项目安全（预）评价报告→投资人确认项目安全（预）评价报告。

安全（预）评价报告编制工作流程如图2-7所示。

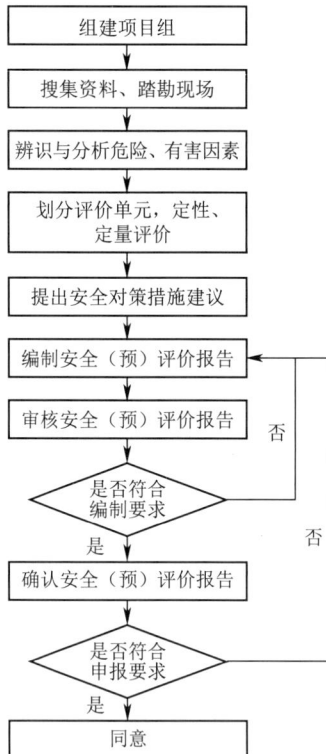

图2-7　安全（预）评价报告编制工作流程图

（四）注意事项

1.安全预评价报告是安全预评价工作过程的具体体现，是评价对象在建设过程或实施过程中的安全技术性指导文件。安全预评价报告文字应简洁、准确，可同时采用图表和照片，以使评价过程和结论清楚、明确，利于阅读和审查。

2.评价报告内容应全面，条理应清楚，数据应完整，提出建议应可行，评价结论应客观公正；文字应简洁、准确，论点应明确，利于阅读和审查。

3.评价报告的主要内容应包括：评价对象的基本情况、评价范围和评价重点、安全评价结果及安全管理水平、安全对策意见和建议，施工现场问题照片以及明确整改时限。

4.安全评价报告宜采用纸质载体，辅助采用电子载体。

四、项目社会稳定风险评价

《国家发展改革委重大固定资产投资项目社会稳定风险评估暂行办法》提出："项目单位在组织开展重大项目前期工作时，应当对社会稳定风险进行调查分析，征询相关群众意见，查找并列出风险点、风险发生的可能性及影响程度，提出防范和化解风险的方案措施，提出采取相关措施后的社会稳定风险等级建议。"按照中国基本建立的社会稳定风险分析（评估）制度，与人民群众利益密切相关的重大决策、重要政策、重大改革措施、重大工程建设项目，与社会公共秩序相关的重大活动等重大事项在制定出台或审批审核、组织实施前，对可能影响社会稳定的因素开展系统地调查，科学地预测、分析和评估，制订风险应对策略和预案。确保有效预防、规避、控制重大事项在实施过程中或在实施后可能产生的社会稳定风险，为重大事项的顺利实施保驾护航。

社会稳定风险分析应当作为项目可行性研究报告项目申请报告的重要内容并设独立篇章。此外，项目所在地人民政府或其有关部门指定的评估主体组织对项目单位做出的社会稳定风险分析开展评估论证，根据实际情况可以采取公示、问卷调查、实地走访和召开座谈会、听证会等多种方式听取各方面意见，分析判断并确定风险等级，提出社会稳定风险评估报告。国务院有关部门、省级发展改革部门、中央管理企业在向国家发展改革委报送项目可行性研究报告、项目申请报告的申报文件中，应当包含对该项目社会稳定风险评估报告的意见，并附社会稳定风险评估报告。社会稳定风险评估报告是国家发展改革委审批、核准或者核报国务院审批、核准项目的重要依据。

（一）项目社会稳定风险评价依据

项目社会稳定风险评价的依据包括以下内容。

1.《国家发展改革委重大固定资产投资项目社会稳定风险评估暂行办法》；

2.《重大固定资产投资项目社会稳定风险分析篇章和评估报告编制大纲（试行）》；

3.相关法律、法规、规章、规范性文件以及其他政策性文件；

4.项目单位提供的拟建项目基本情况和风险分析所需的必要资料；国家出台的区域经济社会发展规划、国务院及有关部门批准的相关规划；

5.项目单位的委托合同；

6.建设项目其他相关政策文件与资料；

7.投资人的组织机构、经营范围、财务能力等；

8.根据不同行业项目的特殊要求需要的其他相关资料；

9.全过程工程咨询单位的知识体系和经验。

（二）项目社会稳定风险评价内容

社会稳定风险分析与评价的主要内容包括：风险调查、风险识别、风险估计、风险防范与化解措施制定、风险等级判断五项。

1.风险调查

社会稳定风险调查应围绕拟建项目建设实施的合法性、合理性、可行性、可控性等方面展开，调查范围应覆盖所涉及地区的利益相关者，充分听取、全面收集群众和各利益相关者的意见，包括合理和不合理、现实和潜在的诉求等。

2.风险识别

风险识别是在风险调查的基础上，针对利益相关者不理解、不认同、不满意、不支持的方面，或在建成后可能引发不稳定事件的情形，全面、全程查找并分析可能引发社会稳定风险的各种风险因素。

风险因素包括工程风险因素和项目与社会互适性风险因素。其中：工程风险因素可按政策、规划和审批程序，土地房屋征收及补偿，技术经济，环境影响，项目管理，安全和治安等方面分类。项目与社会互适性风险因素指项目能否为当地的社会环境、人文条件所接纳，以及当地政府、组织、社会团体、群众支持项目的程度，项目与当地社会环境的相互适应关系方面所面临的风险因素。

识别社会稳定风险首先需要分析引发风险的行为主体及导致其行为的诱因，即风险因素。在全面分析确定项目风险因素后，根据项目风险因素的类型、发生阶段等，对风险因素进行分类归纳整理，建立投资项目社会稳定风险识别体系，识别项目社会稳定风险的主要风险类型、发生阶段及其风险因素，如表2-2所示。

表 2-2　主要风险因素识别表

序号	风险类型	风险发生阶段	风险因素	备注
1				
2				
3				
……				

注：风险发生阶段可包括项目前期决策、准备、实施、运营四个阶段。备注可标注风险特征（例如长期影响还是短期影响、持久性影响还是间断影响等）和其他需要说明的情况。

3. 风险估计

根据各项风险因素的成因、影响表现、风险分布、影响程度、发生可能性，找出主要风险因素，剖析引发风险的直接和间接原因，采用定性与定量相结合的方法估计出主要风险因素的风险程度。预测和估计可能引发的风险事件及其发生概率。

风险估计目前通常采用"问题导向法"进行估判。其中，风险概率是指风险事件出现的频率高低。影响程度是指风险可能引发群体性事件的参加人数、行为表现、影响范围和持续时间等特性。

对项目风险的可能性、后果和程度按大小高低分为不同的档级。具体赋值需要根据项目性质、评估要求和风险偏好等事先研究确定。根据项目实际涉及的主要风险因素，编制拟建项目的主要风险因素及其风险程度表，如表2-3所示。

表 2-3　主要风险因素及其风险程度表

序号	风险类型	风险发生阶段	风险因素	风险概率	影响程度	风险程度
1						
2						
3						
……						

4. 风险防范与化解措施制定

按照中国社会稳定风险分析（评估）的要求，在识别出社会风险并进行风险估计后，要针对主要风险因素，阐述采用的风险防范、化解措施策略，明确风险防范、化解的目标，提出落实措施的责任主体、协助单位、防范责任和具体工作内容，明确风险控制的节点和时间，真正把项目社会稳定风险化解在萌芽状态，最大限度减少不和谐因素。

可接受的社会稳定风险应是"低风险且可控"。在社会稳定风险评价中，风险"可控"是指当社会稳定风险实际发生时，通过实施维稳应急预案能够将风险影响控制在可接受的程度。

为了从源头上防范、化解拟建项目实施可能引发的风险，应根据拟建项目的特点，针对主要风险因素，编制并形成风险防范和化解措施汇总表，如表2-4所示。

表2-4　风险防范和化解措施汇总表

序号	风险发生阶段	风险因素	主要防范、化解措施	实施时间和要求	责任主体	协助单位
1						
2						
3						
……						

5.风险等级判断

对研究提出的风险防范、化解措施的合法性、可行性、有效性和可控性进行分析，根据分析结果预测各主要风险因素可能变化的趋势和结果，结合预期可能引发的风险事件和造成负面影响的程度等，综合判断项目落实风险防范、化解措施后的风险等级。

项目风险等级综合判断一般采用定性与定量相结合的方法。在定量分析方面，可选用专家打分法等方法，并说明确定措施后各主要因素风险权重的方法。按照《国家发展改革委重大固定资产投资项目社会稳定风险评估暂行办法》的要求，对照本地区社会稳定风险等级评判标准，根据拟建项目的社会稳定风险等级评判标准，对拟建项目的社会稳定风险作出客观、公正的判断，确定高、中、低等级。

第三章
项目勘察设计阶段管理咨询服务

第一节　勘察设计阶段咨询服务概述

一、勘察设计阶段管理目标

建设项目设计阶段是在决策阶段形成的咨询成果（如项目建议书、可行性研究报告、投资估算等）和投资人要求基础上进行深化研究，对拟建项目进行综合分析、论证，编制项目勘察设计文件并提供相关咨询服务的过程。在决策阶段做出投资决策后，控制项目工程造价的关键就在于设计。设计阶段是在技术和经济上对拟建工程的实施进行全面的安排，也是对工程建设进行规划的过程。根据中国现行的法律法规和政策、规范等，建设项目设计阶段主要包括工程勘察和工程设计两个环节。

二、勘察设计阶段主要管理内容

工程勘察是根据建设工程和法律法规的要求，查明、分析、评价拟建项目建设场地的地质地理环境特征和岩土工程条件，编制建设工程勘察文件的活动。工程勘察工作内容包括制订勘察任务书和组织勘察咨询服务，如工程测量，岩土工程勘察、设计、治理、监测，水文地质勘察，环境地质勘察等；出具的工程勘察文件主要指岩土工程勘察报告及相关的专题报告。

工程设计是根据建设工程规范、标准，相关法律法规的要求，对拟建项目所需的技术、经济、资源、环境等条件进行综合分析、论证，结合工程勘察报告，编制建设工程设计文件，提供相关服务的活动。工程设计工作内容包括编写设计任务书、组织方案设计、初步设计（有工艺要求的需增加技术或工艺设计）、施工图设计等设计咨询服务工作。出具的设计文件包括设计说明、总平面、建筑、结构、建筑电气、给水排水、供暖通风与空气调节、热能动力等。设计文件根据不同设计阶段的深度要求，在内容深度上有所不同。

设计阶段造价管控工作内容包括编审工程概算和施工图预算；对设计方案进行经

济比选和优化建议；协助限额设计。

全过程工程咨询单位在建设项目设计阶段的服务内容和流程如图3-1所示。

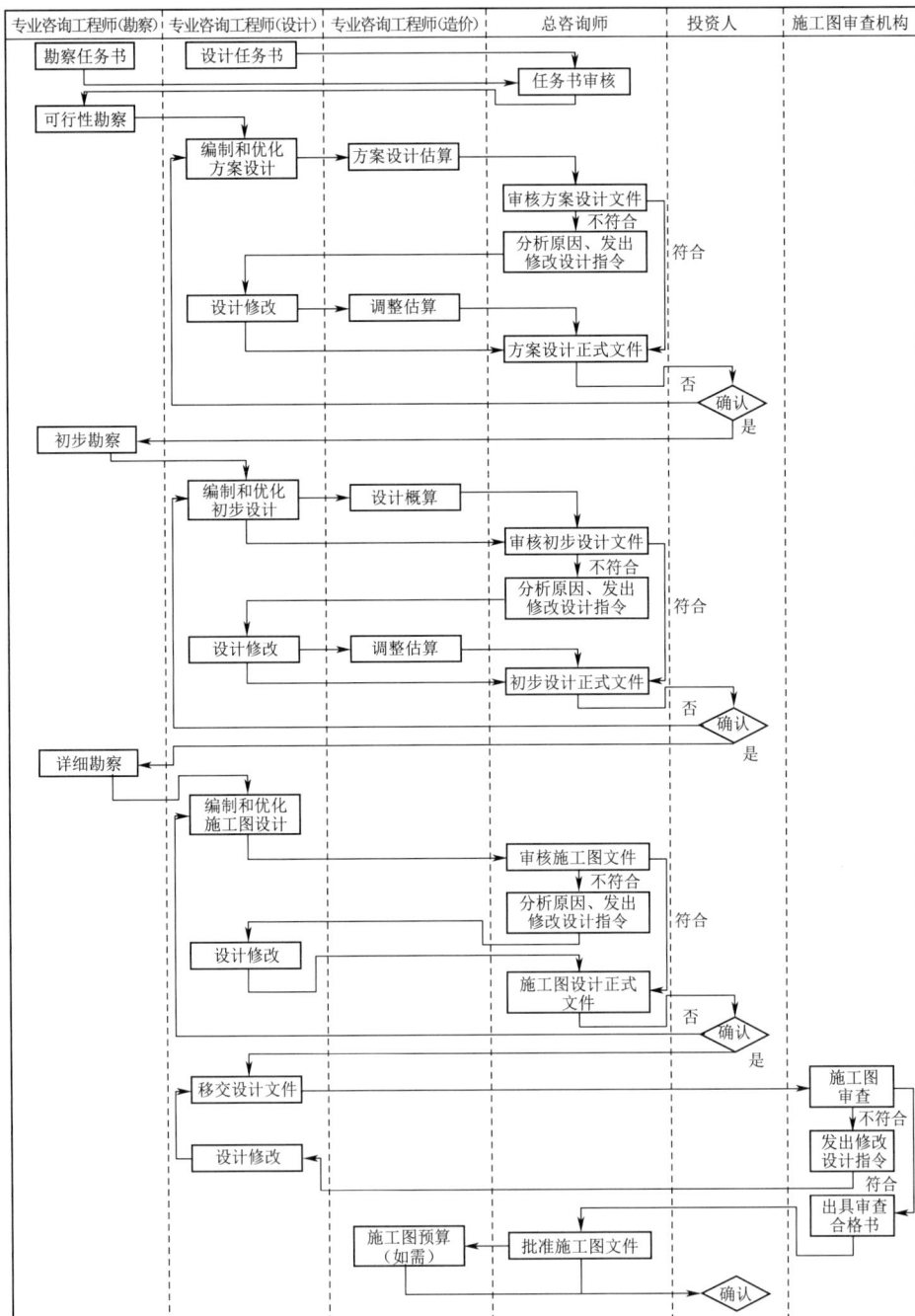

图 3-1　全过程工程咨询单位设计阶段咨询服务流程图

第二节　项目勘察服务

工程勘察咨询服务是以通用工程勘察为例进行分析说明，包括工程测量、岩土工程勘察、岩土工程设计与检测监测、水文地质勘察、工程水文气象勘察、工程物勘、室内试验等，以及专业工程（如煤炭、水利、电力、铁路、公路、通信、海洋工程、长输管道等）的勘察服务。具体标准执行相应专业工程的勘察技术标准规范。各项建设项目在设计和施工之前，必须按基本建设程序进行岩土工程勘探。岩土工程勘察应按工程建设各勘察阶段的要求，正确反映工程地质条件，查明不良地质作用和地质灾害，精心勘察、精心分析，提出资料完整、评价正确的勘察报告。

一、勘察任务书编制

（一）勘察任务书编制的依据

勘察任务书编制的依据包括以下内容。

1.项目建议书及可行性研究等批复文件；

2.全过程工程咨询委托合同；

3.工程建设强制性标准；

4.国家规定的建设工程勘察、设计深度要求；

5.《建设工程勘察设计管理条例》（2017年版）；

6.《岩土工程勘察规范》GB 50021—2001（2009年版）；

7.《建设工程勘察质量管理办法》（2021年版）；

8.其他现行相关规定或文件。

（二）勘察任务书编制的内容

1.勘察任务书的拟定，应把地基、基础与上部结构作为互相影响的整体，并在调查研究场地工程地质资料的基础上，下达勘察任务书。

2.勘察任务书应说明工程的意图、设计阶段（初步设计阶段或施工图设计阶段）、要求提交勘察文件的内容、现场及室内的测试项目以及勘察技术要求等，同时应提供勘察工作所需要的各种图表资料。

3.为配合初步设计阶段进行的勘察，在勘察任务书中应说明工程的类别、规模、建筑面积及建筑物的特殊要求、主要建筑物的名称、最大荷载、最大高度、基础最大埋深和重要设备的有关资料等，并向专业咨询工程师（勘察）提供附有坐标的、比例为1∶1000～1∶2000的地形图，图上应画出勘察范围。

4.为配合施工图设计阶段进行的勘察，在勘察任务书中应说明需要勘察的各建筑物具体情况。如建筑物上部结构特点、层数、高度、跨度及地下设施情况，地面平整标高，采取的基础形式、尺寸和埋深、单位荷重或总荷重以及有特殊要求的地基基础设计和施工方案等，并提供经上级部门批准附有坐标及地形的建筑总平面布置图或单幢建筑物平面布置图。如有挡土墙时还应在图中注明挡土墙位置、设计标高以及建筑物周围边坡开挖线等。

（三）勘察任务书编制的工作流程

全过程工程咨询单位编制勘察任务书的工作流程，如图3-2所示。

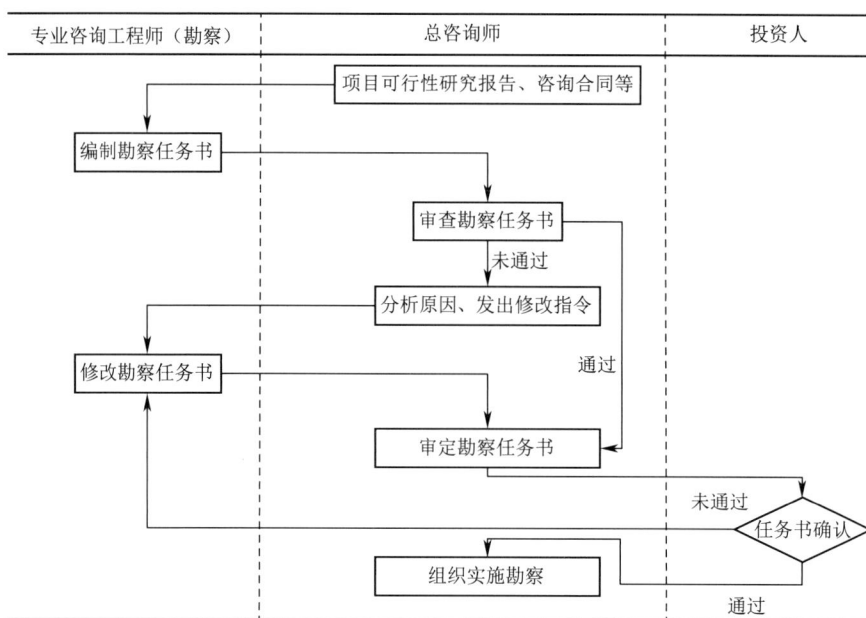

图 3-2　全过程工程咨询单位编制勘察任务书工作流程图

（四）注意事项

勘察任务书是大中型基本工程项目、限额以上技术改造项目进行投资决策和转入实施阶段的法定文件，大中型基本工程项目、限额以上技改项目要在编写出可行性报告之后编制勘察任务书。

二、勘察咨询服务

工程勘察文件是建筑地基基础设计和施工的重要依据，必须保证野外作业和实验资料的准确可靠，同时，文字报告和有关图表应按合理的程序编制。勘察文件的编制要重视现场编录、原位测试和实验资料的检查校核，使之相互吻合，相互印证。

（一）勘察咨询服务的依据

项目勘察阶段咨询服务的依据包括以下内容。

1.经批准的项目建议书、可行性研究报告等文件；

2.勘察任务书；

3.《建设工程勘察设计管理条例》（2017年版）；

4.《工程建设项目勘察设计招标投标办法》（2013年版）；

5.《建设工程勘察设计资质管理规定》（2018年版）；

6.《建设工程勘察质量管理办法》（2021年版）；

7.《实施工程建设强制性标准监督规定》（2015年版）；

8.《中华人民共和国建筑法》（2019年版）；

9.《岩土工程勘察规范》GB 50021—2001（2009年版）；

10.其他相关专业的工程勘察技术规范标准。

（二）勘察咨询服务的内容

1.勘察方案编审

勘察方案应由全过程工程咨询单位勘察专业工程师编制、设计专业工程师进行审查，编审主要包括以下内容。

（1）钻孔位置与数量、间距是否满足初步设计或施工图设计的要求；

（2）钻孔深度应根据上部荷载与地质情况（地基承载力）确定；

（3）钻孔类别比例的控制，主要是控制性钻孔的比例以及技术性钻孔的比例；

（4）勘探与取样，包括采用的勘探技术手段方法，取样方法及措施等；

（5）原位测试，主要包括标贯试验、重探试验、静力触探、波速测试、平板载荷试验等；在勘察方案中应明确此类测试的目的、方法、试验要求、试验数量；

（6）土工试验，土工试验项目应该满足建筑工程设计与施工所需要的参数，比如：为基坑支护提供参数的剪切试验，地基土强度验算时的三轴剪切试验，以及水质分析等；

（7）项目组织，包括机械设备、人员组织；

（8）方案的经济合理性。

通过对勘察方案的编制和审查，可以保证勘察成果满足设计需要，满足项目建设需要，为设计工作的开展提供真实的地勘资料。

2.勘察作业实施

全过程工程咨询单位应组织专业咨询工程师（勘察）按规范精心开展勘察作业，

包括野外作业，如工程地质测绘与调查、勘察与取样、原位测试、现场检验与监测等；室内试验，如土的物理性质、抗剪强度试验、岩石试验等。专业咨询工程师（勘察）实施勘察作业必须按《岩土工程勘察规范》GB 50021—2001（2009年版）的规定进行，为保证勘察作业成果质量，全过程工程咨询单位应组织其他专业咨询工程师（如设计）对专业咨询工程师（勘察）的作业活动进行监督和配合协助。

3.勘察文件编审

勘察文件是勘察工作的成果性文件，需要充分利用相关的工程地质资料，做到内容齐全、论据充足、重点突出。此外，勘察文件应正确评价建筑场地条件、地基岩土条件和特殊问题，为工程设计和施工提供合理适用的建议。因此，全过程工程咨询单位要全面细致做好工程勘察文件的编制与审查，为设计和施工提供准确的依据。

全过程工程咨询单位须按照国家和省市制定的工程勘察标准、技术规范和有关政策文件，组织专业技术力量和设备等，组织开展工程勘察工作，精心编制和审查工程勘察文件，特别应重点做好以下几个方面内容。

（1）勘察文件是否满足勘察任务书委托要求及合同约定；

（2）勘察文件是否满足勘察文件编制深度规定的要求；

（3）组织专家对勘察文件进行内部审查，确保勘察成果的真实性、准确性，将问题及时反馈至专业咨询工程师（勘察），并跟踪落实修改情况；

（4）检查勘察文件资料是否齐全。有无缺少试验资料、测量成果表、勘察工作量统计表和勘探点（钻孔）平面位置图、柱状图、岩芯照片等；

（5）工程概述是否表述清晰，有无遗漏，包括：工程项目、地点、类型、规模、荷载、拟采用的基础形式等各方面；

（6）勘察成果是否满足设计要求。

全过程工程咨询单位审查合格后要将勘察文件报送当地建设行政主管部门对勘察文件中涉及工程建设强制性标准的内容进行严格审查，并将审查意见及时反馈至专业咨询工程师（勘察），直至取得审查合格书。

（三）勘察咨询服务的工作流程

全过程工程咨询单位勘察阶段咨询服务的工作流程，如图3-3所示。

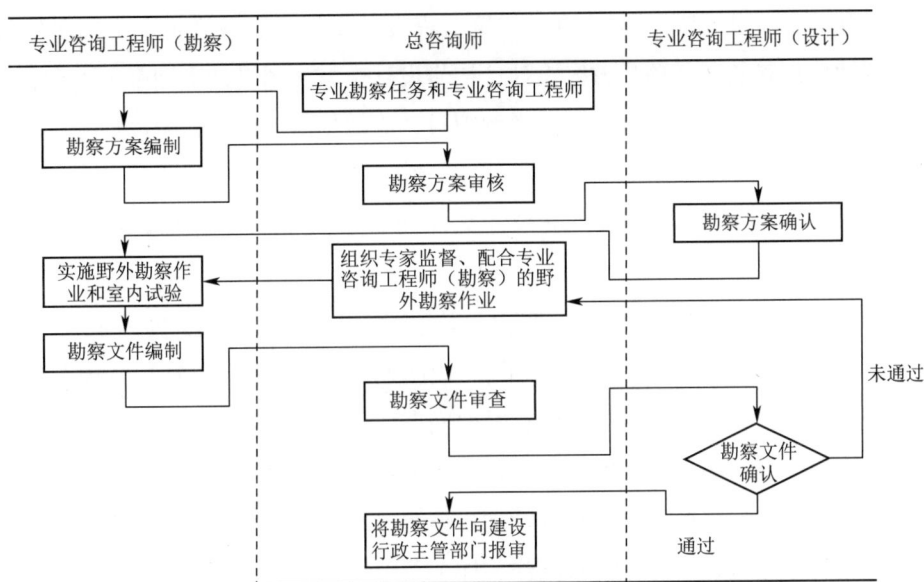

图3-3　全过程工程咨询单位开展勘察咨询服务工作流程图

（四）注意事项

勘察咨询服务的注意事项主要有以下内容。

1.凡在国家建设工程设计资质分级标准规定范围内的建设工程项目，均应当委托勘察业务；

2.开展勘察业务须具备相应的工程勘察资质证书，且与其证书规定的业务范围相符，全过程工程咨询单位如没有相应资质，应发包给具有相应资质的工程勘察单位实施；

3.勘察方案必须经报审合格后，方可实施；

4.勘察文件应满足勘察任务书和投资人的要求，须符合《建设工程勘察设计资质管理规定》（2018年版），并且须满足项目设计文件编制需要。

第三节　项目设计服务

根据住房城乡建设部印发的《建筑工程设计文件编制深度规定（2016年版）》，建筑工程（民用建筑、工业厂房、仓库及其配套工程）一般应分为方案设计、初步设计和施工图设计三个阶段；对于技术要求相对简单的民用建筑工程，当有关主管部门在初步设计阶段没有审查要求，且合同中没有做初步设计的约定时，可在方案设计审批后直接进入施工图设计。本节以《建筑工程设计文件编制深度规定（2016年版）》为例，阐述民用建筑工程项目方案设计、初步设计、施工图设计咨询服务内容，而市政工程、公路工程、水利工程等其他类型项目，应根据对应的设计阶段划分标准和内容规定执行。

方案设计文件应满足编制初步设计文件的需要，并应满足方案审批或报批的需要。

初步设计应根据批准的可行性研究报告或方案设计进行编制，要明确工程规模、建设目的、投资效益、设计原则和标准，深化设计方案，确定拆迁、征地范围和数量，编制初步设计概算，提出设计中存在的问题、注意事项及有关建议，其深度应能满足确定工程投资，满足编制施工图设计、主要设备订货、招标及施工准备的要求。

施工图设计应根据批准的初步设计进行编制，其设计文件应能满足施工招标、施工安装、材料设备订货、非标设备制作、加工及编制施工图预算或工程量清单及最高投标限价要求。

在开展工程设计工作前，全过程工程咨询单位应编制设计任务书，保证设计工作顺利有序进行。

全过程工程咨询单位的勘察设计咨询服务不仅需要在项目设计阶段充分实施，而且需要延伸至项目实施乃至竣工阶段。在实施阶段，专业咨询工程师（勘察、设计）需提供的咨询服务主要有设计文件资料管理、设计交底和图纸会审、地勘和设计的现场咨询、专项设计和深化设计、设计变更等，具体实施指南详见项目实施阶段咨询服务。

一、设计任务书编制

（一）设计任务书编制的依据

设计任务书编制的依据包括以下内容。

1.土地挂牌文件、选址意见书或土地合同；

2.建设用地规划许可证；

3.项目设计基础资料；

4.上阶段政府报建的批文（如项目建议书或可行性研究报告批复）；

5.项目成本管理指导书；

6.勘察文件；

7.环境评估报告；

8.交通评估报告；

9.能源评估报告；

10.物业管理设计要点。

（二）设计任务书编制的内容

设计任务书一般由全过程工程咨询单位与投资人充分沟通后编制。

设计任务书是投资人对工程项目设计提出的要求，是工程设计的主要依据。进行可行性研究的工程项目，可以用批准的可行性研究报告代替设计任务书。设计任务书可分为方案设计任务书、初步设计任务书、施工图设计任务书和专业设计任务书等。

根据可行性研究报告的内容，经过研究并选定方案之后编制的设计任务书，要对拟建项目的投资规模、工程内容、经济技术指标、质量要求、建设进度等做出规定。设计任务书的主要内容如表3-1所示。

表3-1　设计任务书编制要点

序号	内容	要点
1	项目名称、建设地点	
2	批准设计项目的文号、协议书文号及其有关内容	
3	项目建设的依据和目的	
4	建筑造型及建筑室内外装修方面要求	
5	项目建设的规模及生产纲要(生产大纲、产品方案)	对市场需求情况的预测
		对国内外同行业的生产能力估计
		市场销售量预测、价格分析、产品竞争能力分析、国外市场需求情况的预测、进入国际市场的前景分析
		项目建设的规模、产品方案及发展方向的技术经济比较与分析
6	资源、原材料、燃料动力、供水、运输、协作配套、公用设施的落实情况	所需资源、原材料、辅助材料、燃料动力的种类、数量、来源及供应的可能性和条件
		所需公用设施的数量、供应方式和供应条件
		资源的综合利用和"三废"治理的要求
7	建设条件和征地情况	建设用地的范围，地形、场地内原有建筑物，构筑物、要求保留的树木及文物古道的拆除和保留情况等
		场地周围道路及建筑等环境情况
		交通运输、供水、供电、供气的现状及发展趋势

55

序号	内容	要点	
8	生产技术、生产工艺、主要设备选型、建设标准及相应的技术指标		
9	项目的构成及工程量估算	项目的主要单项工程、辅助工程及相应配套工程的构成	
		项目布置方案和工程量的估算	
10	环境保护、城乡规划、抗震、防洪、文物保护等方面的要求和相应的措施方案		
11	组织机构、劳动定员和人员培训设想		
12	建设工期与实施进度		
13	投资估算、资金筹措和财务分析	主体工程和辅助配套工程所需投资（利用外资项目或引进技术项目应包括外汇款项）	
		生产流动资金的估算	
		资金来源、筹措方式、信证方式、信证年限	
14	经济效益和社会效益	项目要达到的各项微观和宏观经济指标	
		分析项目的社会效益	
15	附件	可行性分析和论证资料	
		项目建议书批准文件	
		征地和外部协作配套条件的意向性协议	
		环保部门关于"三废"治理措施的审核意见	
		劳动部门关于劳动保护措施的审核意见	
		消防部门关于消防措施的审核意见	

（三）设计任务书编制的工作流程

全过程工程咨询单位编制设计任务书的工作流程，如图3-4所示。

（四）注意事项

设计任务书是设计的依据，同时也是投资人的意图反映，因此，编制设计任务书时需要充分体现项目建设意义，力图达到明确表达设计意图、明确表达设计功能和要求的目的。

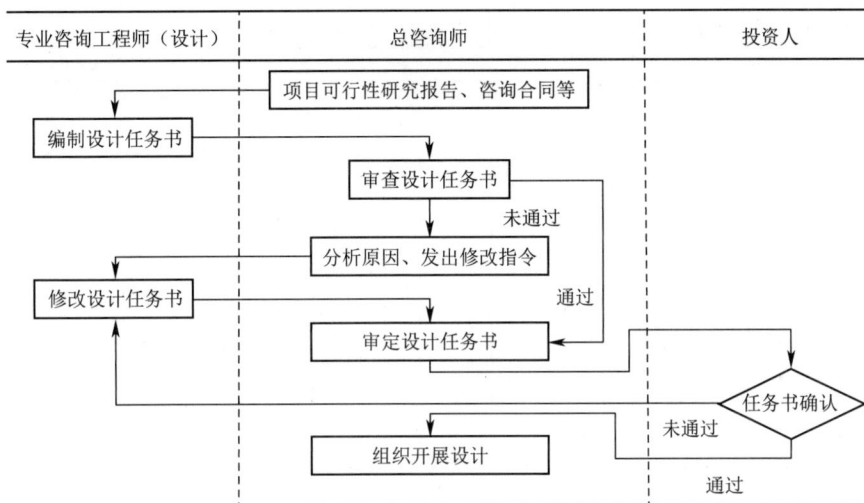

图 3-4　全过程工程咨询单位编制设计任务书流程图

二、方案设计

项目方案设计阶段是设计实质性开始的阶段。建筑设计方案应满足投资人的需求和编制初步设计文件的需要，同时需向当地规划部门报审。

（一）方案设计的依据

方案设计的依据包括以下内容。

1.与工程设计有关的依据性文件，如选址及环境评价报告、用地红线图、项目的可行性研究报告、政府有关主管部门对立项报告的批文、初步设计任务书或协议书等；

2.设计所执行的主要法规和所采用的主要标准；

3.设计基础资料，如气象、地形地貌、水文地质、抗震设防烈度、区域位置等；

4.政府有关主管部门对项目设计的要求，如对总平面布置、环境协调、建筑风格等方面的要求。当城市规划等部门对建筑高度有限制时，应说明建筑物、构筑物的控制高度（包括最高和最低高度限值）；

5.工程规模（如总建筑面积、容积率、总投资、容纳人数等）、项目设计规模等级和设计标准（包括结构的设计使用年限、建筑防火类别、耐火等级、装修标准等）。

（二）方案设计的内容

1.方案设计文件编制

在项目方案设计阶段，全过程工程咨询单位编制和交付的主要设计成果文件有：方案设计说明书、初步设计图纸，文件内容如图3-5所示，具体内容详见《建筑工程设计文件编制深度规定（2016年版）》。

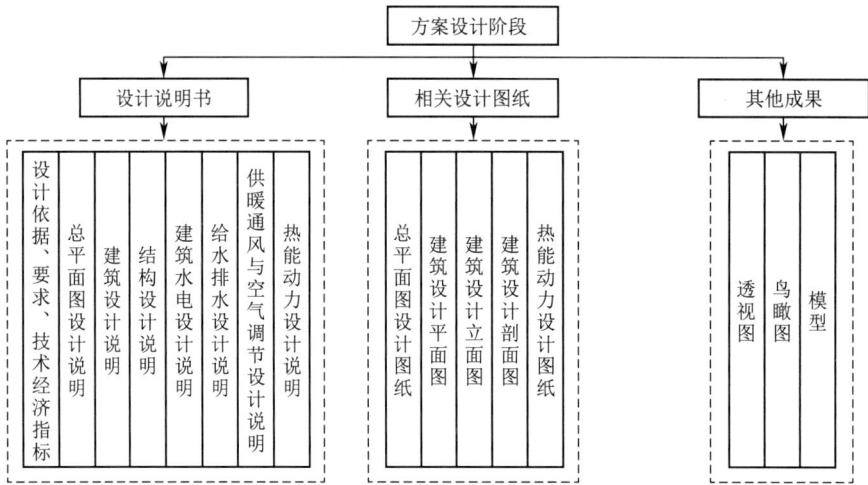

图 3-5　项目方案设计阶段主要成果文件

2.方案设计文件审查与优化

在方案设计阶段，全过程工程咨询单位应组织专家对方案设计进行审查和优化，以确定此方案设计是否切实满足投资人要求，审查和优化内容主要有以下几点。

（1）是否响应招标要求，是否符合国家规范、标准、技术规程等的要求；

（2）是否符合美观、实用及便于实施的原则；

（3）总平面的布置是否合理；

（4）景观设计是否合理；

（5）平面、立面、剖面设计情况；

（6）结构设计是否合理，可实施；

（7）公建配套设施是否合理、齐全；

（8）新材料、新技术的运用；

（9）设计指标复核；

（10）设计成果提交的承诺。

方案设计完成后，全过程工程咨询单位应组织行业专家，针对方案的不足，结合拟建项目情况，对方案提出修改建议，并编制形成正式文件。在规定的时间内督促专业咨询工程师（设计）提出最优方案，直到满足投资人要求为止。

3.方案设计报审

全过程工程咨询单位应将内部审查并调整完毕的方案向当地规划部门报审。为了防止因审批时间过长而耽误整个项目进度的情况出现，在方案报审的过程中，全过程工程咨询单位应本着为投资人着想的服务理念，协助专业咨询工程师（设计）做好方案报审的准备工作，确保方案会审顺利进行。对于报审前全过程工程咨询单位的准备工作，主要包括以下内容。

（1）报审前复查设计方案图纸，检查是否符合规范要求，图纸是否具有专业咨询工程师（设计）图签、出图章、设计资质证书编号及各专业设计人员的签名；

（2）检查报审的图纸文件是否齐全，不全的应要求专业咨询工程师（设计）补送有关图纸、文件，审批时间从补齐之日算起；

（3）在取得《建筑工程设计方案审核意见单》后，立即协助投资人申请《建筑工程规划许可证》，为后期工作做好准备；

（4）若设计方案经审核需做较大修改的，全过程工程咨询单位应再次及时组织送审设计文件。

完成建筑方案的报批审查后，方可进入初步设计阶段。

（三）方案设计的工作流程

方案设计编审流程图，如图3-6所示。

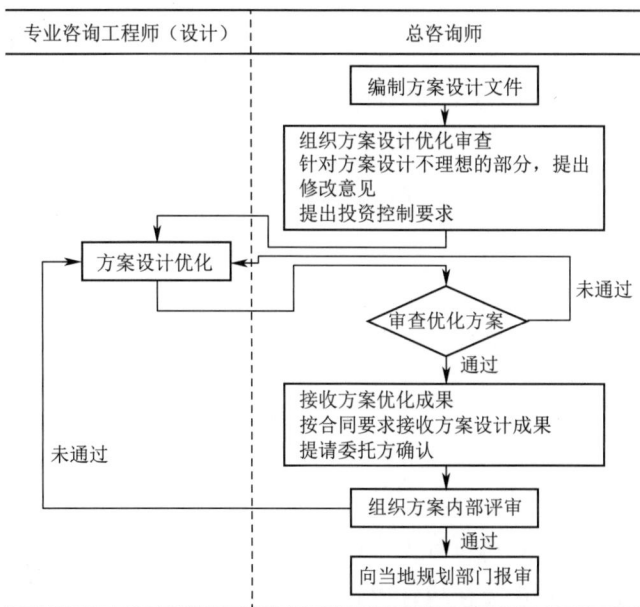

图3-6　全过程工程咨询单位编审方案设计流程图

（四）注意事项

1.方案设计要以满足最终投资人的需求为重点，结合使用人的需求对建筑的整体方案进行设计、评选和优选。

2.全过程工程咨询单位及其专业咨询工程师（设计）若无能力自行完成方案设计，应进行方案设计招标，如果只对方案设计进行招标，而无须中标单位承担后续设计任务时，要在招标文件中进行说明。

3.全过程工程咨询单位需要对方案设计组织专家进行优化，在功能、投资等方面提出合理化建议。

4.方案设计阶段的报批管理也是全过程工程咨询单位的重点工作内容，应引起重视。

三、初步设计

在方案设计通过投资人及相关部门的审批以后，就可以开展初步设计，初步设计文件应满足《建筑工程设计文件编制深度规定（2016年版）》的规定，并提供相应的设计概算，以便投资人有效控制投资。

（一）初步设计的依据

初步设计的依据包括以下内容。

1.国家政策、法规；

2.各专业执行的设计规范、标准和现行国家及项目所在地的有关标准、规程；

3.政府有关主管部门的批文、可行性研究报告、立项书、方案文件等的文号或名称；

4.批准的方案设计；

5.规划、用地、环保、卫生、绿化、消防、人防、抗震等要求和依据资料；

6.委托方提供的有关使用要求或生产工艺等资料；

7.建设场地的自然条件和施工条件；

8.有关的合同、协议、设计任务书等；

9.其他的有关资料。

（二）初步设计的内容

1.初步设计文件编制

在项目初步设计阶段，全过程工程咨询单位编制和交付的主要设计成果文件，在设计深度上应符合已审定的方案设计内容，能据以确定土地征用范围、准备主要设备及材料，能据以进行施工图设计和施工准备，并作为审批确定项目投资的依据。初步设计内容和成果文件如图3-7所示，具体内容详见《建筑工程设计文件编制深度规定（2016年版）》。对于涉及建筑节能、环保、绿色建筑、人防、装配式建筑等，其设计说明应有相应的专项内容。

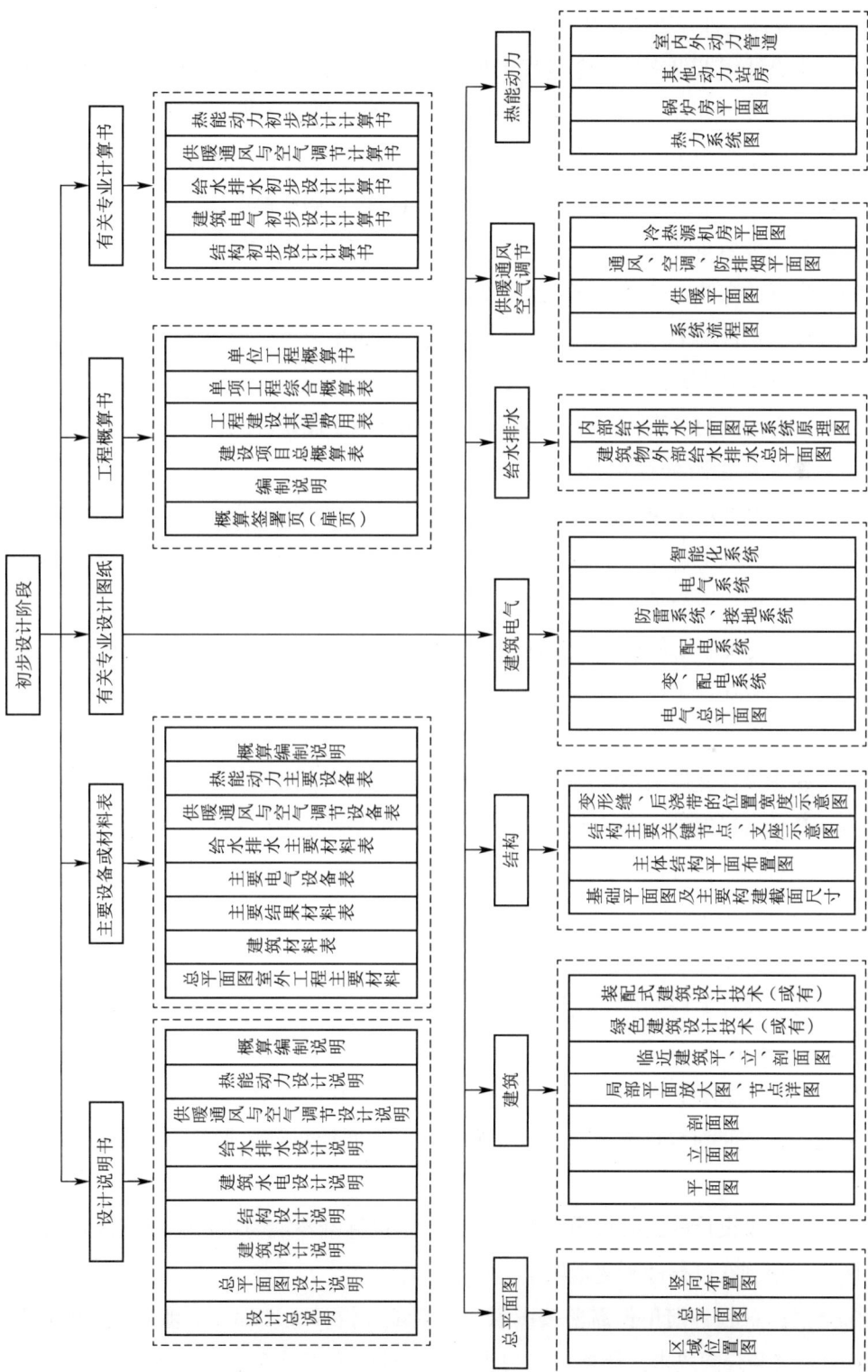

图 3-7 项目初步设计阶段主要成果文件

2.初步设计文件审查与优化

当初步设计图纸出来后，全过程工程咨询单位需组织各专业专家逐张审查图纸，重点审查选材是否经济，做法是否合理，节点是否详细，图纸有无错、缺、漏等问题。在认真审阅图纸后，书面整理专家审图意见，与投资人和专业咨询工程师（设计）约定时间，共同讨论交换意见，达成共识后，进行设计图纸修改。

全过程工程咨询单位对初步设计审查合格后，需按当地建设行政主管部门的规定，将初步设计文件报送建设行政主管部门审查。

全过程工程咨询单位进行的初步设计审查应当包括以下主要内容。

（1）是否按照方案设计的审查意见进行了修改。

（2）是否达到初步设计的深度，是否满足编制施工图设计文件的需要。

（3）是否满足消防规范的要求。

（4）建筑专业：①建筑面积等指标是否相比可行性研究报告有大的变化；②建筑功能分隔是否得到深化，总平面、楼层平面、立面设计是否深入；③主要装修标准是否明确；④各楼层平面是否分隔合理，有较高的平面使用系数。

（5）结构专业：①结构体系选择恰当，基础形式合理；②各楼层布置合理。

（6）设备专业：①系统设计合理；②主要设备选型得当、明确。

（7）有关专业重大技术方案是否进行了技术经济分析比较，是否安全、可靠。

（8）初步设计文件采用的新技术、新材料是否适用、可靠。

（9）设计概算编制是否按照国家和地方现行有关规定进行编制，深度是否满足要求；概算是否控制在可行性研究批复的范围之内，与可行性研究批复的偏差是否有充足的理由并符合相关规定。

（三）初步设计的工作流程

项目初步设计文件编审工作流程，如图3-8所示。

（四）注意事项

1.初步设计深度不够是目前建设项目初步设计存在的一个普遍问题。因此，初步设计管理也要注重对设计人员经验和业务水平等方面加强对专业咨询工程师（设计）的管理。

2.注重初步设计的建设规模、建设功能、建设标准不能与可行性研究报告偏离，投资额度应控制在可行性研究报告确定的目标之内。

3.全过程工程咨询单位需要按国家《建筑工程设计文件编制深度规定（2016年版）》的要求及合同要求，严格审查初步设计文件的内容是否齐全，设计文件的份数是否满足合同约定。

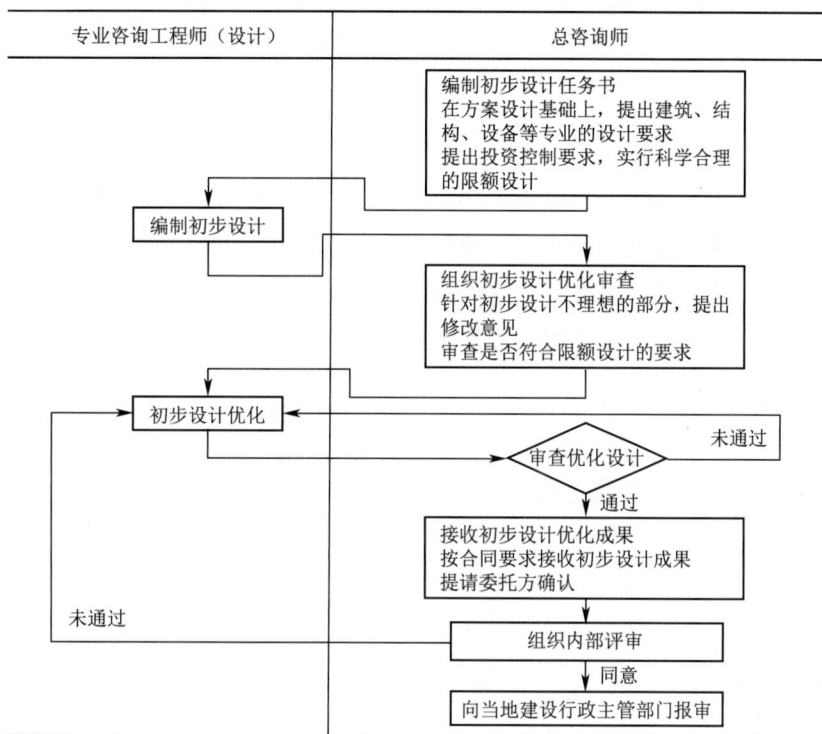

```
专业咨询工程师（设计）          总咨询师
```

编制初步设计任务书
在方案设计基础上，提出建筑、结构、设备等专业的设计要求
提出投资控制要求，实行科学合理的限额设计

编制初步设计

组织初步设计优化审查
针对初步设计不理想的部分，提出修改意见
审查是否符合限额设计的要求

初步设计优化

审查优化设计　　　未通过

通过

接收初步设计优化成果
按合同要求接收初步设计成果
提请委托方确认

未通过

组织内部评审

同意

向当地建设行政主管部门报审

图 3-8　全过程工程咨询单位编审初步设计文件流程图

四、施工图设计

施工图设计阶段主要是通过图纸把设计者的意图和全部设计结果表达出来，主要以图纸的形式提交设计文件成果，使整个设计方案得以实施。施工图设计，一是用于指导施工，二是作为工程预算或工程量清单及最高投标限价编制的依据。施工图设计应满足国家《建筑工程设计文件编制深度规定（2016年版）》的要求。

（一）施工图设计的依据

施工图设计的依据包括以下内容。

1.国家政策、法规及设计规范；

2.设计任务书或协议书；

3.批准的初步设计；

4.详细的勘察资料；

5.关于初步设计审查意见；

6.关于初步设计建设项目所在地建设行政主管部门的批复意见；

7.《实施工程建设强制性标准监督规定》（2015年版）；

8.《房屋建筑和市政基础设施工程施工图设计文件审查管理办法》（2018年版）；

9.其他有关资料。

（二）施工图设计的内容

1.施工图设计文件编制

施工图设计文件包括合同要求所涉及所有专业的设计图纸（含图纸目录、说明和必要的设备、材料表等）以及图纸总封面；对于涉及建筑节能设计的专业，其设计说明应有建筑节能设计的专项内容；涉及装配式建筑设计的专业，其设计说明及图纸应有装配式建筑专项设计内容。

在项目施工图设计阶段，全过程工程咨询单位根据批准的初步设计进行编制和交付的设计成果文件，须能满足施工招标、施工安装、材料设备订货、非标设备制作、加工及编制施工图预算的要求。施工图设计成果文件如图3-9所示，具体内容详见《建筑工程设计文件编制深度规定（2016年版）》。

2.施工图设计文件审查

施工图设计阶段，全过程工程咨询单位需要对施工图设计文件进行审查。施工图设计审查分为全过程工程咨询单位自行组织的技术性及符合性审查，以及建设行政主管部门认定的施工图审查机构实施的工程建设强制性标准及其他规定内容的审查，完成审查后的施工图文件应按建设行政主管部门要求进行备案。

（1）全过程工程咨询单位对施工图设计及审查

在施工图出图后及送行政审查前，全过程工程咨询单位应组织投资人、专业咨询工程师等对施工图的设计内容进行内部审查，如：专业咨询工程师（造价）应从工程量清单编制过程中发现的技术问题，或从造价控制的角度提出意见、建议；而专业咨询工程师（监理）应结合施工现场（比如，技术的可靠性、施工的便利性、施工的安全性等方面）提出意见、建议；全过程工程咨询单位应从施工图是否满足投资人需求，符合使用人的使用要求等方面进行审查。

全过程工程咨询单位对各单位审查意见进行汇总，并召开专题会议共同讨论，由专业咨询工程师（设计）对施工图进行修改、完善，最后形成正式的施工图。

施工图设计文件应正确、完整和详尽，并确定具体的定位和结构尺寸、构造措施、材料、质量标准、技术细节等，还应满足设备、材料的采购需求，满足各种非标准设备的制作需求，满足招标及指导施工的需要。全过程工程咨询单位对施工图设计

初步设计阶段

分为：工程预算书、专业设计图纸、各专业计算书

工程预算书
- 单位工程预算书
- 单项工程综合预算表
- 建设项目总预算表
- 编制说明
- 预算书签署页（扉页）
- 预算书封面

各专业计算书
- 热能动力施工图计算书
- 供暖通风与空气调节施工图计算书
- 给水排水施工图计算书
- 建筑电气施工图计算书
- 结构施工图计算书
- 建筑施工图计算书
- 总平面图计算书

专业设计图纸 分为：热能动力、供暖通风空气调节、给水排水、建筑电气、结构、建筑、总平面图

热能动力
- 设备及主要材料表
- 室外管道网图
- 室内动力图
- 其他动力图站房图
- 设计说明与允许控制说明
- 施工说明
- 图纸目录

供暖通风空气调节
1. 监控中心设置清洁式通风和隔绝式防护
2. 通风管道不允许穿越人防防护结构
- 室外管网设计
- 系统图、立管或风道图
- 通风、空调制冷机房平、剖面图
- 设备表
- 设计说明和施工说明
- 图纸目录

给水排水
管道内部自动排水系统排出管设置止水阀门和止水阀
- 设备及主要材料表
- 室外管网图
- 循环水构筑物（水塔、水池）配管系详图
- 室内水泵房平面、剖面图及系统图
- 室内排水管道高程表或纵断面图
- 室外给水排水总平面图
- 设计说明
- 图纸目录

建筑电气
电气设备应选用防潮性能好的定型产品
- 主要电气设备表
- 智能化系统设备表
- 防雷、接地及安全设计
- 消防设计
- 建筑电气设备控制图
- 交、配电电站平面设计图
- 电气总平面图
- 图例符号设计说明
- 图纸目录

结构
1. 综合管廊结构设计使用年限100年
2. 钢筋混凝土结构混凝土强度不低于C30；预应力混凝土强度不低于C40；混凝土垫层不低于C15
3. 纵向受力钢筋保护层厚度不小于钢筋直径
4. 现浇结构宜在纵向设置变形缝，盾构法施工可不设置变形缝
- 钢结构设计
- 钢筋混凝土结构施工图
- 其他结构建详图
- 基础平面详图
- 结构设计总说明
- 图纸目录

建筑
1. 人员出入口、逃生口设置
2. 出入口设置防护密闭门（向外开启）
3. 逃生口设置防护密闭板，没有就设置防护密闭门
4. 管廊顶部开设吊装口，用防护密闭门垂直封堵
5. 连通口设置双向受力防护紧闭门
- 绿色建筑设计详图（或有）
- 剖面图
- 立面图
- 平面图
- 设计说明
- 图纸目录

总平面图
- 绿化及建筑小品布置图
- 管道综合图
- 土石方图
- 竖向布置图
- 总平面布置图
- 设计说明
- 图纸目录

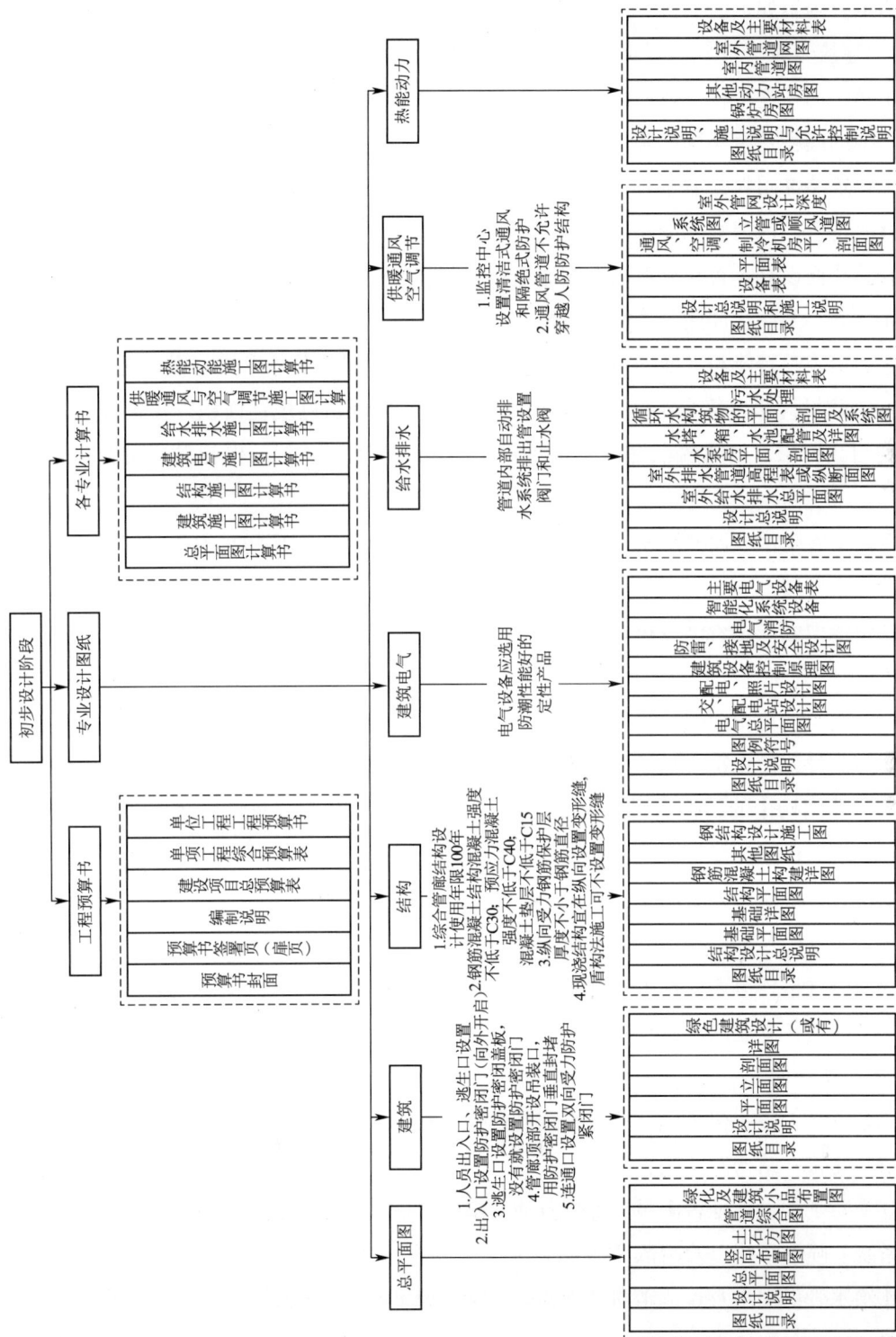

图 3-9 项目施工图设计阶段主要成果文件

审查的主要内容如下。

1）建筑专业

①建筑面积是否符合政府行政主管部门批准意见和设计任务书的要求，特别是计入容积率的面积是否核算准确；

②建筑装饰用料标准是否合理、先进、经济、美观，特别是外立面是否体现了方案设计的特色，内装修标准是否符合投资人的意图；

③总平面设计是否充分考虑了交通组织、园林景观，竖向设计是否合理；

④立面、剖面、详图是否表达清楚；

⑤门窗表是否能与平面图对应，其统计数量有无差错，分隔形式是否合理；

⑥消防设计是否符合消防规范，包括防火分区是否超过规定面积，防火分隔是否达到耐火时限，消防疏散通道是否具有足够宽度和数量，消防电梯设置是否符合要求；

⑦地下室防水、屋面防水、外墙防渗水、卫生间防水、门窗防水等重要位置渗漏的处理是否合理；

⑧楼地面做法是否满足投资人要求。

2）结构专业

①结构设计总说明的内容是否准确全面，结构构造要求是否交代清楚；

②基础设计是否符合初步设计确定的技术方案；

③主体结构中的结构布置选型是否符合初步设计及其审查意见，楼层结构平面梁、板、墙、柱的标注是否全面，配筋是否合理；

④结构设计是否满足施工要求；

⑤基坑开挖及基坑围护方案的推荐是否合理；

⑥钢筋含量、节点处理等问题是否合理；

⑦土建与各专业的矛盾问题是否解决。

3）设备专业

①系统是否按照初步设计的审查意见进行布置；

②与建筑、结构专业是否矛盾；

③消防工程设计是否满足消防规范的要求，包括火灾报警系统、防排烟系统、消火栓系统、喷淋系统以及疏散广播系统等；

④给水管供水量及管道走向、管径是否满足最不利点供水压力需要，是否满足美观需要；

⑤排水管的走向及布置是否合理；

⑥管材及器具选择是否符合规范及投资人要求；

⑦水、电、煤、消防等设备、管线安装位置设计是否合理、美观且与土建图纸不相矛盾；

⑧燃气工程是否满足燃气公司的审图要求；

⑨室内电器布置是否合理、规范，强、弱电室内外接口是否满足电信运营商、供电部门专业设计要求；

⑩用电设计容量和供电方式是否符合供电部门规定要求。

完成内部审查后，应及时送至相关的施工图审查机构审查，并取得施工图审查合格书。

（2）施工图审查机构对施工图设计的审查

施工图审查机构对施工图设计的审查内容主要包括。

1）是否符合工程建设强制性标准；

2）地基基础和主体结构的安全性；

3）是否符合民用建筑节能强制性标准，对执行绿色建筑标准的项目，还应当审查是否符合绿色建筑标准；

4）勘察设计企业和注册执业人员以及相关人员是否按规定在施工图上加盖相应的图章和签字；

5）法律、法规、规章规定必须审查的其他内容。

（三）施工图设计的工作流程

1.全过程工程咨询单位对施工图设计的编审工作流程，如图3-10所示。

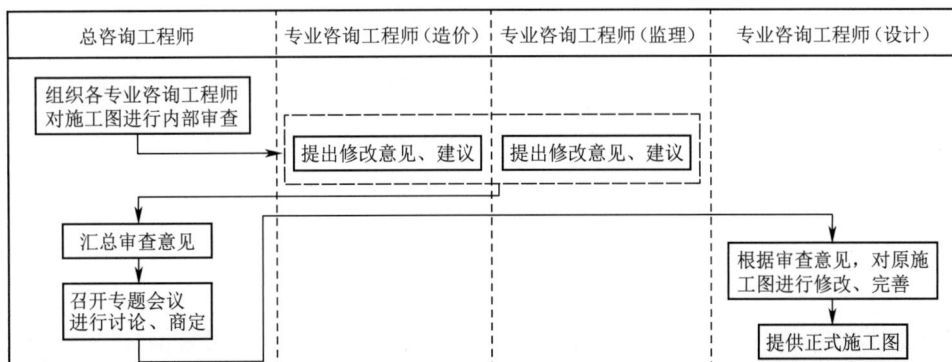

图3-10　全过程工程咨询单位对施工图设计的编审工作流程图

2.政府施工图审查机构对施工图设计的审查程序，如图3-11所示。

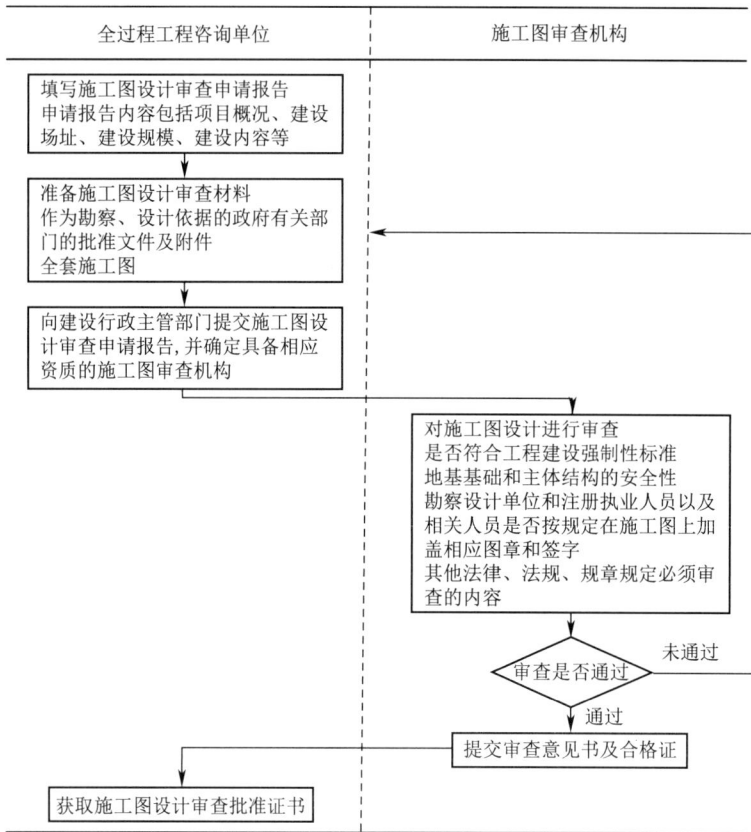

图 3-11 施工图审查机构对施工图设计的审查流程图

（四）注意事项

1.施工图审查机构一定要具备相应资质，超限高层建筑工程的施工图设计文件审查应当由经国务院建设行政主管部门认定的具有超限高层建筑工程审查资格的施工图设计文件审查机构承担。

2.未经超限高层建筑工程抗震设防专项审查，建设行政主管部门和其他有关部门不得对超限高层建筑工程施工图设计文件进行审查。

3.工程勘察文件经审查合格后，专业咨询工程师（设计）方可采用，同一项目的工程勘察文件与施工图设计文件原则上应委托同一审查机构审查。

4.全过程工程咨询单位对施工图设计进行审查时，要注意施工图设计是否按照设计合同的规定提供足够套数的施工图，是否所有的施工图都加盖了专业咨询工程师

（设计）的出图章，设计人、校对人、专业负责人、设计总负责人的签字是否齐全并且有专业会签。

第四节　勘察设计阶段造价管控

在建设项目的工作分解结构中，建设项目的设计与计划阶段是决定建筑产品价值形成的关键阶段，它对建设项目的建设工期、工程造价、工程质量以及建成后能否产生较好的经济效益和使用效益，起到决定性的作用，因此对设计阶段进行造价管理是非常重要的。从国内外工程实践及造价资料分析表明，在方案设计阶段，影响项目投资的可能性为75%～95%；在初步设计阶段，影响项目投资的可能性为35%～75%；在施工图设计阶段，影响项目投资的可能性为5%～35%。由此可见，重视对设计阶段的造价管理，可以有效解决建设项目总造价偏高的问题。因此，控制工程造价的思想在设计开始的时候就应该保证选择恰当的设计标准和合理的功能水平。各阶段对投资影响程度分析如图3-12所示。

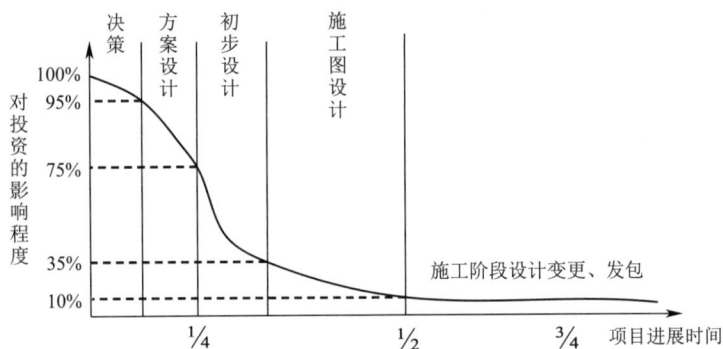

图 3-12　各阶段对投资影响程度分析图

一、设计概算的编制与审核

（一）设计概算编制与审核的依据

设计概算编制与审核的依据包括以下内容。

1.国家设计规范、标准以及项目的勘察文件、初步设计文件；

2.政府有关主管部门对项目的批文、可行性研究报告、立项书、方案文件等；规划、用地、环保、卫生、绿化、消防、人防、抗震等要求和依据资料；

3.国家和地方政府有关工程建设和造价管理的法律、法规和方针政策；

4.当地和主管部门颁布的概算定额、工期定额、指标（或预算定额、综合预算定额）、单位估价表、类似工程造价指标、工程费用定额和相关费用规定的文件等；

5.当地现行的建设工程价格信息；

6.建设单位提供的有关概算的其他资料；

7.工程建设其他费用计费依据；

8.有关文件、合同、协议等；

9.投资人提供的有关使用要求或生产工艺等资料；建设场地的自然条件和施工条件；

10.《建设项目设计概算编审规程》CECA/GC 2—2015；

11.全过程工程咨询单位的知识经验积累和指标指数体系。

（二）设计概算编制与审核的内容

1.编制主要内容

（1）建设项目总概算及单项工程综合概算；

（2）工程建设其他费用、预备费、专项费用概算；

（3）单位工程概算；

（4）如果设计概算经批准后调整，经过原概算审批单位同意，可编制调整概算。

2.审查主要内容

（1）审查设计概算文件是否齐全；

（2）审查设计概算的编制依据，依据需满足合法性、时效性、适用范围；

（3）审查概算编制深度；

（4）审查建设规模、标准，如概算总投资超过原批准投资估算10%以上，应进一步审查超估算的原因，确因实际需要投资规模扩大，需要重新立项审批；

（5）审查设备规格、数量和配置；

（6）审查建筑安装工程工程费，审查是否有多算、重算、漏算；

（7）项目概算工期是否符合工期定额的规定；

（8）审查计价指标；

（9）审查其他费用，计费标准是否为现行标准，针对已经市场化的费用，应结合市场价标准。

（三）设计概算编制与审核的工作流程

在专业咨询工程师（设计）编制初步设计文件过程中，全过程工程咨询单位应安排专业咨询工程师（造价）参与编制设计概算，在造价控制目标内进行估算调整及设计调整、组织初步设计概算内部评审、进行技术经济分析比较或调整概算，同时须考虑项目工期对概算的影响。专业咨询工程师（造价）应与专业咨询工程师（设计）密切配合、讨论和优化设计方案，以选出技术先进、经济合理的最佳设计方案，确保概算的质量，并且总咨询师应对设计概算的质量把关。全过程工程咨询单位开展设计概算编审工作流程如图3–13所示。

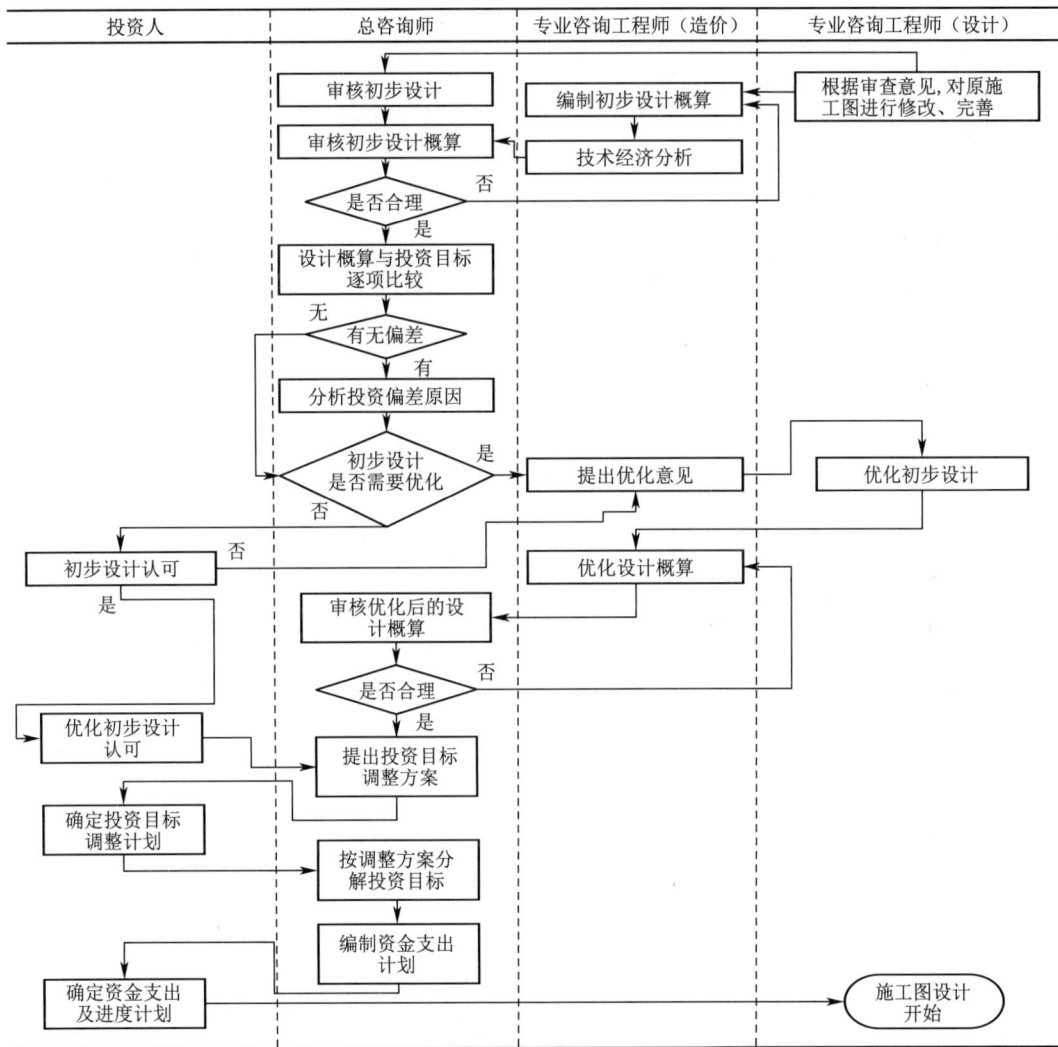

图3–13　全过程工程咨询单位开展设计概算编审工作流程图

（四）注意事项

1.设计概算是编制建设项目投资计划、确定和控制建设项目投资、控制施工图设计和施工图预算的依据。为了确保概算编审质量，全过程工程咨询单位应对编审的专业咨询工程师（造价）进行认真考核；可采取送审值与审批值差额比率方法考核，规定总概算、综合概算、单位工程概算审核差额比率，以及责任人员。

2.编审概算的专业咨询工程师（造价）应深入了解建设工程的概况，认真阅读设计说明书，充分了解设计意图，必要时到工程现场实地察看，而且必须充分考虑概算工期定额对造价的影响。

3.若审查后初步设计概算超出立项批复的投资额，全过程工程咨询单位需要与投资人共同作出决策：是降低建设标准还是减少建筑面积或其他，必要时重新立项报批。

二、施工图预算的编制与审核

（一）施工图预算编制与审核的依据

施工图预算编制与审核的依据包括以下内容。

1.国家、行业和地方政府有关建设投资（工程造价）管理的法律和规定；

2.经审查批准后的施工图设计文件和相关标准图集；

3.经批准的拟建项目的设计概算文件；

4.工程地质勘察资料；

5.施工组织设计或施工方案；

6.现行建筑工程与安装工程预算定额和费用定额、单位计价表、费用规定、企业定额等文件；

7.全过程工程咨询单位的知识经验积累和指标指数体系。

（二）施工图预算编制与审核的内容

1.编制主要内容

施工图预算根据建设项目实际情况可采用三级预算编制或二级预算编制形式；当建设项目有多个单项工程时，应采用三级预算编制形式，三级预算编制形式由建设项目施工图总预算、单项工程综合预算、单位工程施工图预算组成；当建设项目只有一个单项工程时，应采用二级预算编制形式，二级预算编制形式由建设项目施工图总预算和单位工程施工图预算组成。施工图预算的具体编制内容可参照《建设项目施工图预算编审规程》CECA/GC 5—2021执行。

2.审查主要内容

施工图预算审查的主要内容有：工程量的计算，定额的使用，材料设备及人工、机械费用的确定，相关费用的选取和确定等。

（三）施工图预算编制与审核的工作流程

全过程工程咨询单位组织施工图预算审查步骤如下。

1.做好施工图预算审查前的准备工作

（1）熟悉施工图纸；

（2）了解预算包括的范围，根据预算编制说明，了解预算包括的工程内容；

（3）弄清预算采用的单位估价表；

（4）选择合适的审查方法，按相应内容审查；

（5）综合整理审查资料，确定方案后编制调整预算。

2.全过程工程咨询单位组织施工图预算具体审查的工作流程，如图3-14所示。

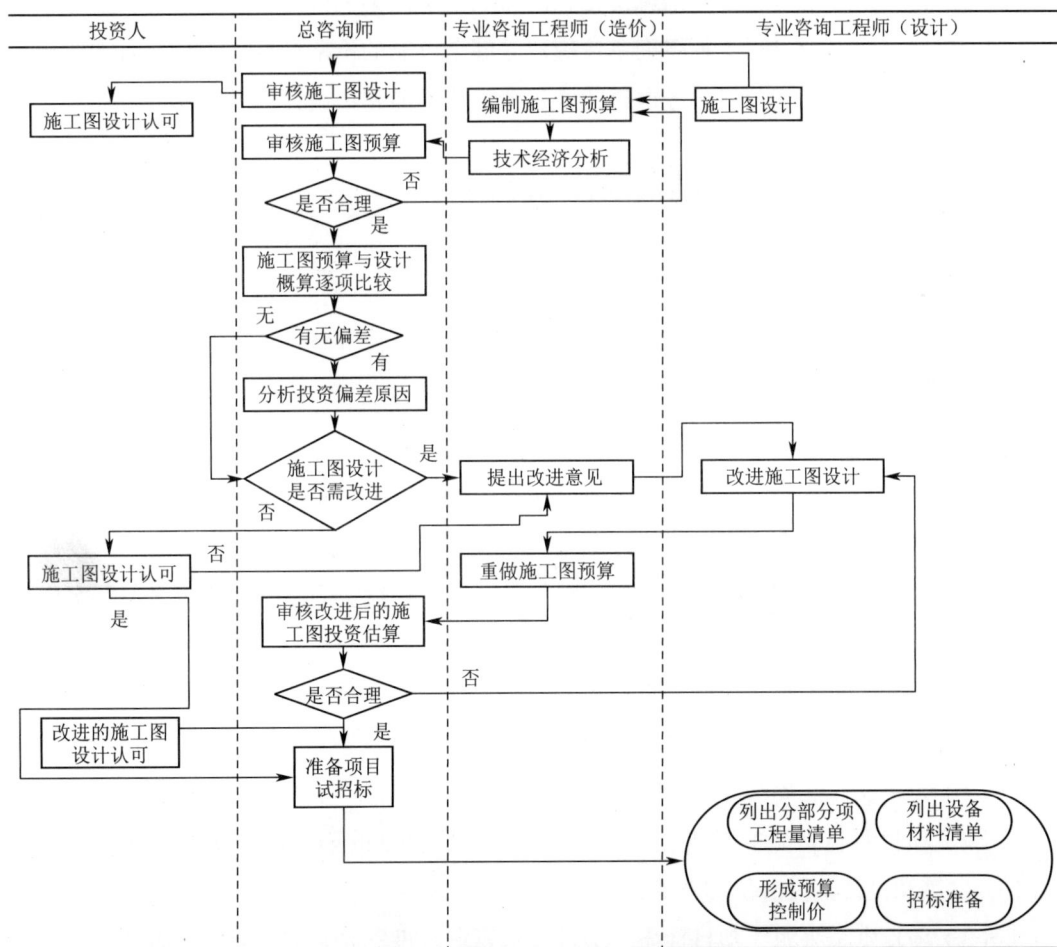

图3-14　施工图预算审查流程图

（四）注意事项

1.工程量的计算是编审施工图预算的基础和重要内容，施工图预算的准确与否，关键在于工程量的计算是否准确。全过程工程咨询单位必须对施工图预算的编审程序进行严格把控，采取措施避免多算、重算、漏算等，同时加强对编审人员的管理与考核。

2.严格确定定额项目的选套。同一分项工程，如果由于对定额的理解偏差或对定额考虑的因素不清楚，很有可能造成工程造价的较大误差。在选套定额项目时，一定要认真阅读定额的总说明、章节说明及附注内容，正确理解定额的适用范围等。与此同时，专业咨询工程师（造价）还应深入现场，了解施工工序，确保选套定额项目的准确性，避免出现重大疏漏。

3.认真做好人工、材料、设备价格的确定工作。材料价格的来源很多，有由各级造价管理部门发布的材料指导信息价格，已完成交易的案例价格，有形市场和无形市场的价格信息等。全过程工程咨询单位应建立健全可靠的价格信息来源，及时掌握建筑市场动态，合理确定价格。经审查的施工图预算不能超过设计概算。

三、限额设计和设计方案经济比选优化

设计阶段是分析处理工程技术和经济的关键环节，在设计过程中专业咨询工程师（造价）需要密切配合专业咨询工程师（设计），协助其处理好工程技术先进性与经济合理性之间的关系，通过多方案技术经济分析，优化设计方案；通过限额设计有效控制工程造价。

（一）限额设计

限额设计是指按照批准的可行性研究报告中的投资限额进行初步设计、按照批准的初步设计概算进行施工图设计、按照施工图预算造价（当超概算时）对施工图设计中相关专业设计文件修改调整的过程。限额设计需要在投资额度不变的情况下，实现使用功能和建设规模的最大化。

1.限额设计的依据

限额设计的依据包括以下内容。

（1）相关法律法规、政策文件、标准规范等；

（2）项目可行性研究报告、业主需求书、不同深度的勘察设计文件（含技术要求）、决策和设计阶段造价文件等；

（3）项目资金来源，项目性质，项目技术要求，投资人对工程造价、质量、工期的期望以及资金的充裕程度等。

2.限额设计的内容

限额设计的控制过程是合理确定项目投资限额,科学分解投资目标,进行分目标的设计实施,设计实施的跟踪检查,检查信息反馈用于再控制的循环过程。

(1)合理确定项目投资限额

鉴于经审批的设计任务书中的项目总投资额,即为进行限额设计控制项目造价的主要依据,而设计任务书中的项目总投资额又是根据审批的项目可行性研究报告中的投资估算额下达的,提高项目可行性研究报告中投资估算的科学性、准确性、可信性,便成为合理确定项目投资限额的重要环节。为适应推行限额设计的要求,应适当加深项目可行性研究报告的深度,并维护项目投资估算的严肃性;使投资估算真正起到控制项目造价的作用。为此,在编制项目投资估算时,要做到科学地、实事求是地编制项目投资估算,使项目的投资限额与单项工程的数量、建筑标准、功能水平相协调。

(2)科学分配初步设计的投资限额

专业咨询工程师(设计)在进行设计以前,总咨询师应将项目设计任务书中规定的建设方针、设计原则、各项技术经济指标等向专业咨询工程师(设计)交底,并将设计任务与规定的投资限额分工程分专业下达到专业咨询工程师(设计),亦即将设计任务书中规定的投资限额分配到各单项工程和单位工程,作为进行初步设计的造价控制目标或投资限额,并要求各专业设计人员认真研究实现投资限额的可行性,对项目的总图方案、工艺流程、关键设备、主要建筑和各种费用指标提出方案比选,作出投资限额决定。

(3)根据投资限额进行初步设计

初步设计开始时,总咨询师应将可行性研究报告的设计原则、建设方针、建设标准和各项控制经济指标向专业咨询工程师(设计)交底,对关键设备、工艺流程、主要建筑和各种费用指标提出技术方案比较,研究实现可行性研究报告中投资限额的可行性,将设计任务和投资限额分工程分专业同时下达,促使专业咨询工程师(设计)进行多方案比选,并以单位工程为考核单元,事先做好专业内部的平衡调整,提出节约投资的措施,力求在不降低可行性研究报告中确定的建设标准的基础上,将工程量和工程造价控制在投资限额内。对由于初步设计阶段的主要设计方案与可行性研究阶段的假设设计方案相比发生重大变化所增加的投资,应进一步优化方案,同时利用价值工程进行分析,确定投资增加的有效性和可行性,在不影响投资人资金安排的前提下,报总咨询师批准后,方可调整工程概算。

（4）合理分配施工图设计的造价限额

经审查批准的建设项目或单项工程初步设计及初步设计概算，应作为施工图设计的造价控制限额。专业咨询工程师（设计）把概算限额分配给各单位工程各专业设计中作为其造价控制额，使之在造价控制额内进行设计优化和施工图设计。

3.限额设计的工作流程

限额设计强调技术与经济的统一，需要造价和设计的专业咨询工程师密切合作。专业咨询工程师（设计）进行设计时，应基于项目全过程、全生命周期，充分考虑工程造价的影响因素，对方案进行比较、优化设计；专业咨询工程师（造价）要及时进行造价评估和编审，在设计过程中协助专业咨询工程师（设计）进行技术经济分析和论证，从而到达有效管控项目工程造价的目的。限额设计流程图如图3-15所示。

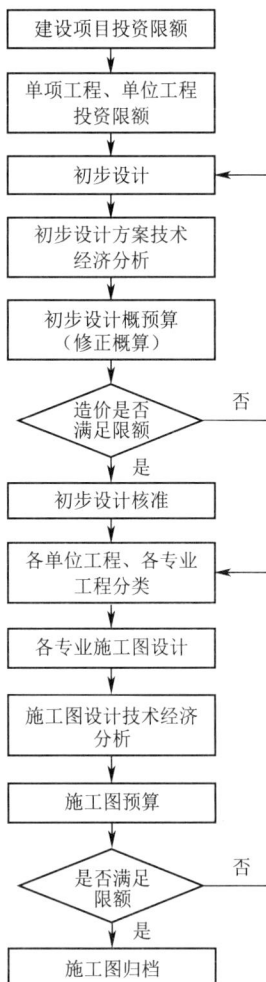

图 3-15　限额设计流程图

4.注意事项

（1）为了科学合理分解投资目标，确定投资限额，各设计阶段投资总限额一般以满足投资人投资目标、兼顾使用人需求进行方案设计，确定投资估算；用设计方案和投资估算指导初步设计；用初步设计文件控制施工图设计。为了有效进行限额设计，在初步设计阶段，总咨询师带领各专业咨询师明确建设项目各专业组成，通过分析各专业和所选用不同材料设备对使用功能的影响程度，分析不同材料设备对造价影响的敏感度，根据分析结果，共同对投资总额进行合理分解，并将分解后的投资目标作为初步设计的目标。在初步设计完成后，进一步调整完善投资目标分解，并将调整后的投资分解目标作为施工图设计的限额设计目标。

（2）坚持投资限额的严肃性：投资限额目标一旦确定，必须坚持其投资额的严肃性，不能随意变动。如有必要调整必须通过分析论证，按规定程序调整。

（3）跟踪限额设计的执行情况：应要求各专业咨询工程师（设计）负责人根据各专业特点编制"各设计专业投资核算点表"，并确定各设计专业投资控制点的计划完成时间。造价工程师按照投资核算点对各专业设计投资进行跟踪核算，并分析产生偏差的原因，与设计师互动，有效实现限额设计。

（二）设计方案评价与优化

设计方案评价与优化是设计过程的重要环节，通过技术比较、经济分析和效益评价，正确处理技术先进与经济合理之间的关系，力求达到技术先进与经济合理的和谐统一。

1.设计方案评价与优化的依据

设计方案评价与优化的依据包括以下内容。

（1）国家和省市的经济和社会发展规划；

（2）国家或有关部门颁布的相关法律法规、政策文件、标准规范、参数和指标等；

（3）有关基础数据资料，包括同类项目的技术经济参数、指标等；

（4）项目设计说明书、设计文件；

（5）项目的项目建议书和咨询合同的具体委托要求；

（6）项目的投资估算、设计概算等。

2.设计方案评价与优化的内容

（1）建立评价指标和参数体系，即设计方案评价与优化的衡量标准。评价指标和参数既要符合有关法律法规和标准规范的规定，也应能充分反映拟建项目投资人和其他利益相关者以及社会的需求，指标和参数体系包括主要内容如下。

1）使用价值指标，即拟建项目满足功能的指标；

2）反映创造使用价值所消耗的社会劳动消耗量指标；

3）其他相关指标和参数等。指标和参数体系的建立，可按重要程度设置主要指标/参数和辅助指标/参数，并选择主要指标进行分析比较。

（2）方案评价

1）备选方案的筛选，剔除不可行的方案。

2）根据评价指标和参数体系，对备选方案进行全面的分析比较，要注意各个方案间的可比性，要遵循效益与费用计算口径相一致的原则。

（3）方案优化：根据设计方案评价的结果，并综合考虑项目工程质量、造价、工期、安全和环保五大目标，基于全要素造价管控进行优化，力求达到整体目标最优，在保证工程质量和安全、保护环境的基础上，追求全生命周期成本最低的方案。

（4）评价与优化方法：设计方案评价与优化的方法有很多，主要有目标规划法、层次分析法、模糊综合评价法、灰色综合评价法、价值工程法和人工神经网络法等。较为常用的是采用价值工程法进行方案比选和优化。

3.设计方案评价与优化的工作流程

项目设计方案评价与优化的基本工作流程如图3-16所示。

4.注意事项

（1）对于单项工程或单位工程设计的多方案经济评价与优化，应将技术与经济指标相结合，配合委托人确定合理的建设标准，采用统一的技术经济评价指标体系进行全面对比分析。

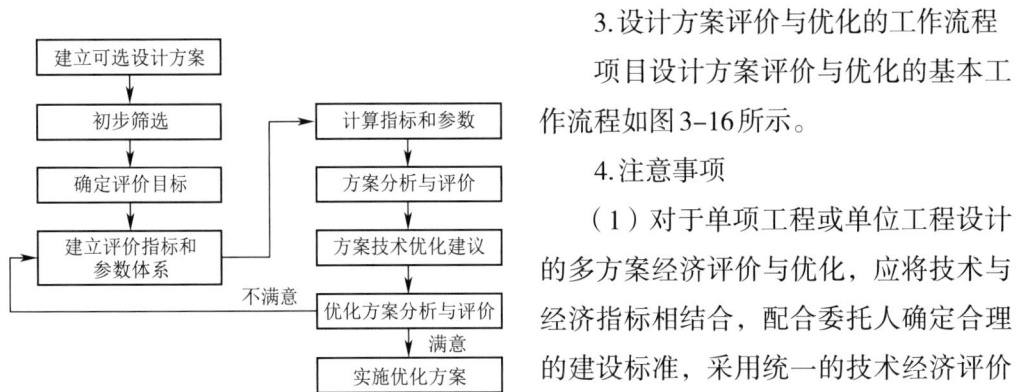

图3-16 项目设计方案评价与优化咨询流程图

（2）在进行多方案经济评价、编写优化设计造价咨询报告时应与投资人、专业咨询工程师（设计）充分沟通，可参考借鉴类似项目的技术经济指标，提出的优化设计建议应切实可行并得到投资人与全过程工程咨询单位的认可。

第四章
项目招标采购阶段管理咨询服务

第一节　招标采购阶段咨询服务概述

一、招标采购阶段管理目标

建设项目的招标采购阶段，是在前期阶段形成的咨询成果[如可行性研究报告、投资人需求书、相关专项研究报告、不同深度的勘察设计文件（含技术要求）、造价文件等]基础上进行招标策划，并通过招标采购活动，选择具有相应能力和资质的中标人，通过合约进一步确定建设产品的功能、规模、标准、投资、完成时间等，并对招标人和中标人的责权利予以明确。招标采购阶段是实现投资人建设目标的准备阶段，该阶段确定的中标人是将前期阶段的咨询服务成果建成优质建筑产品的实施者。

二、招标采购阶段主要管理内容

根据现行的《中华人民共和国招标投标法》《中华人民共和国招标投标法实施条例》（2019年版）招标采购活动包括招标策划、招标、投标、开标、评标、中标、定标、投诉与处理等一系列流程。招标采购活动应当遵循公开、公平、公正和诚实信用的原则。

本节将从全过程工程咨询单位的角度出发，在建设项目招标采购阶段，全过程工程咨询单位承担"1+X"的任务，本节根据综述中"1"和"X"的描述，招标采购阶段的具体咨询工作如表4-1所示。

表4-1　"1+X"模式招标采购阶段全过程工程咨询内容

"1+X"模式	工作内容
"1"招标采购项目管理业务	（1）协助招标人制订招标采购管理制度； （2）招标采购策划； （3）招标采购过程管理； （4）合同管理； （5）招标采购项目后评估

"1+X" 模式	工作内容
"X" 招标采购代理业务	（1）招标或资格预审公告的编制及发布； （2）资格预审及招标文件编制及发布； （3）勘察现场 (根据实际情况决定)； （4）招标答疑； （5）开标、评标、定标； （6）中标公示； （7）投诉质疑处理； （8）发中标通知书； （9）签订合同

第二节　招标采购阶段项目管理与代理

一、招标采购阶段项目管理

全过程工程咨询单位应组织建立招标采购管理制度，确定招标采购流程和实施方式，规定管理与控制的程序和方法。需要特别强调的是，招标采购活动应当是在国家相关部门监督管理下有秩序地进行的一项涉及面广、竞争性强、利益关系敏感的经济活动。因此，招标投标活动及其当事人应当接受依法实施的监督，这对招标投标的当事人来说是一项法定的义务。由于招标投标活动涉及范围很广，专业性又强，很难由一个部门统一进行监督，而是由各个不同部门根据规定和各自的具体职责分别进行监督。各省、自治区、直辖市人民政府从本地实际出发，对各部门招标投标监督职责分工有具体规定，建设项目的招标采购管理应同时遵守工程建设项目所在地的规定。

全过程工程咨询单位在招标采购阶段需要管理的内容如下。

（1）招标采购策划管理；

（2）招标采购制度管理；

（3）招标采购过程管理；

（4）招标采购合同管理；

（5）招标采购流程评价。

（一）招标采购阶段项目管理的依据

招标采购阶段项目管理的依据包括以下内容：

1.相关法律法规、政策文件、标准规范等；

2.项目可行性研究报告、投资人需求书、相关利益者需求分析、不同深度的勘察设计文件（含技术要求）、决策和设计阶段造价文件等；

3.招标人经营计划，资金使用计划和供应情况，项目工期计划等；

4.项目资金来源、项目性质、项目技术要求、投资人对工程造价、质量、工期的期望以及资金的充裕程度等；

5.潜在投标人专业结构和市场供应能力分析；

6.项目建设场地供应情况和周边基础设施的配套情况；

7.招标过程所形成的书面文件；

8.合同范本。

（二）招标采购阶段项目管理的内容

1.招标采购策划管理

全过程工程咨询单位对项目进行招标策划：根据工程的勘察、设计、监理、施工以及与工程建设有关的重要设备（进口机电设备除外）、材料采购的费用投资估算或批准概算来进行招标策划，明确哪些需招标，哪些可不用招标，并编制相应的招标文件，通过一系列的招标活动完成对中标人的招标。

2.招标采购制度管理

全过程工程咨询单位应协助招标人制订招标采购阶段的管理制度，招标采购管理制度中应包含招标采购组织机构及职责、招标采购工作准则、招标采购工作流程、质疑投诉处理、资料移交、代理服务费支付、招标代理机构的考核制度、招标采购人员职业规范、奖励与处罚，以及招标人和招标代理机构等各参建方在招标采购过程的会签流程等内容，本着规范招标、采购行为，保障招标人的根本利益，兼顾质量和成本，提高工作效率和市场竞争力的原则，完善招标采购制度。

3.招标采购过程管理

建设项目招标采购过程管理主要包含招标程序管理及各阶段的主要工作内容管理。

招标程序是相应法律法规规定的招标过程中各个环节承前启后、相互关联的先后工作序列。招标程序对招标投标各方当事人具有强制约束力。违反法定程序须承担法律责任。

各阶段的主要工作内容是指招标人在招标、投标、开标、评标、定标、签订合同等阶段所要做的或监督委托的招标代理机构应做的主要事项，包括但不限于组织参建单位相关人员进行招标文件（资格预审文件）的讨论审核、工程量清单及控制价的审核、组织相关方人员进行招标答疑、招标流程合规化的监督、协助处理投诉质疑等主要管理工作。

（1）招标文件（资格预审文件）

1）资格预审文件

①招标范围；

②投标人资质条件；

③资格审查方法（有限数量制或合格制）；

④资格审查标准。

2）招标文件

①招标范围；

②投标人资质条件；

③投标报价要求和内容；

④评标办法；

⑤主要合同条款；

⑥价款的调整及其他商务约定。

（2）工程量清单及控制价的审核

工程量清单编制完成后应进行审核，主要审核内容详见"工程量清单审核程序"中的内容。

（3）组织相关方人员进行招标答疑

全过程工程咨询单位组织相关参与单位，在开标之前进行招标答疑活动，招标人对任何一位投标人所提问题的回答，都必须发送给每一位投标人，保证招标的公开和公平。回答函件作为招标文件的组成部分，如果书面解答的问题与招标文件中的规定不一致，以函件的解答为准。

（4）招标流程合规化的监督

全过程工程咨询单位"协助招标人"严格把关招标流程，从"市场调研、评委抽取、招标条件、资格审查、评标过程、中标结果、合同签订、合同履行"八个关键环节入手，细化为具体监督内容的监督流程，由监督人员在招标投标监督过程中执行。

（5）协助处理投诉质疑

全过程工程咨询单位耐心做好质疑答复工作，严防事态升级，重视投诉质疑回复工作。质疑投诉回复是质疑投诉处理的阶段性工作标志，对其把握要做到恰到好处。要做到按所提疑问逐条仔细给予回复，答复时用词要精准不能让人产生歧义。

4.招标采购合同管理

（1）招标采购合同管理的依据

招标采购合同管理的依据包括以下内容。

1）法律法规

①《中华人民共和国标准施工招标文件》（2007年版）；

②《建设工程施工合同（示范文本）》GF—2017—0201；

③《建设项目工程总承包合同（示范文本）》GF—2020—0216；

④其他相关法律法规、政策文件、标准规范等。

2）建设项目工程资料

①项目决策、设计阶段的成果文件，如可行性研究报告、勘察设计文件、项目概预算、主要的工程量和设备清单；

②投资人和全过程工程咨询单位提供的有关技术经济资料；

③类似工程的各种技术经济指标和参数以及其他有关的资料；

④项目的特征，包含项目的风险、项目的具体情况等；

⑤招标策划书；

⑥其他相关资料。

（2）招标采购合同管理的内容

施工合同是保证工程施工建设顺利进行、保证投资、质量、进度、安全等各项目标顺利实施的统领性文件，施工合同应该体现公平、公正和双方真实意愿反映的特点，施工合同只有制订科学才能避免出现争议和纠纷，确保建设目标的实现。

1）合同条款拟定

全过程工程咨询单位须根据项目实际情况，依据《建设工程施工合同（示范文本）》GF—2017—0201，科学合理拟定项目合同条款。

①合同协议书

合同协议书主要包括：工程概况、合同工期、质量标准、签约合同价和合同价格形式、项目经理、合同文件构成、承诺以及补充协议等重要内容，集中约定了合同当事人基本的合同权利和义务。

②通用合同条款

通用合同条款是合同当事人根据《中华人民共和国建筑法》（2019年版）等法律法规的规定，就工程建设的实施及相关事项，对合同当事人的权利义务做出的原则性约定。

③专用合同条款

专用合同条款是根据不同建设工程的特点及具体情况，对通用合同条款原则性约定的细化、完善、补充、修改或另行约定的条款。

④补充合同条款

通用合同条款和专用合同条款未有约定的，必要时可在补充合同条款中加以约定。

2）要点分析

①承包范围以及合同签约双方的责权利和义务

明确合同的承包范围以及合同签约双方的责权利和义务才能从总体上控制好工程质量工程进度和工程造价，合同的承包范围以及合同签约双方的责权利和义务的描述不应采用高度概括的方法，应对承包范围以及合同签约双方的责权利和义务进行详尽的描述。

②风险的范围及分担办法

在合同制订中，合理确定风险的承担范围是非常重要的，首先，风险的范围必须在合同中描述清楚，合理分担风险，避免把一切风险都推给中标人承担的做法。

③严重不平衡报价的控制

"不平衡报价"是中标人普遍使用的一种投标策略，其目的是"早拿钱"（把前期施工的项目报价高）和"多拿钱"（把预计工程量可能会大幅增加的项目报价高），一定幅度的"不平衡"是正常的，但如果严重的不平衡报价，将严重影响造价的控制。为了控制严重不平衡报价的影响，在合同中应明确对严重不平衡报价的处理办法：投资人有权进行清标并调整；在合同中设定对工程量增加或减少超过工程量清单中提供的数量的一定幅度（如10%）时，超出或减少部分工程量的单价要进行调整的办法。通过这些条款的设置就能从招标环节杜绝严重不平衡报价的影响，实现造价的主动控制。

④进度款的控制支付

进度款的支付条款应清楚列出支付的条件、依据、比例、时间、程序等。工程款的支付方式包括：预付款的支付与扣回方式、进度款的支付条件、质保金的数量与支付方式及工程款的结算等。

⑤工程价款的调整、变更签证的程序及管理

合理设置人工、材料、设备价差的调整方法，明确变更签证价款的结算和支付条件。

⑥违约及索赔的处理办法

清晰界定正常变更和索赔，明确违约责任及索赔的处理办法。合理利用工程保险、工程担保等风险控制措施，使风险得到适当转移、有效分散和合理规避，确保有效履约合同，实现投资控制目标。

（3）招标采购合同管理的工作流程

全过程工程咨询单位的合同条款策划的工作流程如图4-1所示。

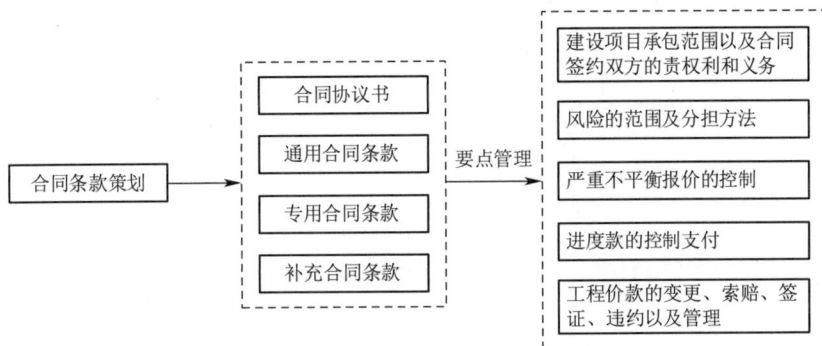

图 4-1　合同策划流程图

（4）注意事项

合同条款策划应注意以下问题。

1）合同条款策划要符合合同的基本原则，不仅要保证合法性、公正性，而且要合理分担风险，促使各方面的互利合作，确保高效率地完成项目目标。

2）合同条款策划应保证项目实施过程的系统性、协调性和可实施性。

3）合同承包范围应清晰，合同主体和利益相关方责权利和义务明确。

4）合同管理并不是在合同签订之后才开始的，招标过程中形成的大部分文件，在合同签订后都将成为对双方当事人有约束力的合同文件的组成文件。该阶段合同管理的主要内容有：①审核资格预审文件（采用资格预审时），对潜在投标人进行资格预审；②审核招标文件，依法组织招标，必要时组织现场踏勘；③审核潜在投标人编制投标方案和投标文件；④审核开标、评标和定标工作；⑤合同分析和审查工作；⑥组织合同谈判和签订，落实履约担保；⑦合同备案等。对中标人的投标文件进行审核，再签订合同。

5）招标采购流程评价

在项目招标采购完成之后，全过程工程咨询单位应对招标采购流程进行评估。将合同各参与主体在执行过程中的利弊得失、经验教训总结出来，为投资人同类型招标采购提供借鉴，为项目部及公司决策层提供参考。

（三）招标采购阶段项目管理的工作流程

全过程工程咨询单位在招标采购阶段的项目管理工作，通过前期协助招标人制订招标采购管理制度，组织策划招标采购流程，管理招标采购的过程，同时对招标投标的合同进行管理，招标投标活动完成后，开展招标采购项目后评估。

全过程工程咨询单位的招标采购工作流程如图4-2所示。

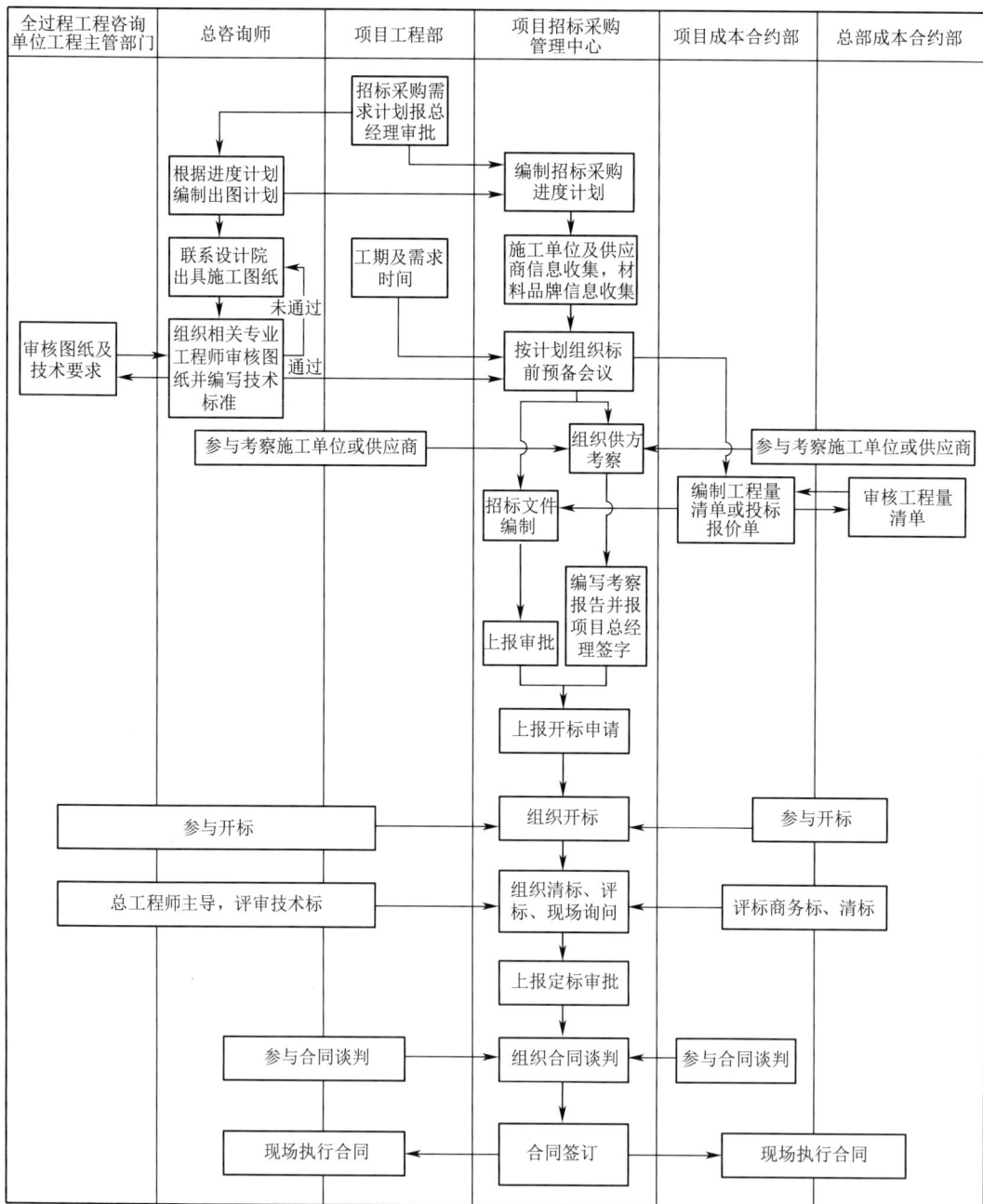

图 4-2　全过程工程咨询单位的招标采购工作流程图

（四）注意事项

1.全过程工程咨询单位在招标采购项目过程中，应对社会资源供需进行深入分析，如拟招标项目需要开挖土方和运输，若项目所在地附近存在土方需求的，则应考虑将开挖土方供应给邻近的需求者，以求降低成本、提高经济效益。

2.应充分考虑项目功能、未来产权划分对标段影响，招标策划工作中应根据投资人的需要，对优先使用的功能、产权明晰的项目优先安排招标和实施。

3.项目招标策划应与项目审批配套执行，充分考虑审批时限对招标时间安排的影响和带来的风险，避免项目因审批尚未通过而导致招标无效，影响项目建设程序。

4.招标策划应充分评估项目建设场地的准备情况，特别需要在招标前完成土地购置和征地拆迁工作，现场"三通一平"条件充足，避免招标结束后中标人无法按时进场施工导致索赔或纠纷问题。

二、招标采购代理

工程招标采购代理，是指工程招标代理机构接受招标人的委托，从事工程的勘察、设计、施工、监理以及与工程建设有关的重要设备（进口机电设备除外）、材料采购招标的代理业务。工程招标代理工作包括：与招标人签订招标代理合同，拟定招标方案，提出招标申请，发布招标公告或发出投标邀请书，编制、发售资格预审文件，审查投标申请人资格，编制并发售招标文件，编制标的或投标控制价，踏勘现场与答疑，组织开标，组织评标定标与发出中标通知书，招标投标资料汇总与书面报告，协助招标人签订合同、合同备案等。

（一）招标采购代理的依据

招标采购代理的依据包括以下内容。

1.法律法规

（1）相关法律法规、政策文件、标准规范等；

（2）《中华人民共和国标准施工招标文件》（2007年版）；

（3）《建设工程招标控制价编审规程》CECA/GC 6—2011；

（4）《建设项目全过程造价咨询规程》CECA/GC 4—2017；

（5）《中华人民共和国招标投标法》（2017年版）；

（6）《中华人民共和国招标投标法实施条例》（2019年版）；

（7）《建设工程造价咨询成果文件质量标准》CECA/GC 7—2012。

2.建设项目工程资料

（1）项目可行性研究报告、投资人需求书、相关利益者需求分析、不同深度的勘察设计文件（含技术要求）、决策和设计阶段造价文件等；

（2）投资人资金使用计划和供应情况，项目工期计划等；

（3）项目建设场地供应情况和周边基础设施的配套情况；

（4）潜在投标人技术、管理能力、信用情况等；

（5）材料设备市场供应能力；

（6）合同范本；

（7）招标策划书。

（二）招标采购代理的内容

全过程工程咨询单位对项目进行招标策划并编制完招标文件后，需要通过一系列招标活动完成对中标人的招标。

1.招标公告

按现行有关规定，招标公告的基本内容包括。

（1）招标条件。包括招标项目的名称、项目审批、核准或备案机关名称及批准文件编号，招标人的名称，项目资金来源和出资比例，阐明该项目已具备招标条件，招标方式为公开招标。

（2）招标项目的建设地点、规模、计划工期、招标范围、标段划分等。

（3）对投标人的资质等级与资格要求。申请人应具备的资质等级、类似业绩、安全生产许可证、质量认证体系，以及对财务、人员、设备、信誉等方面的要求。

（4）招标文件或资格预审文件获取的时间、地点、方式、招标文件的售价，图纸押金等。

（5）投标文件递交的截止时间、地点。

（6）公告发布的媒体。

依法必须招标项目的招标公告应当在国家指定的媒体发布，对于不属于必须招标的项目，招标人可以自由选择招标公告的发布媒介。

（7）联系方式，包括招标人和招标代理机构的联系人、地址、邮编、电话、传真、电子邮箱、开户银行和账户。

（8）其他。

对有关部委结合行业的具体特点进行了一些特殊规定，如表4-2所示。

表 4-2　不同类型项目招标公告内容

类型	招标公告内容
工程建设项目勘察设计招标投标	（1）工程概况； （2）招标方式、招标类型、招标内容及范围； （3）投标人承担设计任务范围； （4）对投标人资质、经验及业绩的要求； （5）购买招标文件的时间、地点； （6）招标文件工本费收费标准； （7）投标截止时间、开标时间及地点； （8）联系人及联系方式等
工程建设项目施工招标投标	（1）招标人的名称和地址； （2）招标项目的内容、范围、规模、资金来源； （3）招标项目的实施地点和工期； （4）获取招标文件或资格预审文件的时间和地点； （5）对招标文件或资格预审文件收取的费用； （6）对投标人的资格等级要求； （7）投标截止时间、开标时间及地点
工程建设项目货物招标投标	（1）投标人的名称和地址； （2）招标货物的名称、数量、技术规格、资金来源； （3）交货的时间和地点； （4）获取招标文件或资格预审文件的时间和地点； （5）对招标文件或资格预审文件收取的费用； （6）提交资格预审申请或投标文件的地点和截止日期； （7）对投标人的资格要求

此外，招标人采用邀请招标方式的，应当向 3 个及以上具备承担招标项目能力、资信良好的特定法人或其他组织发出投标邀请书。投标邀请书的内容和招标公告的内容基本一致，但无须说明发布公告的媒介，需增加要求潜在投标人确认是否收到了投标邀请书的内容。

公开招标的项目，招标人采用资格预审办法对潜在投标人进行资格审查的，应当发布资格预审公告、编制资格预审文件。资格预审公告的基本内容和招标公告的内容基本一致，只需增加资格预审方法，表明是采用合格制还是有限数量制；资格预审结束后，向投标人发送资格预审合格通知书的同时发送投标邀请书。

2.资格审查

为了保证潜在投标人能够公平地获取投标竞争的机会，确保投标人满足招标项目的资格包括条件，同时避免招标人和投标人不必要的资源浪费，招标人应当对投标人资格进行审查。资格审查分为资格预审和资格后审两种。

（1）资格预审。资格预审是指招标人采用公开招标方式，在投标前按照有关规定程序和要求公布资格预审公告和资格预审文件，对获取资格预审文件并递交资格预审申请文件的潜在投标人进行资格审查。一般适用于潜在投标人较多或者大型、技术复杂的工程项目。

1）资格预审主要审查潜在投标人或者投标人是否符合下列条件。

①具有独立订立合同的权利。

②具有履行合同的能力，包括专业、技术资格和能力，资金、设备和其他物质设施状况，管理能力，经验、信誉和相应的从业人员。

③没有处于被责令停业，投标资格被取消，财产被接管、冻结、破产状态。

④在最近3年内没有骗取中标和严重违约及重大工程质量问题。

⑤法律、行政法规规定的其他资格条件等。

资格审查时，招标人不得以不合理的条件限制、排斥潜在投标人或投标人，不得对潜在投标人或者投标人实行歧视待遇。任何单位和个人不得以行政手段或其他不合理方式限制投标人的数量。

2）资格预审的程序。

①编制资格预审文件。

②发布资格预审公告。

③出售资格预审文件。

④对资格预审文件的澄清、修改。

⑤潜在投标人编制并递交资格预审申请文件。

⑥组建资格审查委员会。

⑦资格审查委员会对资格预审申请文件进行评审并编写资格评审报告。

⑧招标人审核资格评审报告，确定资格预审合格申请人。

⑨向通过资格预审的申请人发出投标邀请书（代资格预审合格通知书），并向未通过资格预审的申请人发出资格预审结果的书面通知。

3）资格预审文件。资格预审文件是告知申请人资格预审条件、标准和方法，并对申请人的经营资格、履约能力进行评审，确定合格中标人的依据。资格预审文件编制流程如图4-3所示。

（2）资格后审。资格后审是指在开标后，在评标过程中对投

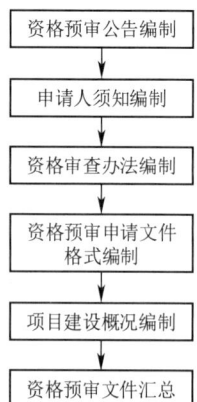

资格预审公告编制
↓
申请人须知编制
↓
资格审查办法编制
↓
资格预审申请文件
格式编制
↓
项目建设概况编制
↓
资格预审文件汇总

图4-3 资格预审
文件编制流程图

标申请人进行的资格审查。采用资格后审的，对投标人资格要求的审查内容、评审方法和标准与资格预审基本相同，评审工作由招标人依法组建的评标委员会负责。招标人应当在招标文件中载明对投标人资格要求的条件、标准和方法。

经过资格预审的，一般不再进行资格后审，但招标文件另有规定的除外。

3.招标文件编制

招标文件是招标人向潜在投标人发出的要约邀请文件，是告知投标人招标项目内容、范围、数量与招标要求、投标资格要求、招标投标程序、投标文件编制与递交要求、评标标准和方法、合同条款与技术标准等招标投标活动主体必须掌握的信息和遵守的依据，对招标投标各方均具有法律约束力。

（1）编制招标文件应遵循的原则和要求。招标文件的编制必须遵守国家有关招标投标的法律、法规和部门规章的规定，应遵循下列原则和要求：

1）招标文件必须遵循公开、公平、公正的原则，不得以不合理的条件限制或者排斥潜在投标人，不得对潜在投标人实行歧视待遇。

2）招标文件必须遵循诚实信用的原则，招标人向投标人提供的工程项目情况，特别是工程项目的审批、资金来源和落实等情况，都要确保真实和可靠。

3）招标文件介绍的工程项目情况和提出的要求，必须与资格预审文件的内容相一致。

4）招标文件的内容要能清楚地反映工程项目的规模、性质、商务和技术要求等内容，设计图纸应与技术规范或技术要求相一致，使招标文件系统、完整、准确。

5）招标文件规定的各项技术标准应符合国家强制性标准。

6）招标文件不得要求或者标明特定的专利、商标、名称、设计、原产地或材料、构配件等生产供应者，以及含有倾向或者排斥投标申请人的其他内容。如果必须引用某一生产供应者的技术标准才能准确或清楚地说明拟招标项目的技术标准时，则应当在参照后面加上"或相当于"的字样。

7）招标人应当在招标文件中规定实质性要求和条件，并用醒目的方式标明。

（2）招标文件的内容。

1）按现行有关规定，招标文件的基本内容包括以下内容。

①招标公告或投标邀请书。采用资格预审的形式时，投标邀请书可代资格预审通过通知书，是用来邀请资格预审合格的投标人投标的；在邀请招标时，不发布招标公告，使用投标邀请书直接邀请潜在投标人参加投标。

②投标人须知。包括工程概况，招标范围，资格审查条件，工程资金来源或者落实情况，标段划分，工期要求，质量标准，现场踏勘和投标预备会，投标文件编制、

提交、修改、撤回的要求，投标报价要求，投标有效期，开标的时间和地点等。

③评标标准和评标方法。包括选择评标方法、确定评审因素和标准以及确定评标程序。

④技术条款（含技术标准、规格、使用要求以及图纸等）。

⑤投标文件格式。包括投标函、投标函附录投标担保书、投标担保银行保函格式、投标文件签署授权委托书及招标文件要求投标人提交的其他投标资格格式。

⑥拟签订合同主要条款及合同格式。一般分为通用条款和专用条款两部分。通用条款具有普遍适用性；专用条款是针对某一特定工程项目合同的具体规定，是对通用条款的补充和修改。

⑦附件和其他要求投标人提供的材料。

⑧对不同类型项目招标文件的内容，有关部委结合行业的具体特点作出一些特殊规定。

2）对工程勘察设计招标文件，《工程建设项目勘察设计招标投标办法》规定，勘察设计招标文件应当包括下列内容。

①投标须知。

②投标文件格式及主要合同条款。

③项目说明书，包括资金来源情况。

④勘察设计范围，对勘察设计进度、阶段和深度的要求。

⑤勘察设计基础资料。

⑥勘察设计费用支付方式，对未中标人是否给予补偿及补偿标准。

⑦投标报价要求及投标有效期。

⑧对投标人资格审查的标准。

⑨评标标准和方法。

3）对工程项目施工招标文件，《工程建设项目施工招标投标办法》规定，招标人根据施工招标项目的特点和需要编制招标文件。招标文件一般包括下列内容。

①投标邀请书。

②投标人须知。

③合同主要条款。

④投标文件格式。

⑤采用工程量清单招标的，应当提供工程量清单。

⑥技术条款。

⑦设计图纸。

⑧评标标准和方法。

⑨投标辅助材料。

招标人应当在招标文件中规定实质性要求和条件，并用醒目的方式标明。

4）对工程项目货物招标文件，《工程建设项目货物招标投标办法》规定，货物招标文件一般包括下列内容。

①投标邀请书。

②投标人须知。

③投标文件格式。

④技术规格、参数及其他要求。

⑤评标标准和方法。

⑥合同主要条款。

招标人应当在招标文件中规定实质性要求和条件，说明不满足其中任何一项实质性要求和条件的投标将被拒绝，并用醒目的方式标明；没有标明的要求和条件在评标时不得作为实质性要求和条件。对于非实质性要求和条件，应规定允许偏差的最大范围、最高项数，以及对这些偏差进行调整的方法。

国家对招标货物的技术、标准、质量等有特殊要求的，招标人应当在招标文件中提出相应特殊要求，并将其作为实质性要求和条件。

（3）招标文件的发放。招标代理机构应当以书面的形式通知选定的符合资质条件的投标申请人领取招标文件，书面通知中应包括获取招标文件的时间、地点和方式。

（4）编制招标文件中需要注意事项

1）招标文件评分细则中专家打分不能存在空档，量化具体评分分值，如下错误案例：招标文件的评分细则中规定，工程质量保证措施全面、具体、可行性等，评标专家可据实给出一般：1～3分；良：4～6分；优7～9分等。

2）投标文件的内容及格式应与其他章节相对应，不得提出违反法律法规或不合理的其他要求。

3）招标文件中答疑时间、投标截止时间等节点时间满足相关法律法规要求。

4）《合同条款》《投标人须知》《工程量清单》等每个环节是否符合相关规定。

5）必要时，可通过图纸查看招标文件描述的工程概况（规模）、类似业绩要求的规模是否与图纸一致。

4.现场踏勘与答疑

（1）现场踏勘。招标人组织现场踏勘和招标文件答疑会，应对特别注意的是不得向任何单位和个人透露参加现场踏勘和出席交底答疑会的投标人的情况。签到应采取分别签到记录。

（2）答疑或投标预备会。投标人对有需要解释的问题，以书面形式在招标文件或招标人规定的时间内向招标人提出。招标人对有必要解释说明的问题以补充招标文件的形式发放给投标人。

5.组织评标委员会

招标人或招标代理机构根据招标建筑工程项目特点和需要组建评标委员会，一般工程项目按照当地有关规定执行。大型公共建筑工程或具有一定社会影响的建筑工程，以及技术特别复杂、专业性要求特别高的建筑工程等情况，经主管部门批准，招标人可以从设计类资深专家库中直接确定，必要时可以邀请外地或境外资深专家参加评标。评标委员会成员名单在中标人确定前应当保密。

6.接收投标有关文件

在投标过程中，全过程工程咨询单位主要的工作内容是接收中标人提交的投标文件和投标保证金等，并审核投标文件和投标保证金是否符合招标文件和有关法律法规的规定。

7.开标

（1）开标应当在招标文件确定的提交投标文件截止时间的同一时间公开进行，开标地点应当为招标文件中预先确定的地点。

（2）开标时，由中标人或者其推选的代表检查投标文件的密封情况，也可以由投资人委托的公证机构检查并公证；经确认无误后，由工作人员当众拆封，宣读中标人名称、投标价格和投标文件的其他主要内容。

8.清标

在全过程工程咨询服务中，针对项目的需要，专业咨询工程师（招标代理）会同专业咨询工程师（造价）在开标后、评标前对投标报价进行分析，编制清标报告成果文件。清标报告应包括清标报告封面、清标报告签署页、清标报告编制说明、清标报告正文及相关附件。及时检查评标报告内容是否完整和符合有关规定，然后提交总咨询师和投资人复核确认。

清标报告正文宜阐述清标的内容、清标的范围、清标的方法、清标的结果和主要问题等。一般应主要包括以下内容。

（1）算术性错误的复核与整理，不平衡报价的分析与整理，错项、漏项、多项的核查与整理。

（2）综合单价、取费标准合理性分析和整理。

（3）投标报价的合理性和全面性分析与整理，投标文件中含义不明确、对同一问题表述不一致、明显的文字错误的核查与整理等。

（4）投标文件和招标文件是否吻合；招标文件是否存在歧义，是否需要组织澄清等问题。

9.评标

（1）投资人或其委托的全过程工程咨询单位应依法组建评标委员会，与中标人有利害关系的人不得进入相关项目的评标委员会。

（2）评标委员会可以要求中标人对投标文件中含义不明确的内容作必要的澄清或者说明，但是澄清或者说明不得超出投标文件的范围或者改变投标文件的实质性内容（如有时）。

（3）评标委员会应当按照招标文件确定的评标标准和方法，对投标文件进行评审和比较，设有标底的，应当参考标底。评标委员会完成评标后，应当向投资人提出书面评标报告，并推荐合格的中标候选人。

10.定标（发中标通知书）

（1）根据评标委员会提出的书面评标报告和推荐的中标候选人确定中标人。投资人也可以授权评标委员会直接确定中标人。

（2）中标人确定后，投资人应当向中标人发出中标通知书，并同时将中标结果通知所有未中标的投标人。

（3）中标通知书对投资人和中标人具有法律效力。中标通知书发出后，投资人改变中标结果的，或者中标人放弃中标项目的，应当依法承担法律责任。

全过程工程咨询单位到相关行政监督部门将定标结果进行备案（或按项目所在地规定）并公示中标候选人。

11.签订合同

根据招标投标法，投资人和中标人应当自中标通知书发出之日起30日内，按照招标文件和中标人的投标文件订立书面合同。全过程工程咨询单位应协助投资人进行合同澄清、签订合同等工作，同时根据投资人的需求和项目需要，可协助投资人进行合同谈判、细化合同条款等内容。投资人和中标人不得再行订立背离合同实质性内容的其他协议。

（三）招标采购代理的工作流程

全过程工程咨询单位须严格执行有关法律法规和政策规定的程序与内容，规范严谨组织项目招标采购过程管理，具体工作流程如图4-4所示。

建设单位（招标人）	总咨询师	专业咨询工程师（造价）	专业咨询工程师（招标代理）	投标人

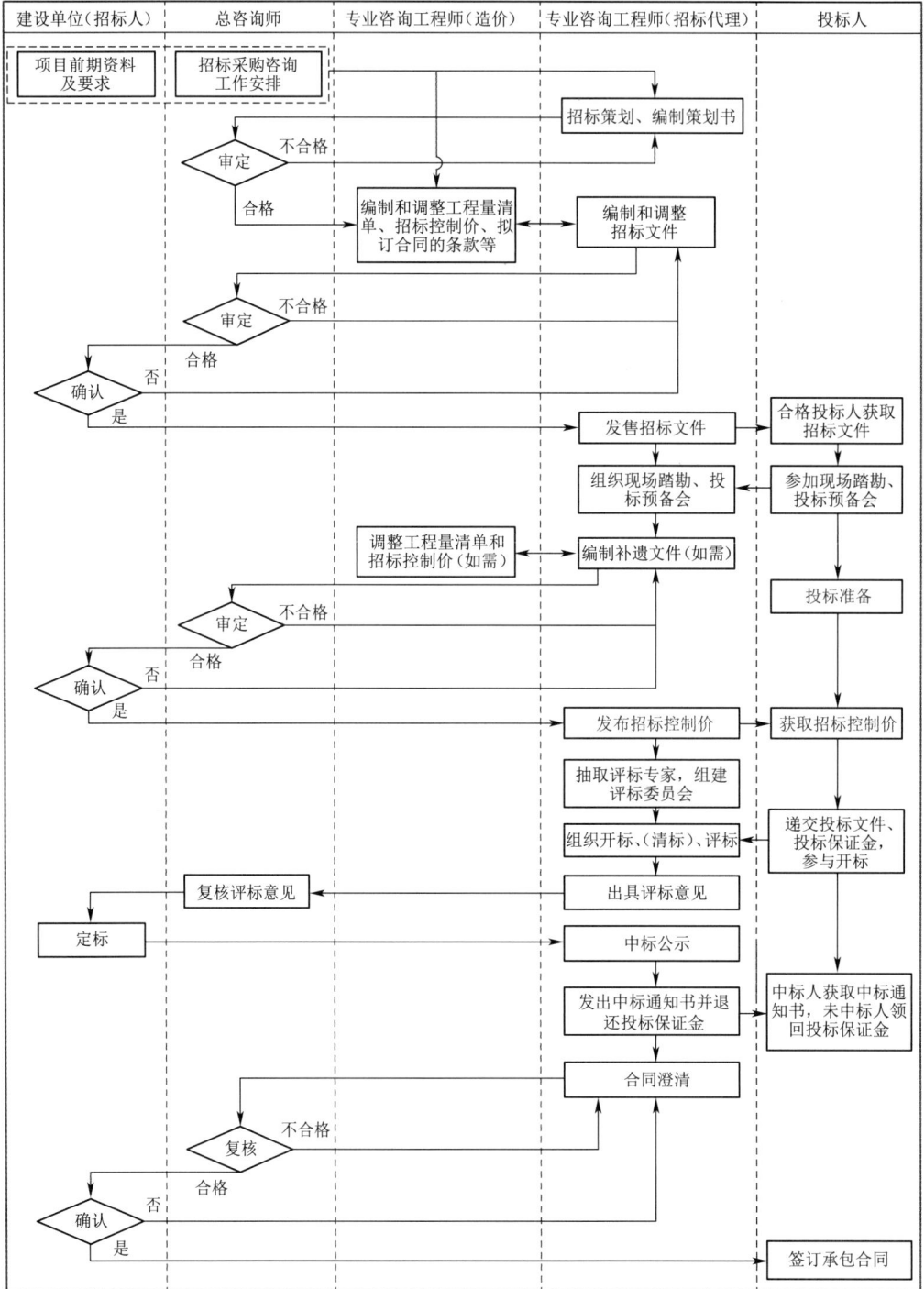

图 4-4　招标采购代理的工作流程图

备注：如采用资格预审方式招标，则须在发售招标文件前编制和公布资格预审公告和预审文件、组织资格预审。

（四）注意事项

1.全过程工程咨询单位、投资人、中标人和相关利益方应依法做好廉洁管理工作，确保项目招标投标工作公正公平开展。

2.招标文件、资格预审文件的发售、澄清、修改的时限，或者确定的提交资格预审申请文件、投标文件的时限须符合招标投标法律法规规定。不得擅自更改招标文件规定的投标截止时间和递交地点。

3.超过规定的比例收取投标保证金、履约保证金或者不按照规定退还投标保证金及银行同期存款利息。

4.投资人应按规定时限发出中标通知书，中标通知书发出后无正当理由不得改变中标结果。

5.投资人应按规定时限与中标人订立合同；不得在订立合同时向中标人提出附加条件。

6.投资人和中标人应按照招标文件和中标人的投标文件订立合同，合同的主要条款与招标文件、中标人的投标文件的内容应一致，投资人、中标人不得订立背离合同实质性内容的协议。

第三节　招标采购阶段投资管控

招标采购阶段投资管控作为建设项目全过程投资管控的重要组成部分，是工程投资事前控制的主要手段，不仅为施工阶段和工程竣工结算阶段的投资管控奠定了基础，而且对于提升建设项目投资管理水平和投资控制效果具有十分重要的意义。

招标采购阶段，是确定合同价款的一个重要阶段，它通过施工图实际算量，已经比较接近工程的实际造价，对建筑成品已经能初步体现，对后期工程竣工结算有着直接的影响。

一、工程量清单编制与审核

（一）工程量清单编制与审核的依据

工程量清单编制与审核的依据包括以下内容。

1.《建设工程工程量清单计价规范》GB 50500—2013；

2.《建设项目全过程造价咨询规程》CECA/GC 4—2017；

3.国家或省级、行业建设主管部门颁发的计价定额和办法；

4.建设工程设计文件；

5.与建设项目有关的标准、规范、技术资料；

6.招标文件及其补充通知、答疑纪要；

7.施工现场实际情况、地勘水文资料、工程特点及常规施工方案；

8.其他相关资料。

（二）工程量清单编制与审核的内容

1.分部分项工程量清单编制

分部分项工程量清单是指表示拟建工程分项实体工程项目名称和相应数量的明细清单，应该包括项目编码、项目名称、项目特征描述、计量单位和工程量计算五个部分。具体编制要件和要点如表4-3所示。

表 4-3 分部分项工程量清单编制

要件	编制要点	备注
项目编码	12位阿拉伯数字表示，1～9位按"13规范"附录的规定设置，10～12位应根据拟建工程的工程量清单项目名称设置	不得有重码
项目名称	施工图纸中有体现的，规范中有列项则直接列项，计算工程量；施工图纸有体现，规范中没有相应列项，项目特征和工程内容都没提示，则补项，在编制说明中注明	根据"13规范"结合工程实际确定
项目特征描述	根据项目情况介绍	根据项目情况介绍
计量单位	以"吨"为单位，保留三位小数，第四位小数四舍五入；以"立方米""米""千克"为单位，保留两位小数，第三位四舍五入；以"个""项""樘""套"等为单位，应取整数	有两个或两个以上计量单位的，应结合拟建工程项目选择其中一个确定
工程量计算	按"13规范"附录A～附录F中规定的工程量计算规则计算。另外对于补充工程量计算规则必须符合下述原则：第一是具有可算性，第二是计算结果具有唯一性	工程量计算要准确

补充项目为附录中未包括的项目，有补充项目时，编制人应作补充，并报省级或行业工程造价管理机构备案，省级或行业工程造价管理机构应汇总报住房和城乡建设部标准定额研究所。

2.措施项目清单编制

措施项目清单是未完成工程项目施工，发生于该工程施工前、施工过程中技术、生活、文明、安全等方面的非实体工程实体项目清单。编制时需考虑多方面的因素，除工程本身，还涉及气象、水文、环境、安全等因素。措施项目清单应根据拟建工程的实际情况列项，若清单计价规范中存在未列项目，可根据实际情况进行补充。

（1）措施项目清单编制的依据

措施项目清单编制的依据包括以下内容。

1）拟建工程的施工组织设计。

2）拟建工程的施工技术方案。

3）与拟建工程相关的工程施工规范和工程验收规范。

4）招标文件。

5）设计文件。

（2）措施项目清单的确定

措施项目清单的确定要按照以下要求。

1）参考拟建工程的施工组织设计，以确定环境保护、安全文明施工、二次搬运等项目。

2）参考施工技术方案，以确定夜间施工、混凝土模板与支架、施工排水、施工降水、垂直运输机械、大型机械设备进出场及安拆、脚手架等项目。

3）参考相关施工规范与工程验收规范，以及技术方案没有表述但是为了实现施工规范和验收规范要求而必须发生的技术措施。

4）确定设计文件中一些不足以写进技术方案的，但是要通过一定的技术措施才能实现的内容。

5）确定招标文件中提出的某些必须通过一定的技术措施才能实现的要求。

3.其他项目清单编制

其他项目清单是指除分部分项工程量清单、措施项目清单所包含的内容以外，因招标人的特殊要求而发生的与拟建工程有关的其他费用项目和相应数量的清单。其影响因素包括工程建设标准的高低、工程的复杂程度、工程的工期长短、工程的组成内容、发包人对工程管理的要求等。其他项目清单的内容包括暂列金额、暂估价、计日工和总承包服务费，未包含项目需要补充。

（1）暂列金额指招标人在工程量清单中暂定并包括在合同价款中的一笔款项。用于施工合同签订时尚未确定或者不可预见的所需材料、设备、服务的采购，施工中可能发生的工程量变更、合同约定调整因素出现时的工程价款调整以及发生的索赔、现场签证等费用。暂估价是指招标人在工程量清单中提供的用于支付必然发生但暂时不能确定价格的材料的单价以及专业工程的金额。

（2）在工程实施中，暂列金额、暂估价所包含的工作范围和图纸、标准深化固定后，按照工程专业、设备、材料类别等分类汇总的金额达到法定招标范围标准的，应由招标人与中标人联合招标，确定承包人和承包价格。

（3）在工程实施中，暂列金额、暂估价所包含的工作范围和图纸、标准深化固定后，按照工程专业、设备、材料类别等分类汇总的金额未达到法定招标范围标准但适用政府采购规定的，应按照政府采购规定确定承包人和承包价格。

（4）在工程实施中，暂列金额、暂估价所包含的工作范围和图纸、标准深化固定后，按照工程专业、设备、材料类别等分类汇总的金额未达到法定招标范围标准也不适用政府采购规定，承包人有法定的承包资格的，由承包人承包，承包人无法定的承包资格但有法定的分包权的，由承包人分包，招标人同承包人结算的价格按招标投标文件相关规定确定。

（5）在工程实施中，暂列金额、暂估价所包含的工作范围和图纸、标准深化固定后，按照工程专业、设备、材料类别等分类汇总的金额未达到法定招标范围标准也不适用政府采购规定，承包人既无法定的承包资格又无法定的分包权的，由招标人另行发包。

（6）在工程实施中，暂列金额、暂估价所包含的工作范围由其他承包人承包的，纳入项目总承包人的管理和协调范围，由其他承包人向项目总承包人承担质量、安全、文明施工、工期责任，项目总承包人向招标人承担责任。

4.规费、税金项目清单编制

规费项目清单应包括工程排污费、社会保证金（养老保险、失业保险、医疗保险）、住房公积金、危险作业意外伤害保险费。税金项目清单包括营业税、城市建设维护税、教育费附加。

（三）工程量清单编制与审核的工作流程

1.工程量清单编制流程

依据《建设工程工程量清单计价规范》GB 50500—2013和《建设项目全过程造价咨询规程》CECA/GC 4—2017实施手册，建设项目工程量清单编制流程图如图4-5所示。

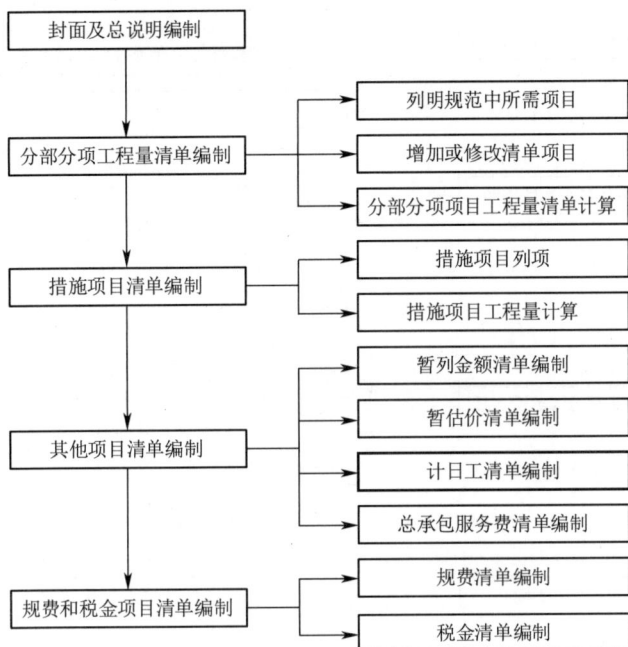

图 4-5　工程量清单编制流程图

2.工程量清单审核工作流程

工程量清单的审核可以分为对封面及相关盖章的审核、工程量清单总说明的审核、分部分项工程量清单的审核、措施项目清单的审核、其他项目清单的审核、规费税金项目清单的审核及补充工程量清单项目的审核。

工程量清单审核流程如图4-6所示。

（四）注意事项

在编制工程量清单时，应当做好以下工作。

1.充分理解招标文件的招标范围，协助投资人完善设计文件。

2.认真查看现场，措施项目应该与施工现场条件和项目特点相吻合。

3.工程量清单应表述清晰，满足投标报价要求。

4.在工程量清单中应明确相关问题的处理及与造价有关条件的设置，如暂估价；工程一切险和第三方责任险的投保方、投保基数及费率与其他保险费用；特殊费用的说明；各类设备的提供、维护等的费用是否包括在工程量清单的单价与总额中；暂列金额的使用条件及不可预见费的计算基础和费率。

5.工程量清单的编制人员要结合项目的目的要求、设计原则、设计标准、质量标准、工程项目内外条件，以及相关资料和信息全面兼顾进行，不能仅依靠施工图进行

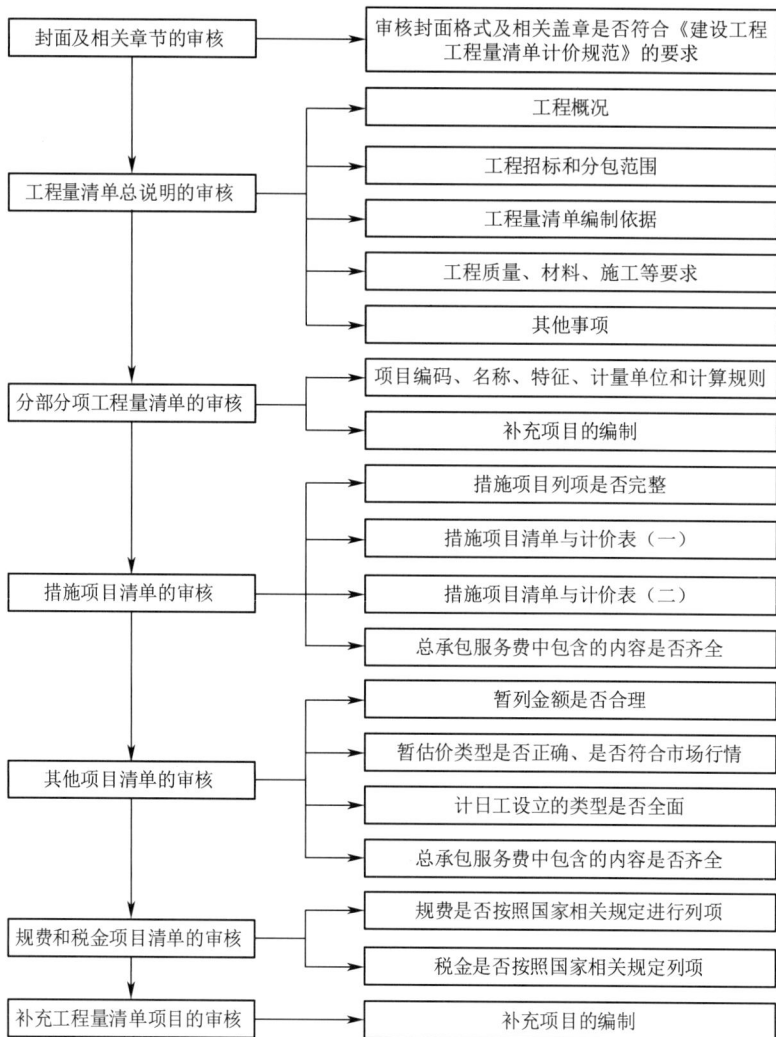

图 4-6　工程量清单审核流程图

编制，还应分析研究施工组织设计、施工方案，只有这样才能避免由于图纸设计与实际要求不吻合造成的设计变更。

二、最高投标限价编制与审核

（一）最高投标限价编制与审核的依据

最高投标限价编制与审核的依据包括以下内容。

1.《建设工程工程量清单计价规范》GB 50500—2013、《建设项目全过程造价咨询规程》CECA/GC 4—2017；

2.国家或省级、行业建设主管部门颁发的计价依据和办法；

3.经过批准和会审的全部建设工程设计文件及相关资料，包括施工图纸等；

4.与建设项目有关的标准、规范、技术资料；

5.招标文件及其补充通知、答疑纪要；

6.施工现场情况、工程特点及常规施工方案；

7.批准的初步设计概算或修正概算文件；

8.工程造价管理机构发布的工程造价信息及市场价格；

9.最高投标限价编制委托代理合同；

10.其他相关资料。

对于实际工程项目编制最高投标限价的依据采用编制前期准备工作中所收集的相关资料和文件作为依据。

（二）最高投标限价编制与审核的内容

最高投标限价计价的内容应该根据《建设工程工程量清单计价规范》GB 50500—2013的具体要求来编制，具体如图4-7所示。

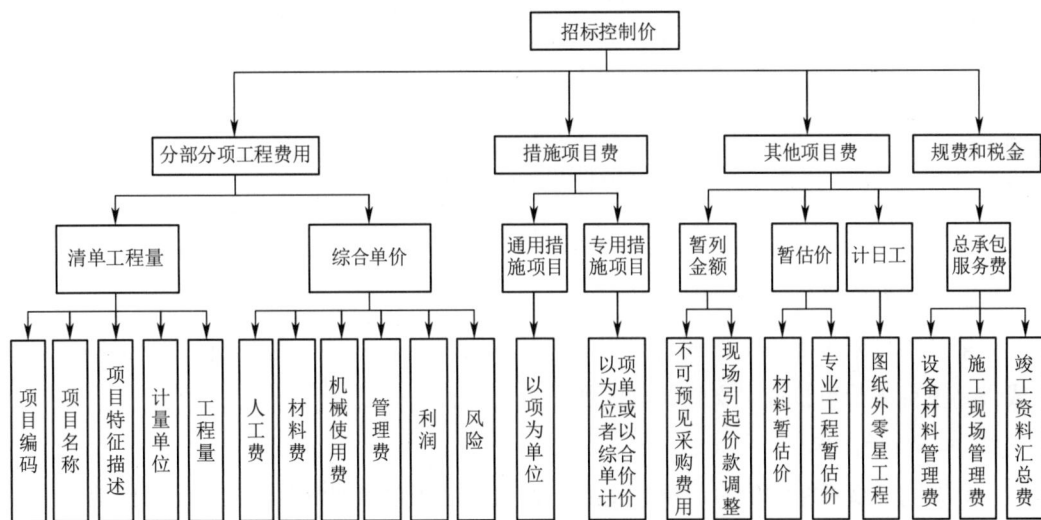

图4-7　最高投标限价组成内容

（三）最高投标限价编制与审核的工作流程

1.最高投标限价编制程序

最高投标限价编制工作的基本程序包括编制前准备、收集编制资料、编制最高投标限价价格、整理最高投标限价文件相关资料、形成最高投标限价编制成果文件。具体如图4-8所示。

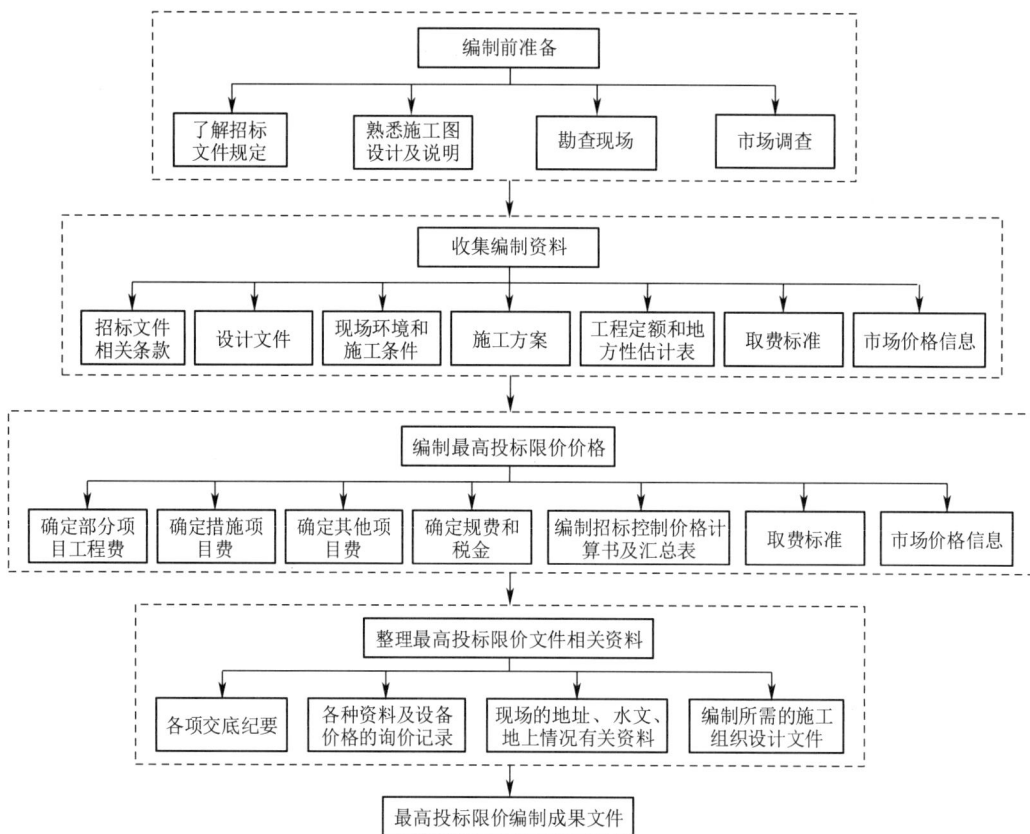

图 4-8　最高投标限价编制流程图

2.最高投标限价审核工作流程

最高投标限价审核工作的基本流程包括审核前准备、审核最高投标限价文件、形成最高投标限价审核成果文件，具体如图4-9所示。

（四）注意事项

1.编制最高投标限价应与招标文件（含工程量清单和图纸）相吻合，并结合施工现场情况确定，确保最高投标限价的编制内容符合现场的实际情况，以免造成最高投标限价与实际情况脱离。

2.最高投标限价确定既要符合相关规定，也要有可靠的信息来源，又要与市场情况相吻合。

3.措施项目费用的计取范围、标准必须符合规定，并与拟定的合适的施工组织设计和施工方案相对应。

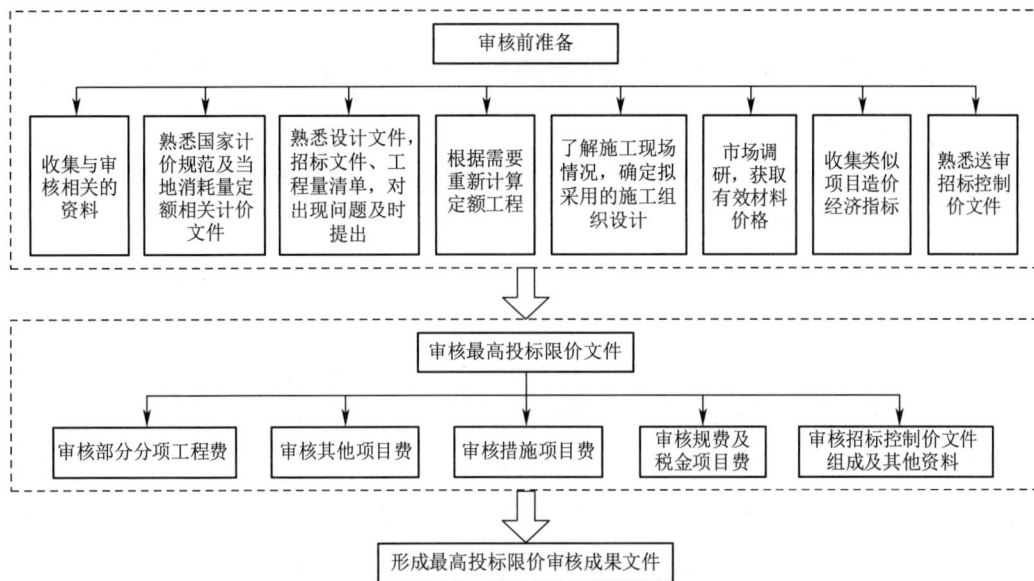

图 4-9 最高投标限价审核流程图

4.在编制最高投标限价时，要有对招标文件进行进一步审议的思路，对存在的问题及时反馈处理，避免合同履行时的纠纷或争议等问题。

三、合同价款的约定

（一）签约合同价与中标价的关系

1.签约合同价是指合同双方签订合同时在协议书中列明的合同价格；

2.对于以单价合同形式招标的项目，工程量清单中各种价格的合计即为签约合同价；

3.签约合同价就是中标价，因为中标价是评标时经过算术修正的、并在中标通知书中声明招标人接受的投标价格。

（二）合同价款约定的规定和内容

1.合同签订的时间及规定

招标人和中标人应当在投标有效期内自中标通知书发出之日起30天内按招标文件和投标文件订立合同。

（1）中标人违约

中标人无正当理由拒签合同的，招标人取消其中标资格，其投标保证金不予退还；给招标人造成的损失超过投标保证金数额的，中标人还应当对超过部分予以赔偿。

（2）招标人违约

发出中标通知书后，招标人无正当理由拒签合同的，招标人向中标人退还投标保证金；给中标人造成损失的，还应当赔偿损失。

招标人与中标人签订合同后5日内，应当向中标人和未中标的投标人退还投标保证金及银行同期存款利息。

2.合同价款类型的选择

招标的工程：价款依据招标投标文件在书面合同中约定。不得违背招标投标文件中关于工期、造价、质量方面的实质性内容。招标与投标文件不一致的，以投标文件为准。

不招标的工程：在招标投标双方认可的合同价款基础上，在合同中约定。

（1）鼓励采用单价方式：实行工程量清单计价的建筑工程；

（2）总价方式：技术难度较低，工期较短的建设工程；

（3）成本加酬金方式：紧急抢险、救灾以及施工技术特别复杂的建设工程。

四、其他

（一）中标后，对中标人投标书的复核

评标结果出来，当初步确定中标人后，需要对中标人投标书进行复核或进行清标工作。

（二）清标

1.清标的定义和目的

所谓清标就是通过采用核对、比较、筛选等方法，对投标文件进行的基础性的数据分析和整理工作。其目的是找出投标文件中可能存在疑义或者显著异常的数据，为初步评审以及详细评审中的质疑工作提供基础。技术标和商务标都有进行清标的必要，但一般清标主要是针对商务标（投标报价）部分。清标也是国际上通行的做法，在现有建设工程招标投标法律法规的框架体系内，清标属于评标工作的范畴。

清标的实质是通过清标专家对投标文件客观、专业、负责的核查和分析，找出问题、剖析原因，给出专业意见，供评标专家和投资人参考，以提高评标质量，并为后续的工程项目管理提供指引。

2.清标工作组的组成

清标应该由清标工作组完成，也可以由招标人依法组建的评标委员会进行，招标人也可以另行组建清标工作组负责清标。清标工作组应该由招标人选派或者邀请熟悉招标工程项目情况和招标投标程序、专业水平与职业素质较高的专业人员组成，招标人也可以委托工程招标代理单位、工程造价咨询单位或者监理单位组织具备相应条件的人员组成清标工作组。清标工作组人员的具体数量应该视工作量的大小确定，一般建议应该在3人或以上。

3.清标工作的原则

清标工作是评标工作的基础性工作。清标工作是仅对各投标文件的商务标投标状况作出客观性比较，不能改变各投标文件的实质性内容。清标工作应当客观、准确、力求全面，不得营私舞弊、歪曲事实。清标工作组的任何人员均不得行使依法应当由评标委员会成员行使的评审、评判等权力。

清标工作组同样应当遵守法律、法规、规章等关于评标工作原则、评标保密和回避等国家相关的关于评标委员会的评标的法律规定。

4.清标工作的主要内容

（1）算术性错误的复核与整理；

（2）不平衡报价的分析与整理；

（3）错项、漏项、多项的核查与整理；

（4）综合单价、取费标准合理性分析与整理；

（5）投标报价的合理性和全面性分析与整理；

（6）形成书面的清标情况报告。

5.清标的重点

（1）对照招标文件，查看投标人的投标文件是否完全响应招标文件。

（2）对工程量大的单价和单价过高于或过低于清标均价的项目要重点审查。

（3）对措施费用合价包干的项目单价，要对照施工方案的可行性进行审查。

（4）对工程总价、各项目单价及要素价格的合理性进行分析、测算。

（5）对投标人所采用的报价技巧，要辩证地分析判断其合理性。

（6）在清标过程中要发现清标不严谨的表现所在，妥善处理。

6.清标报告的内容

清标报告是评标委员会进行评审的主要依据，它的准确与否将可能直接影响评标委员会的评审结果和最终的中标结果，因此，清标报告至关重要。清标报告一般应包括以下内容。

（1）招标工程项目的范围、内容、规模等情况；

（2）对投标价格进行换算的依据和换算结果；

（3）投标文件算术计算错误的修正方法、修正标准和建议的修正结果；

（4）在列出的所有偏差中，建议作为重大偏差的情形和相关依据；

（5）在列出的所有偏差中，建议作为细微偏差的情形和进行相应补正所依据的方法、标准；

（6）列出投标价格过高或者过低的清单项目的序号、项目编码、项目名称、项目特征、工程内容、与招标文件规定的标准之间存在的偏差幅度和产生偏差的技术、经济等方面原因的摘录；

（7）投标文件中存在的含义不明确、对同类问题表述不一致或者有明显文字错误的情形；

（8）其他在清标过程中发现的，要提请评标委员会讨论、决定的投标文件中的问题。

（三）审核评标方法和评分标准

1.审核拟采用的评标方法：在《中华人民共和国标准施工招标文件》中给出了经评审的最低投标价法和综合评估法，审核项目的评标方法是否适合项目的特点。

2.审核评分标准：在招标文件的"评标办法前附表"中，招标代理机构对各项评分因素均制订了评分标准，并确定了施工组织设计、项目管理机构、投标报价、其他评分因素的权重，还确定了评标基准价的计算方法。对上述评分标准进行审核时应掌握下列原则。

（1）施工组织设计评分标准要强调投标人对工程项目特点、重点、难点的把握，以及施工组织和施工方案的针对性、科学性和可行性。

（2）项目管理机构评分标准要强调项目经理和技术负责人的任职资格学历与实实在在的业绩，应要求附证明材料；强调项目管理机构人员的到位承诺；应增加对项目经理、技术负责人等主要成员面试的评分。

（3）投标报价的权重要适当，对技术不复杂，规模不太大或对投标人均比较了解，且对各投标人均较信任情况下，权重宜加大；反之，权重不宜过大。

（4）其他评分因素可增加对各投标单位考察的结果、施工单位及项目经理的信用评分（市场与现场管理联动）等项内容，使评标不只是评委对投标文件的评审，应综合投标人的实际素质、能力、业绩和信用程度。

（四）投标人对清标存在问题给予书面答复澄清承诺函，最终经评标委员会提出的书面评标报告和推荐的中标候选人确定中标人

全过程工程咨询单位到相关行政监督部门将定标结果进行备案（或按项目所在地规定）并公示中标候选人。

（五）合同洽谈及签订

全过程工程咨询单位应协助投资人进行合同澄清、洽谈、细化合同条款等工作，投资人和中标人应当自中标通知书发出之日起30日内，按照招标文件和中标人的投标文件订立书面合同。

第五章
项目施工阶段管理咨询服务

第一节　施工阶段管理咨询服务概述

一、施工阶段管理目标

建设项目施工阶段是根据前期设计、招标采购阶段所确定下来的设计图纸、技术要求、招标投标文件、施工合同的约定以及其他规定对项目进行建设的阶段，同时也是项目管理周期中工程量最大，投入的人力、物力和财力最多，工程管理难度最大的阶段。

为实现工程项目的既定目标——优质建设项目，全过程工程咨询单位在建设项目施工阶段通过组织协调、合同管理等手段，对项目进行全方位管理。在该阶段，全过程工程咨询单位依据施工合同有效控制并优化质量、进度、成本，是建设项目能否成功的关键。

二、施工阶段主要管理内容

结合工程实践，建设项目施工阶段的主要参与单位包括投资人、全过程工程咨询单位、承包人等。项目施工阶段各参与单位的组织关系图如图5-1（传统模式）、图5-2（EPC承包模式）所示。本章是基于传统模式针对施工阶段进行的撰写。

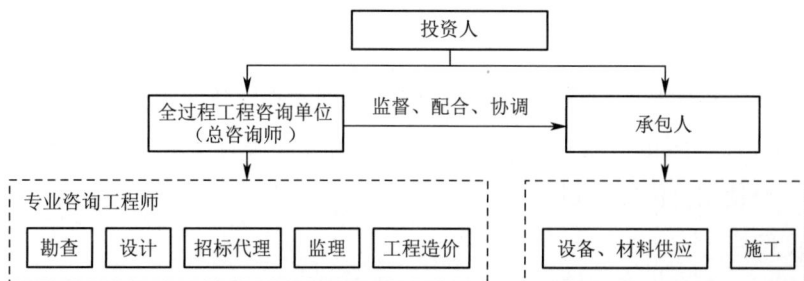

图 5-1　传统模式下全过程工程咨询单位、承包人组织关系图

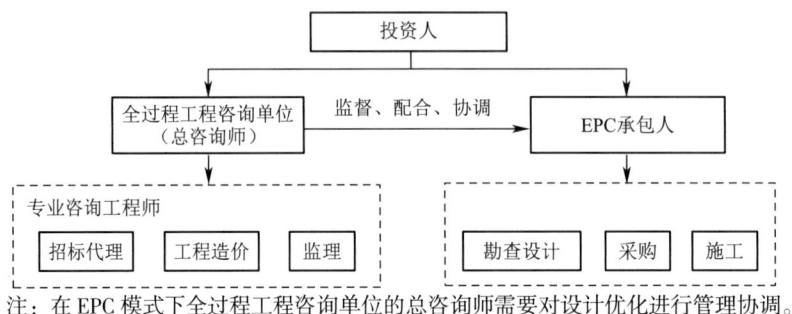

注：在EPC模式下全过程工程咨询单位的总咨询师需要对设计优化进行管理协调。

图5-2 EPC承包模式下全过程工程咨询单位、EPC承包人组织关系图

（一）施工阶段各参与单位的工作职责

项目施工阶段涉及的利益相关主体众多，参与单位可概括为：投资人、全过程工程咨询单位、承包人，各参与单位在该阶段的主要职责如下。

1.投资人：确定全过程工程咨询单位及承包人，并签订合同，对项目实施进行监督。

2.全过程工程咨询单位：对项目实施进行全过程管理、协调，以确保项目目标的实现。

3.承包人：按合同要求完成承包任务。

（二）项目施工阶段的工作内容

全过程工程咨询单位按施工合同规定对工程成本、质量、进度进行控制，并协调投资人、承包人各方关系，约束双方履行自己的义务，同时维护双方的合法权益，使工程项目顺利实施。

1.施工阶段勘察设计咨询

建设项目在设计阶段形成设计文件之后，为了更好地将设计转化为实体，需要对设计文件进行现场咨询、专项设计及深化设计咨询、设计交底与图纸会审相关咨询服务内容。

2.质量管控

施工阶段工程质量的管控工作是根据投资人的委托，按照建设工程施工合同，监督承包人按图纸、规范、规程、标准施工，使施工安装有序地进行，最终形成合格的、具有完整使用价值的工程。

3.进度管控

项目施工阶段进度管控主要是对进度计划进行跟踪与检查、进度计划的控制以及进度计划的调整，以确保在合同约定的工期内完成建设项目。

4.造价管控

全过程工程咨询单位在造价管控方面的工作重点为：工程计量支付管理；变更、洽商、签证事项的处理；索赔事项的处理等。

5.安全文明施工与环境保护

全过程工程咨询单位在施工阶段的安全控制中，应以预防为主，要做到强调、检查、督促和必要的经济手段相结合。全过程工程咨询单位针对环境保护必须按照"三同时"规定，把环境保护措施落到实处，防止建设项目建成投产使用后产生新的环境问题。

（三）全过程工程咨询单位的组织协调

1.对外沟通

全过程工程咨询单位在施工阶段对外协调沟通的对象有投资人、承包人以及行业主管部门等。

2.对内沟通

全过程工程咨询单位是由总咨询师与各专业咨询工程师组成的工作体系，每个人都有自己的目标和任务，为避免"各自为政"带来的紊乱无序、效率低下，须选择恰当的方式进行及时、有效的沟通，如：例会、现场交流及借助各种信息媒介的高效沟通。

第二节 施工阶段勘察设计咨询

一、设计文件的资料咨询服务

全过程工程咨询单位对设计文件的资料进行管理可以保证设计及施工有序进行，保证工程实际进度在计划进度之内。通过图纸审查及备案的施工图、方案设计文件、初步设计文件均应先交全过程工程咨询单位登记归档，全过程工程咨询单位应设置专人进行管理、统一发放，并负责统计和分发设计文件，各收图单位应指定人员到全过程工程咨询单位签领。

（一）设计文件资料咨询服务的依据

1.《建设工程文件归档规范》GB/T 50328—2014；

2.全过程工程咨询单位的知识体系和经验；

3.其他行业资料归档规范文件等。

（二）设计文件资料咨询服务的内容

1.设计文件接收

全过程工程咨询单位收到专业咨询工程师（设计）送来的图纸资料后，做好以下工作。

（1）按照合同内容，核实图纸套数，对照图纸目录核查图纸数量是否吻合，无误后方可接收图纸；

（2）进行图纸收录登记，建立台账；

（3）涉及图纸深化或修改时，应要求专业咨询工程师（设计）进行书面交底；

（4）接收图纸须核实其有效性（出图章、设计人员签字等）。

2.设计文件分发

（1）按合同、施工标段及承包人要求及时分发设计图纸；

（2）实行设计图纸发放记录登记制度；

（3）建立《图纸资料分配单》和《图纸资料发放登记表》。

3.图纸资料存档管理

（1）图纸资料及时归档，重视零星图纸的管理与归档，应日案日清；

（2）作废版本图纸资料在验证后加盖"作废"章，且不得进柜贮存，应采取隔离措施确保不与有效图纸相混淆；

（3）需借用存档图纸资料时，应按规定办理借阅、归还手续；

（4）重要资料借阅时应提供复印件，不得随意将原件借出。

（三）注意事项

1.设计文件资料管理要依据国家有关规定，建立规范的资料管理档案和管理制度，保证设计资料不丢失、不混乱、不混淆；

2.图纸资料的签收和分发一定要保证双方签字认可，避免事后纠纷；

3.图纸深化时一定要附带目录，避免图纸混乱而耽误施工；

4.重要的文件、图纸应备好复印件，不能将原件随意借出；

5.注意图纸的使用及图纸数量是否满足施工需要。

二、勘察及设计的现场咨询服务

勘察设计现场咨询服务是勘察及设计工作的重要组成部分，随着建筑技术的不断发展，新技术、新结构、新工艺层出不穷，加之设计各专业之间的配合问题，勘察及设计的现场配合是勘察设计的关键性服务，发挥着对勘察设计成果补充完善的作用。

（一）勘察及设计现场咨询服务的依据

勘察及设计现场咨询服务的依据包括以下内容。

1.《中华人民共和国建筑法》（2019年版）；

2.《建设工程勘察设计管理条例》（2017年版）；

3.《建设工程质量管理条例》（2019年版）；

4.《岩土工程勘察规范》GB 50021—2001（2009年版）；

5.《建设工程勘察质量管理办法》（2021年版）；

6.《实施工程建设强制性标准监督规定》（2015年版）；

7.勘察、设计合同；

8.勘察、设计成果文件；

9.全过程工程咨询单位的知识体系和经验。

（二）勘察及设计现场咨询服务的内容

1.施工过程中勘察及设计的现场服务，如派驻设计现场代表，收集投资人及参加各方的意见、及时解决设计问题，质量事故技术方案的审定，对施工现场进行技术督导以及新技术、新工艺、新结构、关键工序的现场指导。

2.不利物质条件情况的处理。专业咨询工程师（勘察、设计）须对实际施工中发现与勘察设计文件不符的不利物质条件进行现场分析、处理。不利物质条件情况的处理流程如图5-3所示。

3.地基与基础工程验收。

4.主体结构工程验收。

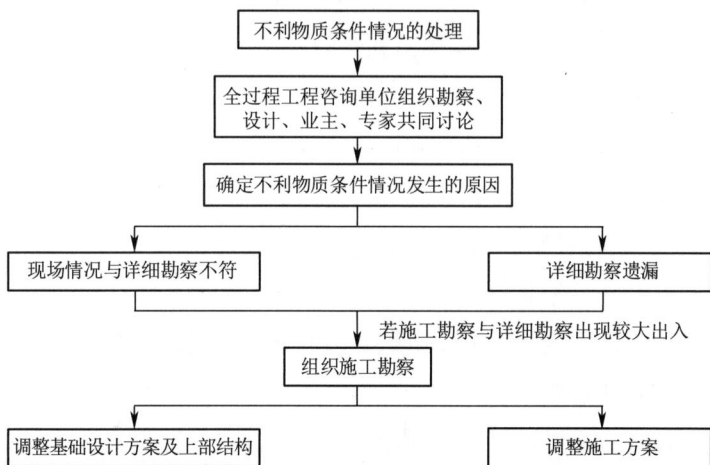

图 5-3 不利物质条件情况的处理流程图

（三）注意事项

1.隐蔽工程要会同专业咨询工程师（勘察、设计）进行处理；

2.加强沟通，及时解决施工中存在的问题。在施工过程中，专业咨询工程师（勘察、设计）应对现场提出的技术问题和修改意见及时响应，保证现场工作顺利实施；

3.做好现场的工作技术支持服务。

三、专项设计咨询服务

专项设计是针对建设规模相对较大、技术含量较高、各专业关系错综复杂、原设计图纸已表达但还不能完全满足施工需要的工程项目而进行的后续设计。

（一）专项设计咨询服务的依据

专项设计咨询服务的依据包括以下内容。

1.《中华人民共和国建筑法》（2019年版）；

2.《建设工程质量管理条例》（2019年版）；

3.《实施工程建设强制性标准监督规定》（2015年版）；

4.《建设工程勘察质量管理办法》（2021年版）；

5.《建设工程勘察设计资质管理规定》（2018年版）；

6.《建设工程勘察设计管理条例》（2017年版）；

7.《建筑工程设计文件编制深度规定》（2016年版）；

8.设计合同、设计任务书等；

9.经批准的设计图纸；

10.全过程工程咨询单位的知识体系和经验。

（二）专项设计咨询服务的内容

1.在专项设计之前，首先要熟悉和理解项目合同、原设计图纸、特殊要求等，有些重要部位还要对照原设计图纸和招标文件中的工程和技术规范及现场实际工作环境，根据自身的工程实践经验和设计经验进行专项设计；

2.专业咨询工程师（设计）应根据已审批的设备、材料的规格和种类进行专项设计；

3.所有的专项设计完成之后，要组织专门的评审会议，涉及的专项设计工程师须做好汇报准备，确保沟通顺畅；

4.总咨询师负责专项设计总体进度管理，专业咨询工程师（设计）应在总咨询师的进度管理要求下，负责各专业专项设计进度；

5.总咨询师负责专项设计的技术统筹，并负责将各专业的所有专项设计内容综合反映在一个共用模型或图纸系统内，该模型或图纸系统与所有工程相关单位共享使用；

6.必要时要组织专项设计人员与后期运营单位进行对接，并结合运营需求进行专项设计。

（三）专项设计咨询服务的工作流程

1.确定专项设计及深化设计界面划分及相应的设计要求；

2.依据界面划分、合同约定，确定相应的专项设计及深化专业咨询工程师（设计），要求其应具备相应的专项设计资质，具有完善的质量保证体系；

3.根据项目的实施情况开展专项设计及深化设计；

4.在总咨询师综合协调下，专项设计及深化设计图纸应经总咨询师及各相关专业、深化专业咨询工程师（设计）跨专业会签。各专项设计及深化设计会签完成后，由总咨询师汇总、审核后的设计图纸提交投资人，由投资人组织相关单位进行审定；

5.专项设计及深化设计图纸审批单位主要包括全过程工程咨询单位、投资人、具备相应资质的施工图审查机构；

6.如报审未能通过，须根据投资人、施工图审查机构的审核意见修改，牵涉其他专业的还须重新进行流转确认程序。

专项设计及深化设计管理流程如图5-4所示。

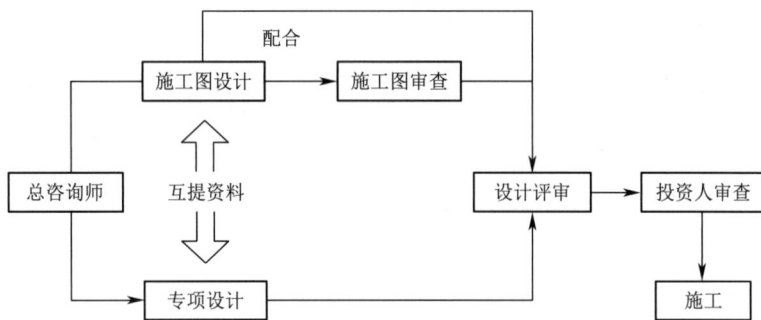

图5-4　专项设计及深化设计管理流程图

（四）注意事项

1.专项设计及深化设计业务一定要委托给具备相应资格的设计专业工程师；

2.专项设计及深化设计一定要满足原设计的总体要求。

四、设计交底与图纸会审咨询服务

设计交底与图纸会审是保证工程顺利施工的主要步骤，通过设计交底与图纸会审可以使施工人员充分领会设计意图，熟悉设计内容，正确按图施工。

（一）设计交底与图纸会审咨询服务的依据

设计交底与图纸会审咨询服务的依据包括以下内容。

1.《中华人民共和国建筑法》（2019年版）；

2.《建设工程质量管理条例》（2019年版）；

3.《建设工程勘察设计管理条例》（2017年版）；

4.《建筑工程设计文件编制深度规定》（2016年版）；

5.设计合同、设计任务书等；

6.经批准的设计图纸；

7.全过程工程咨询单位的知识体系和经验。

（二）设计交底与图纸会审咨询服务的内容

1.在设计交底与图纸会审之前，各有关单位（投资人、全过程工程咨询单位、承包人）必须事先指定主管该项目的工程技术人员、专业工程师熟悉图纸，进行初步审查，初步审查意见于图纸会审前至少两天送交全过程工程咨询单位汇总，之后移交专业咨询工程师（设计）。

2.设计交底与图纸会审工作，是设计图纸施工前的一次详细审核，各有关单位必须在图纸会审签到表上签字。

3.设计交底与图纸会审时，主要专业咨询工程师（设计）应了解设计情况的人员出席情况，对所提交的施工图纸进行有计划、系统的技术交底。

4.全过程工程咨询单位应指定一家单位负责形成会审纪要底稿，在正式的会议纪要发出前，专业咨询工程师（造价）应对会审中提出的设计变更所涉及的费用变化提供详尽的咨询报告，对设计变更可能引起的费用增减提出意见，以便投资人最后决策是否需要变更。

5.会议纪要应由各单位签字确认，各单位签字确认的会议纪要分发给各有关单位，各方无异议，即被视为设计档案组成部分并予以存档。

（三）设计交底与图纸会审咨询服务的工作流程

施工图设计交底与图纸会审流程，如图5-5所示。

（四）注意事项

1.涉及会议纪要发生的变更，需要专业咨询工程师（造价）提出咨询意见，由投资人确认是否发生该变更后，会议纪要方可发出。

2.各参加单位需要在已整理好的图纸会审纪要上签字确认并各自存档。

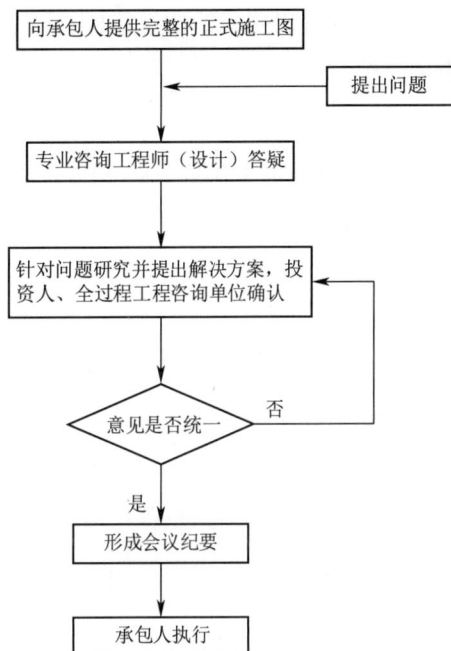

图 5-5　施工图设计交底与图纸会审流程图

第三节　施工阶段质量控制

全过程工程咨询单位是建设项目施工阶段质量管理的重要管理主体之一，质量管理实施的核心是质量管理目标的确定。根据建设工程投资人及利益相关者需求以及依据所签订的施工合同并结合工程本身及所处环境特点进行综合论证。在施工阶段主要是对建设项目进行质量控制。

一、质量管理体系和保证体系

（一）质量管理体系

质量管理体系是工程质量的重要保证，投资人、全过程工程咨询单位、承包人都应建立起相应的质量管理体系，一个项目的多层次质量管理体系在运行中，除对内主要发挥主动管理的作用外，对外还应该能够起到相互监督和督促的作用。

全过程工程咨询单位实施质量管理，是通过签订各种合同将有关工作的质量责任分解到各涉及参与方，从而实现质量管理目标。质量管理目标是指为达到项目建成使用功能、使用寿命、使用要求而制定的施工质量标准。针对整个项目、各单项工程、单位工程、分部工程、分项工程制订出明确的质量目标，质量目标分为项目总体质量目标及各分部分项工程质量目标。

（二）质量保证体系

质量保证体系是指全过程工程咨询单位以提高和保证产品服务质量为目标，运用系统方法，依靠必要的组织结构，把各参建单位各环节的质量管理活动严密组织起来，形成一个有明确任务、职责、权限，相互协调、相互促进的质量管理的有机整体。

1.质量管理组织机构

质量管理组织机构设置是要明确质量管理部门及人员岗位职责、权限，建立包括各参建单位在内的项目质量管理制度。

建设项目施工阶段中质量管理组织机构反映各参建单位在质量管理体系中的相互关系，全过程工程咨询单位质量管理组织机构框架如图5-6所示。

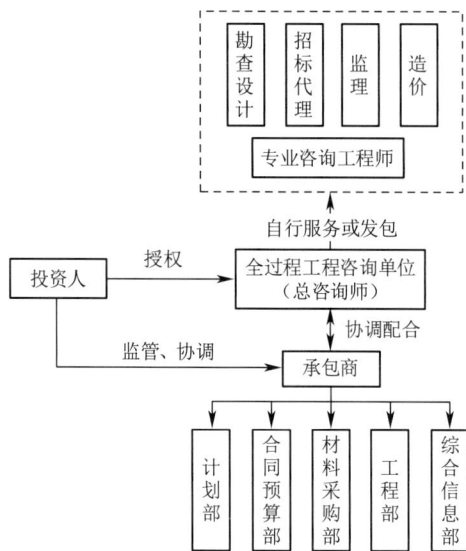

图5-6　全过程工程咨询单位、承包人、投资人质量管理组织机构框架

2.各参建单位职责

建立工程项目质量管理职责，是要明确各部门及其人员在工程质量管理中所应承担的任务、职责、权限，做到各司其职，各负其责，工作有标准。建设项目施工阶段的质量管理牵头单位是全过程工程咨询单位，全过程工程咨询单位通过对施工阶段中承包人的监督、协调、检查、管理，保证建设项目按照国家法律法规及相关技术规范

程序实施，达到项目质量管理目标。

（1）全过程工程咨询单位

应履行《中华人民共和国建筑法》（2019年版）、《建设工程质量管理条例》（2019年版）规定的勘察、设计、工程监理专业的质量责任，履行合同中规定的工程质量责任。应明确全过程工程咨询单位在工程质量控制中起到的主导作用，其工作重点应该放在工程全面质量控制的策划与检查，以及为工程质量达到甚至超越原策划效果而进行的质量、技术管理，对工程质量实施监督，并对施工质量承担监理责任。

（2）投资人

承担《中华人民共和国建筑法》（2019年版）、《建设工程质量管理条例》（2019年版）规定的投资人责任及对工程质量的决策责任。

（3）承包人

承包人是施工质量的直接实施者和责任者，应全面履行《建设工程质量管理条例》（2019年版）和施工合同规定的质量责任，强调承包人应在自检质量合格的基础上进行全过程工程咨询单位查验。对所提供的材料、设备、构配件的质量进行负责，所提供的材料、设备、构配件必须符合产品标准和合同的约定。

二、施工阶段质量控制

（一）施工阶段质量控制的依据

建设工程质量控制，就是通过采取有效措施，在满足工程造价和进度要求的前提下，实现预定的工程质量目标。全过程工程咨询单位的专业咨询工程师（监理）在建设工程施工阶段质量控制的主要任务是通过对施工投入、施工和安装过程、施工产出品（分项工程、分部工程、单位工程、单项工程等）进行全过程控制，以及对承包人及其人员的资格、材料和设备、施工机械和机具、施工方案和方法、施工环境实施全面控制，以期按标准实现预定的施工质量目标。

1.《中华人民共和国建筑法》（2019年版）；

2.《建设工程质量管理条例》（2019年版）；

3.《建筑工程施工质量验收统一标准》GB 50300—2020；

4.《质量管理体系 基础和术语》GB/T 19000—2016；

5.《建筑工程质量监督条例（试行）》；

6.《建设工程质量检测管理办法》（2022年版）；

7.施工合同；

8.投资人的功能要求报告及设计任务书；

9.地质勘察文件、设计施工图纸及设计要求；

10.施工组织设计及专项施工方案措施；

11.质量管理计划；

12.其他影响质量的因素等。

（二）施工阶段质量控制的内容

为了完成施工阶段质量控制任务，全过程工程咨询单位的专业咨询工程师（监理）需要做好以下工作。

1.协助投资人做好施工现场准备工作，为承包人提交合格的施工现场；

2.审查确认承包人资格；

3.检查工程材料、构配件、设备质量；

4.检查施工机械和机具质量；

5.审查施工组织设计和施工方案；

6.检查承包人的现场质量管理体系和管理环境；

7.控制施工工艺过程质量；

8.验收分部分项工程和隐蔽工程；

9.处置工程质量/问题、质量缺陷；

10.协助处理工程质量事故；

11.审核工程竣工图，组织工程预验收；

12.参加工程竣工验收。

任何建设工程项目都是由分项工程、分部工程和单位工程所组成的，而工程项目的建设，则通过一道道工序来完成。工程项目施工阶段质量控制是从工序质量到分项工程质量、分部工程质量、单位工程质量的控制过程，从原材料的质量控制开始，达到完成各项工程质量目标为止的质量控制过程。为确保工程质量，对实施的全过程进行质量管理监督、控制与检查，按照实施过程前后顺序将过程控制划分为事前、事中、事后质量控制，主要内容如图5-7所示。

（三）施工阶段质量控制的工作流程

1.工程开工前，应严格按照开工程序、严格进场材料的报审、严格各项方案措施的落实。

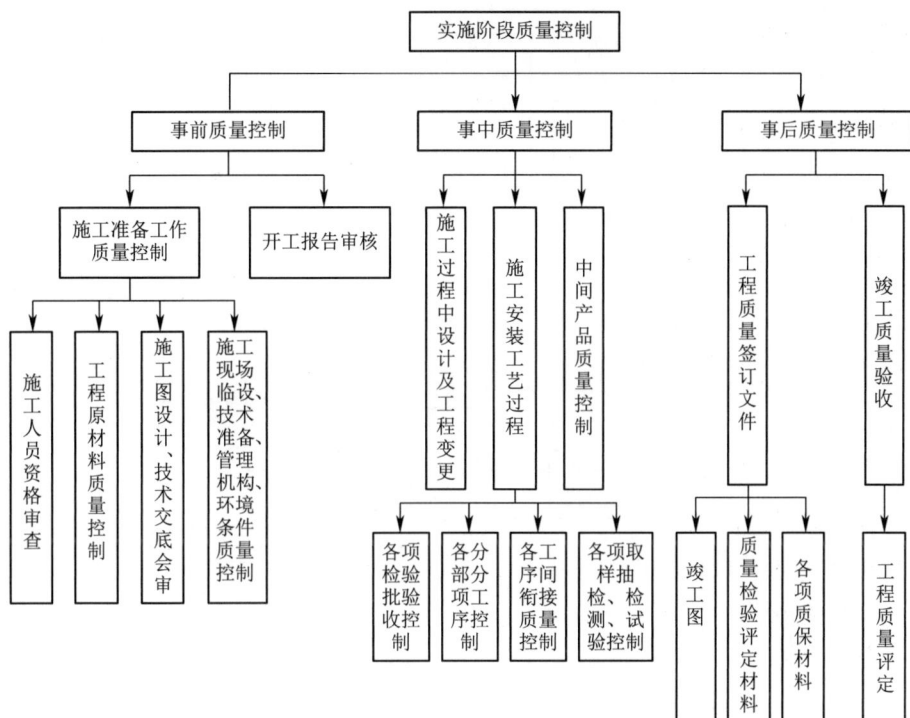

图 5-7　按照施工过程时段的施工质量控制内容

2.工程施工过程中，在每道工序完成后，严格检查验收程序的执行。承包人应进行自检，自检合格后，填报报验申请表交全过程工程咨询单位的专业咨询工程师（监理）检验。检验批、隐蔽验收、分项、分部工程完成后的检查验收，承包人首先对报检、报验的工程进行自检，填报相应质量验收检查记录资料，确认工程质量符合要求，然后向专业咨询工程师（监理）提交报检申请表并附上自检的相关资料，经现场检查及对相关资料审核后，符合要求予以签认验收；反之，则指令承包人进行整改或返工处理。只有上一道工序被确认质量合格后，方能进行下道工序施工。

3.在施工质量验收过程中，涉及结构安全的试块、试件以及有关材料，应按规定进行见证取样检测；对涉及结构安全和使用功能的重要分部工程，应进行抽样检测。承担试验检测的单位应具有相应资质和资格。对施工过程中出现的质量问题，经过返工整改或加固处理仍不能满足结构安全使用要求的分部、分项工程和构件严禁验收。

施工阶段质量控制工作流程如图5-8所示。

特殊要求	相关单位	承包商	专业工程咨询师（监理）	总咨询师	投资人

特殊要求	承包商	专业工程咨询师（监理）	总咨询师	投资人
按要求填写，并须附： （1）施工组织设计 （2）施工单位人员的资格证件 （3）工程坐标放样及基线签证 （4）管理人员名单及分工	单位工程开工报告 →	初审开工报告 →	复审开工报告 →	同意审核结果
	开工 ←	← 反馈	反馈 ←	
		施工全过程监督 →	施工全过程监督	
必须附上： （1）各项材料出厂合格证 （2）各项材料检验报告 （3）相关技术参数 （4）各项检验批检查验收资料 （5）分部分项工程质量检验评定报告	填报分项工程质量验收签证 ←	现场初检 →	现场复检 →	同意审核结果
			审核现场结果报告 →	
必须附上： （1）相关技术参数 （2）分部分项工程质量评定表	填报过程工序评定报告 ←	现场检查和抽样检查 →	反馈 ←	反馈 ←
必须附上： （1）质量保证资料核查表 （2）单位工程观感质量评定表 （3）单位工程质量综合评定表 （4）竣工图	填报单位工程竣工证明 ←		现场复检 → 审批合格 →	同意审核结果

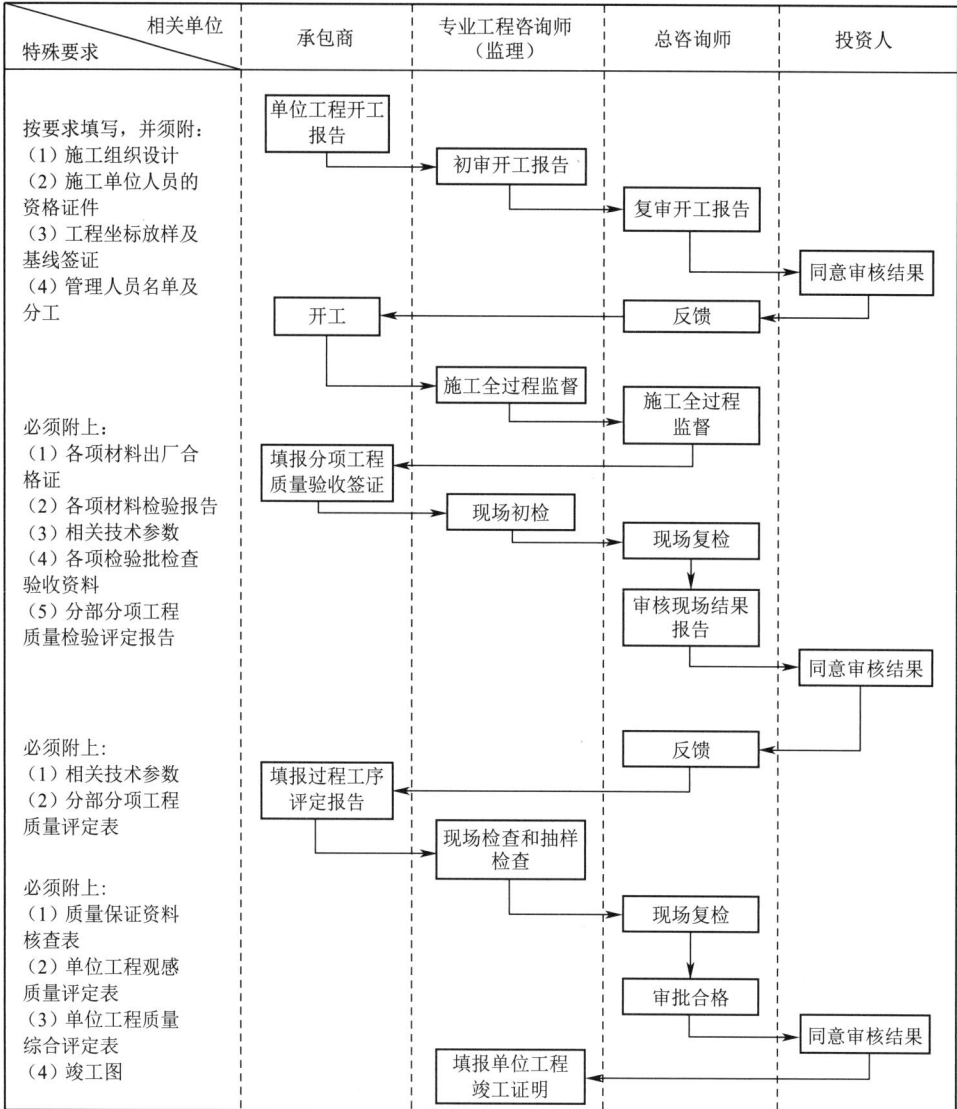

图 5-8 全过程工程咨询单位施工阶段质量控制工作流程图

（四）注意事项

1.在工程施工过程中，全过程工程咨询单位应将质量目标细化并明确到具体责任人，做好应对准备措施。

2.注重质量控制程序，明确权责，并向实施者灌输质量意识。

3.各项施工任务完成后应及时完善质量保证文件。

三、施工阶段质量验收

（一）施工阶段质量验收的依据

各参建单位必须按《中华人民共和国建筑法》（2019年版）、《建设工程质量管理条例》（2019年版）以及有关规定，确保建设项目建筑工程质量达到《建筑工程施工质量验收统一标准》GB 50300—2013的要求，验收合格并交付使用依据如下。

1.建设工程相关的法律、法规、管理标准和技术标准；

2.施工合同；

3.施工质量验收标准和验收规范。

（二）施工阶段质量验收的内容

按照"施工质量样板化、技术交底可视化、操作过程规范化"的要求，从建筑材料、构配件和设备进场质量控制、施工工序控制及质量验收控制的全过程，对影响结构安全和主要使用功能的分部、分项工程和关键工序做法及管理要求等做出相应规定。根据《建筑工程施工质量验收统一标准》GB 50300—2013规定验收是指建设工程质量在承包人自行检查合格的基础上，由工程质量验收责任方组织，工程建设相关单位参加，对检验批、分项、分部、单位工程及其隐蔽工程的质量进行抽样检查，对技术文件进行审核，并根据设计文件和相关标准以书面的形式对工程质量是否达到合格做出确认。

根据《建筑工程施工质量验收统一标准》GB 50300—2013的规定，建设项目检验批和分项工程是质量验收的基本单元，分部工程是在所含全部分项工程验收的基础上进行验收的，在施工过程中随完工随验收，并留下完整的质量验收记录和资料；单位工程作为具有独立使用功能的完整的建筑产品，进行竣工质量验收。

施工过程的质量验收包括以下验收环节，通过验收后留下完整的质量验收记录和资料，为工程项目竣工质量验收提供依据。

1.检验批质量验收

检验批是工程验收的最小单位，是分项工程乃至整个建筑工程质量验收的基础。检验批应由全过程工程咨询单位的专业咨询工程师（监理）组织承包人项目专业质量检查员、专业工长等进行验收。

检验批质量验收合格应符合下列规定。

（1）主控项目的质量经抽样检验均应合格；

（2）一般项目的质量经抽样检验合格；

（3）具有完整的施工操作依据、质量验收记录。

主控项目是指建筑工程中对安全、节能、环境保护和主要使用功能起决定性作用的检验项目。主控项目的验收必须从严要求，不允许有不符合要求的检验结果，主控项目的检查具有否决权。除主控项目以外的检验项目称为一般项目。

2.分项工程质量验收

分项工程的质量验收是在检验批验收的基础上进行的。分项工程应由全过程工程咨询单位的专业咨询工程师（监理）组织承包人项目专业技术负责人等进行验收。

分项工程质量验收合格应符合下列规定。

（1）含检验批的质量均应验收合格；

（2）所含检验批的质量验收记录应完整。

3.分部工程质量验收

分部工程的质量验收在其所含各分项工程验收的基础上进行。

分部工程应由全过程工程咨询单位组织承包人项目负责人和项目技术负责人等进行验收；全过程工程咨询单位的专业咨询工程师（勘察、设计）和承包人技术、质量部门负责人应参加地基和基础分部工程验收；全过程工程咨询单位的专业咨询工程师（设计）和承包人技术、质量部门负责人应参加主体结构、节能分部工程验收。

分部工程质量验收合格应符合下列规定。

（1）所含分项工程的质量均应验收合格；

（2）质量控制资料应完整；

（3）有关安全、节能、环境保护和主要使用功能的抽样检验结果应符合相应规定；

（4）观感质量应符合要求。

4.单位工程质量验收

单位工程质量验收合格应符合下列规定：

（1）所含分部工程的质量均应验收合格；

（2）质量控制资料应完整；

（3）所含分部工程中有关安全、节能、环境保护和主要使用功能的检验资料应完整；

（4）主要使用功能的抽查结果应符合相关专业验收规范的规定；

（5）观感质量应符合要求。

单位工程完工后，承包人应组织有关人员进行自检。全过程工程咨询单位应组织各专业咨询工程师对工程质量进行竣工预验收。存在施工质量问题时，应由承包人及时整改。整改完毕后，由承包人向投资人提交工程竣工报告，申请工程竣工验收。

（三）施工阶段质量验收的工作流程

施工质量验收是对已完成工程实体的内在质量和外观质量按规定程序检查后，确认其是否符合设计及各项验收标准的要求，这是可交付使用的重要环节。按照施工验收的检查、处置、验收、再检查、验收的循环方式进行，保证项目质量的目标。其验收工作流程见图5-9。

1.施工过程中，隐蔽工程在隐蔽前承包人首先进行自检，合格后通知全过程工程咨询单位进行验收，并形成验收文件；分部分项工程完成后，承包人首先进行自检，合格后通知全过程工程咨询单位进行验收，重要的分部分项工程应请全过程工程咨询单位的专业咨询工程师（设计）参加验收；单位工程完成后，承包人、全过程工程咨询单位的专业咨询工程师（监理）应自行组织初验、评定，符合验收标准的规定后，向投资人提交验收申请。

2.全过程工程咨询单位收到验收申请后，应组织各专业咨询工程师和承包人进行单位工程验收，明确验收结果，并形成验收报告。

3.按国家现行管理制度，房屋建筑工程及市政基础设施工程验收合格后，尚需在规定的时间内，将验收文件报政府管理部门备案。分部分项施工验收工作流程如图5-9所示。

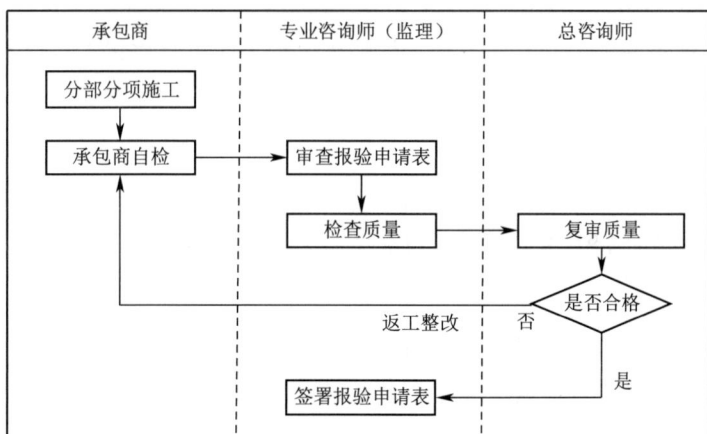

图5-9　分部分项施工验收工作流程图

（四）注意事项

1.规范验收程序，明确参与主体；

2.验收环节中合理选择抽检、检验方法；

3.规范验收文件；

4.施工过程质量验收不合格，应按相关规定和要求整改，整改后仍不符合要求的，不予验收。

第四节　施工阶段进度控制

建设项目进度控制是指工程项目在建设过程中，为了在施工合同约定的工期内完成工程项目建设任务而开展的全部管理活动的总称，它包括进度计划的跟踪与检查、进度计划控制以及进度计划调整等一系列工作。

一、进度计划跟踪与检查

（一）进度计划跟踪与检查的依据

1.施工合同；

2.总进度控制性计划和各项作业进度计划；

3.施工现场进度统计表情况；

4.相关资源供应、消耗资料、资金支付报表；

5.全过程工程咨询单位的知识体系和经验。

（二）进度计划跟踪与检查的内容

全过程工程咨询单位的专业咨询工程师（监理）应审查承包人报审的施工总进度计划和阶段性施工进度计划，提出审查意见，并应由总咨询师审核后报投资人。

1.施工进度计划审查

（1）施工进度计划应符合施工合同中工期的约定；

（2）施工进度计划中主要工程项目无遗漏，应满足分批投入试运、分批动用的需要，阶段性施工；

（3）进度计划应满足总进度控制目标的要求；

（4）施工顺序的安排应符合施工工艺要求；

（5）施工人员、工程材料、施工机械等资源供应计划应满足施工进度计划的需要；

（6）施工进度计划应符合投资人提供的资金、施工图纸、施工场地、物资等施工条件。

2.施工进度计划跟踪

专业咨询工程师（监理）应检查施工进度计划的实施情况，发现实际进度严重滞后于计划进度且影响合同工期时，应签发监理通知单，要求承包人采取调整措施加快施工进度。总咨询师应向投资人报告工期延误风险。专业咨询工程师（监理）应预测实际进度对工程总工期的影响，在监理月报中向投资人报告工程实际进展情况。

在项目实施过程中，全过程工程咨询单位应组织、督促进度控制人员定期跟踪检查施工实际进度情况。

（三）进度计划跟踪与检查的工作流程

全过程工程咨询单位在进行项目进度计划检查的工作流程如图5-10所示。

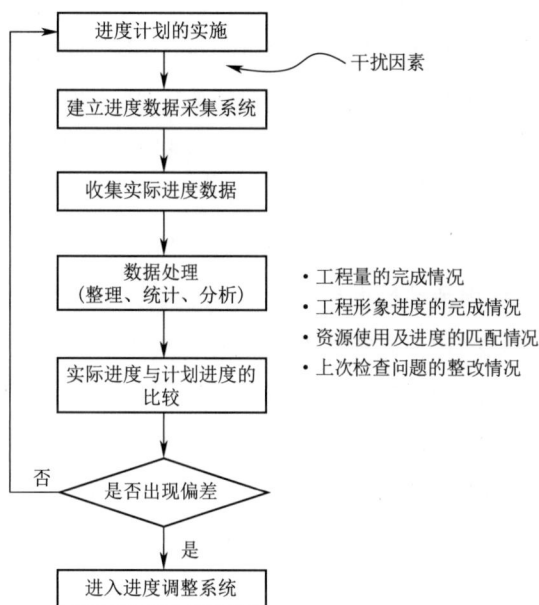

图 5-10　建设项目进度计划检查系统流程图

（四）注意事项

全过程工程咨询单位在进行项目进度计划检查过程中，需注意以下3个方面。

1.全过程工程咨询单位在进行进度检查过程中，需定期与承包人召开会议讨论工程工作进度，并应提交工程进度跟踪报告。

2.全过程工程咨询单位在进度检查时，若出现进度问题，应及时找出原因，分析对策并提出解决方案。

3.全过程工程咨询单位应定期提交进度检查报告，包括工程进度现状、进度分析、计划修改、进度更新、出现的问题及相关问题下阶段的预测处理等。

二、施工阶段进度计划控制

（一）施工阶段进度计划控制的依据

施工阶段进度计划控制的依据包括以下内容。

1.施工合同；

2.施工总进度计划；

3.施工现场进度统计表情况；

4.相关资源供应、消耗资料、资金支付报表；

5.全过程工程咨询单位的知识体系和经验。

（二）施工阶段进度控制的内容

建设工程总进度目标是指整个项目的进度目标，它是在项目决策阶段项目定义时确定的，工程进度控制的依据是项目决策阶段所确定的工期以及建设工程施工合同所约定的工期目标。在确保工程质量和安全并符合控制工程造价的原则下控制进度，应采用动态的控制方法，对工程进度进行主动控制。

全过程工程咨询单位的进度控制过程应符合下列规定。

1.将关键线路上的各项活动过程和主要影响因素作为项目进度控制的重点；

2.对项目进度有影响的相关方的活动进行跟踪协调。

为了完成施工阶段进度控制工作，项目全过程工程咨询单位的专业咨询工程师（监理）需要做好以下工作。

（1）完善建设工程控制性进度计划；

（2）审查承包人提交的施工进度计划；

（3）协助投资人编制和实施由投资人负责供应的材料与设备供应计划；

（4）组织进度协调计划，协调各方关系；

（5）跟踪检查实际施工进度；

（6）研究制订预防工期索赔的措施，做好工期延期审批工作等。

（三）施工阶段进度控制的工作流程

项目施工阶段进度控制工作流程如图5-11所示。

（四）注意事项

1.专业咨询工程师（监理）审查阶段性施工进度计划时，应注重阶段性施工进度计划与总进度计划目标的一致性；

2.注意将关键线路上的各项活动过程和主要影响因素作为项目进度控制的重点；

3.注意对项目进度有影响的相关方的活动进行跟踪协调。

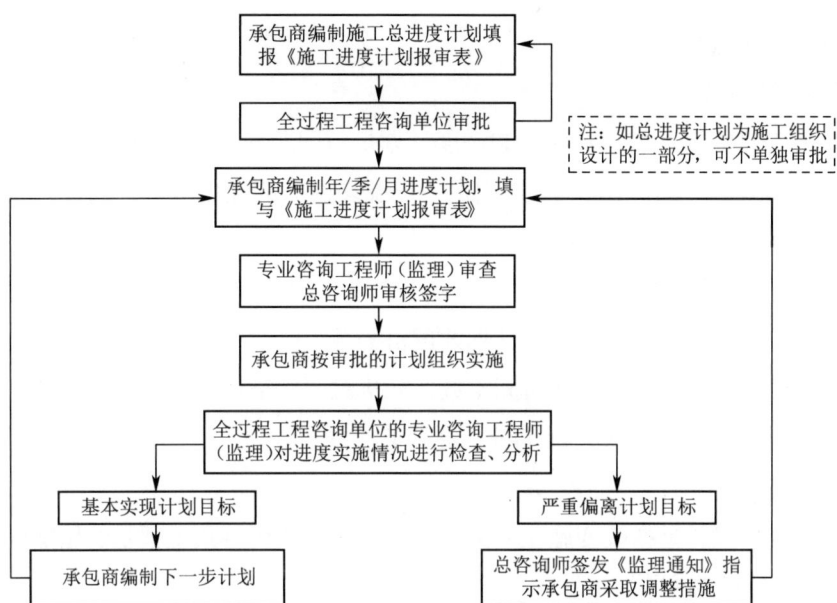

图 5-11　进度控制流程图

三、项目进度计划的调整

（一）项目进度计划调整的依据

全过程工程咨询单位在进行进度计划的调整时，通常依据以下内容。

1.施工进度计划检查报告；

2.施工组织设计方案；

3.项目进度总控制计划；

4.项目变更的请求；

5.全过程工程咨询单位的知识体系和经验。

（二）项目进度计划调整的内容

全过程工程咨询单位对施工进度计划的调整主要依据施工进度计划检查的结果，在进度计划执行发生偏离的时候，通过调整并充分利用施工的时间和空间进行合理交叉衔接，并编制调整后的施工进度计划，以保证施工总目标的实现。

全过程工程咨询单位对项目进度计划调整的方法主要如下。

1.缩短某些工作的持续时间

2.改变某些工作之间的逻辑关系

当工程项目实施中产生的进度偏差影响到总工期，且有关工作的逻辑关系允许改变时，可以改变关键线路和超过计划工期的非关键线路上有关工作之间的逻辑关系，达到缩短工期的目的。

3.资源供应的调整

对于因资源供应发生异常而引起进度计划执行问题，应采用资源优化方法（"资源有限，工期最短"的优化、"工期固定，资源均衡"的优化）对计划进行调整，或采取应急措施，使其对工期影响最小。

4.增减施工内容

增减施工内容应做到不打乱原计划的逻辑关系，只对局部逻辑关系进行调整，在增减施工内容以后，应重新计算时间参数，分析对原网络计划的影响。当对工期有影响时，应采取调整措施，保证原计划工期不变。

5.增减工程量

增减工程量主要是指改变施工方案、施工方法，从而导致工程量的增加或减少。

6.起止时间的改变

全过程工程咨询单位在对施工进度计划的调整过程中，还需要对进度偏差的影响进行分析，通过实际进度与计划进度的比较，分析偏差对后续工作及总工期的影响。进度偏差的大小及其所处的位置不同，对后续工作和总工期的影响程度不同，分析时需要利用网络计划中的工作总时差和自由时差进行判断。经过分析，全过程工程咨询单位可以确认应调整产生进度偏差的工作和调整偏差值的大小，以便确定采取调整的新措施，获得新的符合实际进度情况和计划目标的进度计划。

（三）项目进度计划调整的工作流程

全过程工程咨询单位进行项目进度计划调整的工作流程如图5-12所示。

（四）注意事项

1.修正后的施工进度是否满足合同约定的工期要求，是否满足项目总体进度要求。

2.进度计划中的关键线路并非固定不变，它会随着工程进展和情况的变化而转移，所以全过程工程咨询单位应以审核后的施工进度计划（不断调整后）为依据对施工进度计划进行调整。

3.调整后的施工进度计划必须符合

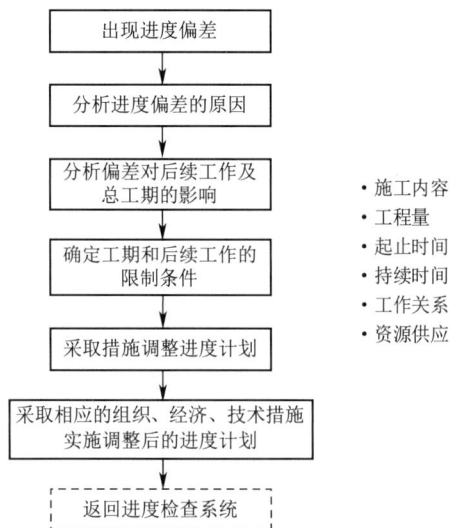

图5-12　建设项目进度计划调整系统流程图

现场的实际情况，因此要对重点调整的计划各类有关细节进行详细说明，并及时向投资人提供调整后的详细报告。

4.注意工期延误、工程暂停及复工处理。

第五节　施工阶段造价控制

一、工程计量及工程价款的支付管理

（一）工程计量及工程价款支付管理的依据

全过程工程咨询单位在对工程计量与工程价款支付的管理中，主要体现对工程计量与工程进度款的审核，主要依据如下。

1.《中华人民共和国招标投标法》（2017年版）以及其他国家、行业和地方政府的现行有关规定；

2.《建设工程工程量清单计价规范》GB 50500—2013；

3.《建设项目全过程造价咨询规程》CECA/GC 4—2017；

4.承发包双方签订的施工合同；

5.工程施工图纸；

6.施工过程中的签证、变更费用洽商单和索赔报告等；

7.监理单位核准的工程形象进度确认单；

8.已核准的工程变更令及修订的工程量清单等；

9.监理单位核准的签认付款证书。

（二）工程计量及工程价款支付管理的内容

工程计量是向施工单位支付工程款的前提和凭证，是约束施工单位履行施工合同义务，强化施工单位合同意识的手段。在项目管理过程中，全过程工程咨询单位应充分发挥监理单位及造价部门在工程计量及工程款（进度款）支付管理中的作用，应从以下3方面严格审查对工程进度进行付款。

（1）必须完成合同约定的达到付款节点；

（2）已完工程项目达到合同约定的质量；

（3）造价部分对已完工程进行造价审核。

1.全过程工程咨询单位或其专业咨询工程师（造价）职责

（1）根据工程施工或采购合同中有关工程计量周期及合同价款支付节点的约定，审核工程计量报告与合同价款支付申请，编制《工程计量与支付表》《工程预付款支

付申请核准表》及《工程进度款支付申请核准表》。

（2）应对承包人提交的工程计量结果进行审核，根据合同约定确定本期应付合同价款金额；对于投资人提供的甲供材料（设备）金额，应按照合同约定列入本期应扣减的金额中，并向投资人提交合同价款支付审核意见。

（3）工程造价咨询单位应对所咨询的项目建立工程款支付台账，编制合同价与费用支付情况表（建安工程）/（工程建设其他费用）。工程款支付台账应按施工合同分类建立，其内容应包括：当前累计已付工程款金额、当前累计已付工程款比例、未付工程合同价余额、未付工程合同价比例、预计剩余工程用款金额、预计工程总用款与合同价的差值、产生较大或重大偏差的原因分析等。

工程造价咨询单位向投资人提交的工程款支付审核意见，应包括下列主要内容。

1）工程合同总价款；

2）期初累计已完成的合同价款及其占总价款比例；

3）期末累计已实际支付的合同价款及其占总价款比例；

4）本期合计完成的合同价款及其占总价款比例；

5）本期合计应扣减的金额及其占总价款比例；

6）本期实际应支付的合同价款及其占总价款比例；

7）其他说明及建议。

2.全过程工程咨询单位或专业咨询工程师（监理）职责

（1）对工程款支付进行把关审核，应重点审核进度款支付申请中所涉及增减工程变更金额和增减索赔金额，这是控制工程计量与进度款支付的关键环节。

（2）审核是否有超报、虚报及质量不合格的项目，将审定的完成工程投资进度款录入台账。

1）工程量计量

①当建设工程施工合同无约定时，工程量计量宜每周期计量一次，根据专业监理工程师签认的已完工程，审核签署施工单位报送的《工程款支付报审表》；

②对某些特定的分项、分部工程的计量方法，可由项目监理机构、投资人和施工单位根据合同约定协商确定；

③对一些不可预见的工程量，如地基基础处理、地下不明障碍物处理等，项目监理机构应会同投资人、施工单位等相关单位按实际工程量进行计量，并留存影像资料。

2）审核工程款支付

工程预付款支付：施工单位填写《工程款支付报审表》，报全过程工程咨询单位或专业咨询工程师（监理）。专业监理工程师提出审查意见，总监理工程师审核是否符合建设工程施工合同的约定，并签署《工程款支付证书》。

工程进度款支付：施工单位填写《工程款支付报审表》，报项目监理单位。专业监理工程师应依据工程量清单对施工单位申报的工程量和支付金额进行复核，确定实际完成的工程量及应支付的金额。总监理工程师对专业监理工程师的审查意见进行审核，签认《工程款支付证书》后报投资人审批。

变更款和索赔款支付：施工单位按合同约定填报《工程变更费用报审表》和《费用索赔报审表》，报项目监理单位，项目监理单位应依据建设工程施工合同约定对施工单位申报的工程变更的工程量、变更费用以及索赔事实、索赔费用进行复核，总监理工程师签署审核意见，签认后报投资人审批。

竣工结算款支付：专业监理工程师应对施工单位提交的竣工结算资料进行审查，提出审查意见，总监理工程师对专业监理工程师的审查意见进行审核，根据各方协商一致的结论，签发竣工结算《工程款支付证书》。

（三）工程计量及工程价款支付管理的工作流程

全过程工程咨询单位监理部门应按下列流程进行工程计量和付款签证。

1.监理部门专业监理工程师对施工单位在《工程款支付报审表》中提交的工程量和支付金额进行复核，确定实际完成的工程量，提出到期应支付给施工单位的金额，并提出相应的支持性材料。

2.监理部门总监理工程师对专业监理工程师的审查意见进行审核，签认后报投资人审批。

3.总监理工程师根据投资人的审批意见，向施工单位签发工程款支付证书。在施工过程中，工程计量与进度款支付是控制工程投资的重要环节。工程款的支付流程如图5-13所示。

全过程工程咨询单位应按工程进度款审签流程进行审核，如图5-14所示。

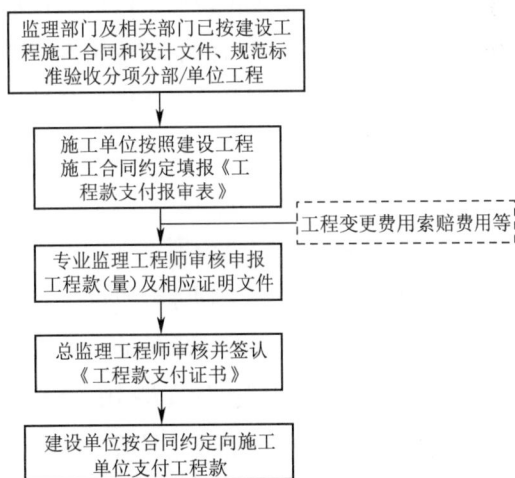

图5-13 工程款支付基本流程图

工程计量与进度款支付为控制工程投资的重要环节。为了更好地控制投资，全过程工程咨询单位应保证工程计量与进度款支付的工作质量。在进行工程计量与进度款支付审核时，应重点对工程计量和进度款支付申请进行控制。

1.全过程工程咨询单位在审核承包单位提交的工程计量报告时应重点审核内容

（1）审核计量项目

审核计量项目就是审核项目是否属该计量项目的范围，以免重复计量。如投标报价按招标工程量清单漏项的项目或其特征描述已包含在其他报价中的项目，则均不属于该计量项目的范围。

（2）审核计量计算规则

全过程工程咨询单位应熟练掌握计量的计算规则，审核是否按计量规则计算工程量。

（3）审核计量数据

全过程工程咨询单位审核的计量数据，就是
对其几何尺寸及数量等原始数据，对照设计图纸或实地丈量进行审核，做到每一个数据准确无误。

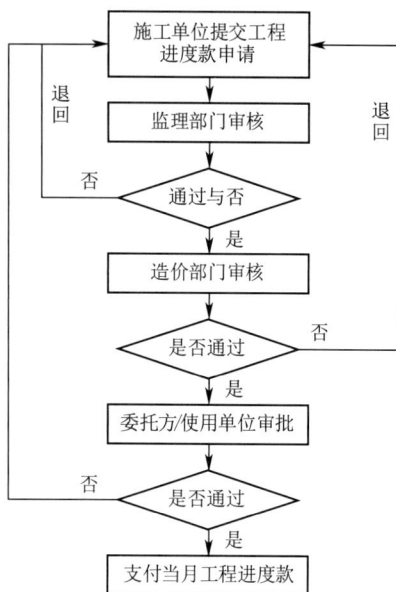

图 5-14　工程进度款审签流程图

（4）全面审核

全过程工程咨询单位或专业咨询工程师（监理）对计量资料应进行全面的检查和审核。内容包括：质量检测、试验结果、中间交验证书和各类计量资料及其结果，重点审查计量项目是否符合计量条件，全过程工程咨询单位审核后签认工程计量。

2.工程进度款支付申请的审核

全过程工程咨询单位审核承包单位提交的进度款支付申请是进度款支付流程中的重点，审核内容包括以下内容：

（1）审核分部分项工程综合单价

审核分部分项工程综合单价的正确性。对于施工过程中未发生变化的分部分项工程，其综合单价应按照投标文件中的综合单价计取；施工过程中因政策、物价波动，工程量清单内容多项、错项、漏项，设计变更，工程量增减等原因引起的综合单价发生变化的分部分项工程，其综合单价要严格按照合同约定的调整方法进行调整，并且需经过发承包双方的确认，避免承包单位出现高报、重报的现象。

（2）审核形象进度或分阶段工程量

对于签订总价合同的工程或作为总价子目支付的单项工程，全过程工程咨询单位应审核每一支付周期内承包单位实际完成的工程量，对照在合同专用条款中约定的合同总价支付分解表所表示的阶段性或分项计量的支持性资料，以及所达到工程形象目标或分阶段需完成的工程量和有关资料进行审核，达到支付分解表要求的支付进度款，未达到要求的不应支付进度款。

（3）审核进度款支付比例

审核进度款支付的比例，应严格按照合同约定，既不能向承包单位多付进度款，又要保证承包单位的资金周转，避免因资金不到位而影响工程进度。

（4）审核计日工金额

审核计日工的数量，依据现场签证或变更报价单上双方确认的计日工的数量，按照投标文件中计日工的综合单价计算本支付周期内应支付的计日工金额。

（5）审核应抵扣的预付款

应严格按照合同约定的办法计算应抵扣预付款的具体金额。

（6）审核工程变更金额

对已确认的工程变更，凡涉及工程造价变化的，在监理单位或造价部门审核的基础上由全过程工程咨询单位审核工程变更的流程是否符合要求，变更的理由是否充分，变更的金额是否准确。

（7）审核工程签证金额

对已确认的工程签证，在监理单位或造价咨询单位审核的基础上由投资人审核签证主体是否合法、审核签证形式是否有效、审核签证内容是否真实合理、审核签证流程及时间是否符合合同约定、审核签证的金额是否准确。

（8）审核工程索赔金额

对工程索赔报告的真实性进行审核，重点审核索赔的流程和相关辅助资料的合理性，对费用索赔的计算过程、计算方法及计算结果的准确性进行审核，注重审核索赔费用组成的合理性。

3.工程款支付审批管理

（1）根据项目施工用款总计划，结合造价管理中的动态控制对项目趋势进行分析，编制项目施工用款年度、季度、月度付款计划。经投资人批准的月度投资用款计划是审核工程款支付的依据。

（2）按照合同约定的工程预付款、工程进度款等付款规定条件，审核施工单位的相关款项支付申请报告。

（3）如因施工项目的特殊情况，如暂时性资金紧张、工程进度滞后等情况，导致工程实际付款与计划付款严重不符时，经投资人同意，并与相关各方进行相应的协调工作后调整项目投资用款计划。

（4）造价管理人员负责资金支付的管理，建立工程款付款台账，填写合同付款登记表，留存付款申请表原件等，保证支付账目管理有据清晰。

（5）定期对工程现场实际施工情况与工程款支付的情况进行对比，工程进度款与完成的工程量挂钩，对实际款项发生值与计划控制值进行分析、比较，运用合同和支付等手段确保投资款的合理使用，并控制在预定目标内。

（6）工程竣工结算前，注意付款的截止比例，以免超付。

（四）注意事项

1.为防止施工招标的工程量清单准确性不够，出现多算、漏算等现象，提高投资控制精度，待施工合同签订后，全过程工程咨询单位应及时组织施工单位对招标的工程量清单予以复核。

2.施工过程中产生的索赔，索赔成立后根据合同约定可在进度款中同期支付；

3.暂估价格与实际价格的差额根据合同约定可在进度款中同期支付。

二、工程变更及现场签证的管理

全过程工程咨询单位或专业咨询工程师（造价）应在工程变更和工程签证确认前，对其可能引起的费用变化提出建议，并根据施工合同的约定对有效的工程变更和工程签证进行审核，计算工程变更和工程签证引起的造价变化，并计入当期工程造价。造价部门对工程变更、工程签证认为签署不明或有异议时，可要求施工单位、投资人或监理单位予以澄清。

（一）工程变更管理

1.工程变更管理的依据

工程变更是施工阶段费用增减的主要途径，全过程工程咨询单位必须重视工程变更管理，主要依据如下。

（1）国家、行业、地方有关技术标准和质量验收规范及规定等；

（2）《建设工程工程量清单计价规范》GB 50500—2013；

（3）《建设项目全过程造价咨询规程》CECA/GC 4—2017；

（4）承发包施工合同；

（5）施工图纸；

（6）人工、材料、机械台班的信息价以及市场价格；

（7）变更通知书及变更指示；

（8）计量签证。

2.工程变更管理的内容

在建设项目施工过程中，由于各种原因，经常出现工程变更和合同争执等许多问题。这些问题的产生，一方面是由于勘察设计疏漏，导致在施工过程中发现设计没有考虑或考虑不周的施工项目，不得不补充设计或变更设计；投资人方案调整、施工单位方案优化。另一方面是由于发生不可预见的事故，如自然或社会原因引起的停工和工期拖延等。

由于工程变更所引起的工程量变化、施工单位索赔等，都有可能使建设项目投资超出投资控制目标，全过程工程咨询单位必须重视工程变更及其价款的管理。

建设项目工程变更管理主要对工程变更资料的审查，审查的重点包括审查变更理由的充分性、变更流程的正确性、变更估价的准确性。对于施工单位或监理单位提出的工程变更，若在建设项目合同授权范围内且不影响使用功能的情况下，需经投资人和全过程工程咨询单位同意，所有工程变更经设计部门同意后，由监理单位发出。

全过程工程咨询单位在进行工程变更管理过程中，建立严格的审批制度和审批流程，防止任意提高设计标准，改变工程规模，增加工程投资，切实把投资控制在控制目标范围内。

3.工程变更管理的流程

（1）全过程工程咨询单位或其专业咨询工程师（造价）对工程变更和工程签证的审核应遵循以下原则。

1）审核工程变更和工程签证的必要性和合理性；

2）审核工程变更和工程签证方案的合法性、合规性、有效性、可行性和经济性。

（2）工程变更价款确定的原则如下。

1）合同中已有适用于变更工程的价格，按合同已有的价格计算、变更合同价款。

2）合同中有类似于变更工程的价格，可参照类似价格变更合同价款。

3）合同中没有适用或类似于变更工程的价格，全过程工程咨询单位或专业咨询工程师（监理）应与投资人、施工单位就工程变更价款进行充分协商达成一致；如双方不能达成一致，由总监理工程师按照成本加利润的原则确定工程变更的合理单价或价款，如有异议，按施工合同约定的争议流程处理。

工程变更对工程项目建设产生极大影响，全过程工程咨询单位应从工程变更的提出到工程变更的完成，再到支付施工承包商工程价款，对整个过程的工程变更进行管理。其中设计变更工作流程以及工程变更管理的流程如图5-15、图5-16所示。

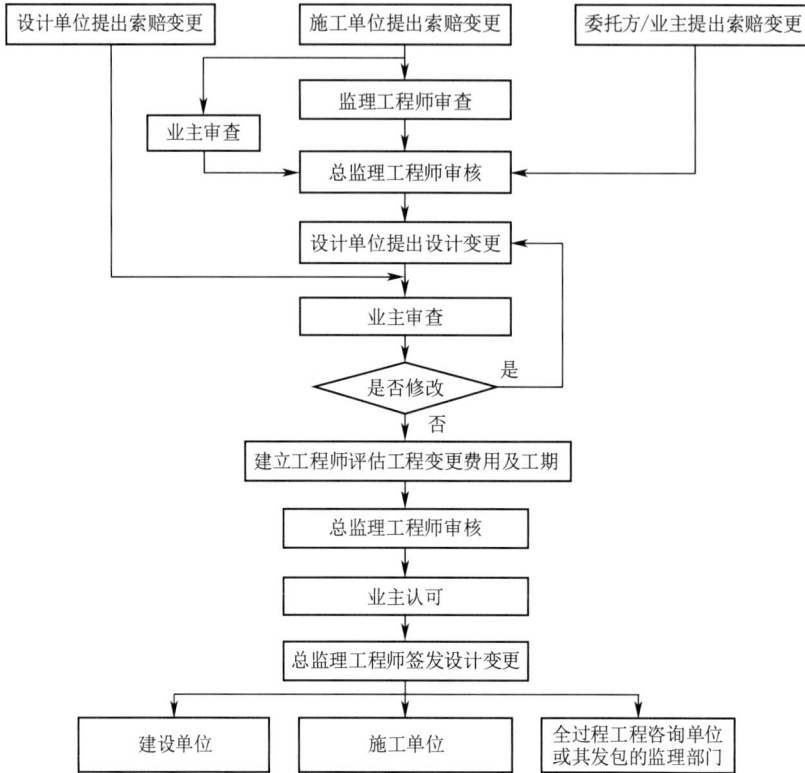

图 5-15　设计变更工作流程图

全过程工程咨询单位进行工程变更管理的主要工作如下。

（1）审查变更理由的充分性

全过程工程咨询单位对施工单位提出的变更，应严格审查变更的理由是否充分，防止施工单位利用变更增加工程造价，减少自己应承担的风险和责任。区分施工方提出的变更是技术变更，还是经济变更，对其提出合理降低工程造价的变更应积极支持。

全过程工程咨询单位对设计部门提出的设计变更应进行调查、分析，如果属于设计粗糙、错误等原因造成的，根据合同追究设计责任。

全过程工程咨询单位对于投资人提出的设计变更，若因不能满足使用功能或在投资可能的前提下提高设计标准经分析可以变更。

（2）审查变更流程的正确性

全过程工程咨询单位审查承包单位提出变更流程的正确性，应按照双方签订合同对变更流程的要求进行审查。如果合同中没有规定，则根据《建设工程价款结算暂行办法》（2022年版）中的规定，在审查过程中主要应注意以下四个关键环节。

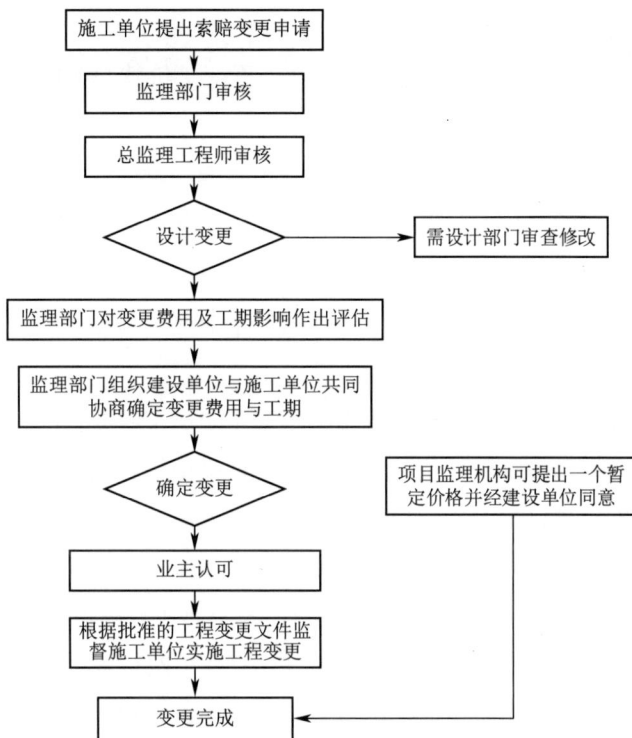

图 5-16　工程变更管理流程图

1）施工中发生工程变更，承包单位按照经投资人认可的变更设计文件，进行变更施工，其中，政府投资项目重大变更，需按基本建设流程报批后方可施工。

2）在工程设计变更确定后14天内，设计变更涉及合同价款调整的，由承包单位向投资人提出，经投资人审核同意后调整合同价款。

3）工程设计变更确定后14天内，如承包单位未提出变更工程价款报告，则投资人可根据所掌握的资料决定是否调整合同价款和调整的具体金额。重大工程变更涉及工程价款变更报告和确认的时限由双方协商确定。

4）收到变更工程价款报告一方，应在收到之日起14天内予以确认或提出协商意见，自变更工程价款报告送达之日起14天内，对方未确认也未提出协商意见的，视为变更工程价款报告已被确认。

（3）审查变更估价的准确性

在工程变更管理过程中，全过程工程咨询单位对工程变更估价的处理应遵循以下原则。

1）工程变更计量应按合同约定方法计算工程变更增减工程量，合同未约定的按

国家和地方现行的工程量计算规则计算;

2)工程变更计价应按合同约定条款计算工程变更价款,合同未约定的,可按下列原则计价。

①已标价工程量清单中有适用于变更工程项目的,采用该项目的单价;但当工程变更导致该清单项目的工程数量发生变化,且工程量偏差超过15%,此时,该项目单价应按照工程量偏差的相关规定调整。

②已标价工程量清单中没有适用、但有类似于变更工程项目的,可在合理范围内参照类似项目的单价。

③已标价工程量清单中没有适用也没有类似于变更工程项目的,由承包人根据变更工程资料、计量规则和计价办法、工程造价管理机构发布的信息价格和承包人报价浮动率提出变更工程项目的单价,报投资人确认后调整。承包人报价浮动率可按下列公式计算。

招标工程;承包人报价浮动率$L=$(1-中标价/最高投标限价)$\times 100\%$

非招标工程;承包人报价浮动率$L=$(1-报价/施工图预算)$\times 100\%$

④已标价工程量清单中没有适用也没有类似于变更工程项目,且工程造价管理机构发布的信息价格缺价的,由承包人根据变更工程资料、计量规则、计价办法和通过市场调查等取得有合法依据的市场价格提出变更工程项目的单价,报投资人确认后调整。

3)合同中另有约定的,按约定执行。

对于建设项目,按照一般规定在合同中没有适用或类似于变更的价格由施工单位提出适当的变更价格,经监理单位确认后执行。全过程工程咨询单位为了有效控制投资,在施工合同专用条款中对上述条款进行修改,对合同没有适用或类似于变更的工程价格由施工单位提出适当的变更价格,经监理单位审核后,报造价部门进行审核,必要时报投资人审批。若施工单位对全过程工程咨询单位最后确认的价格有异议,而又无法套用或无法参考相关定额的,由全过程工程咨询单位或专业咨询工程师(监理)和施工单位共同进行市场调研,力争达成共识。对涉及金额较大的项目,由全过程工程咨询单位中(监理单位和造价部门)同施工单位等相关方共同编制补充定额,报造价部门审批,确定变更工程价款。

(4)提出审核意见、签认变更报价书

1)全过程工程咨询单位审查同意承包商的要求,若投资人授权全过程工程咨询单位,则可以直接签认;若投资人未授权,则需报投资人签认。

2）全过程工程咨询单位审查未同意承包商的要求，则需要注明变更报价书上的错误、未同意的原因、提出的变更价款调整方案，并抄送监理单位审阅。

4. 注意事项

（1）因不能满足项目使用功能或施工技术要求的需要，则必须进行变更；

（2）在满足项目使用功能及施工技术要求的前提下，尽管变更理由充分，若总投资不可控，则全过程工程咨询单位仍不能同意变更；

（3）若经相关单位审核同意变更，则应按变更流程确定变更项目综合单价；

（4）严格执行应当拒绝的现场工程变更、签证；

现场工程变更、签证是施工阶段费用增加的主要途径，必须重视现场工程变更、签证的管理，严格设计现场工程变更、签证的审批流程，建立现场变更、签证台账制度，每月进行统计分析，并加强现场签证的预防工作，将现场工程变更签证控制在合理的范围内。

下列情形的工作内容不予办理工程变更或现场签证。

1）招标文件规定应由施工单位自行承担的；

2）施工合同约定或已包括在合同价款内应由施工单位自行承担的；

3）施工单位在投标文件中承诺自行承担的或投标时应预见的风险；

4）由施工单位责任造成的工程量增加；

5）法律、法规、规章规定不能办理的。

（5）严格执行现场工程变更、签证事项。

现场变更签证应明确根据《建设工程工程量清单计价规范》GB 50500—2013相关规定和要求，对不符合相关规定和要求的应当拒签。

1）严格界定工程变更的定义。工程变更是指"合同工程实施过程中由投资人提出或由承包人提出经投资人批准的合同工程的任何一项工作的增、减、取消或施工工艺、顺序、时间的改变；设计图纸的修改；施工条件的改变；招标工程量清单的错、漏从而引起的合同条件的改变或工程类的增减变化"除此之外的情形不属于工程变更的范围。

2）严格签证内容要求的条件。需要签证的内容尽可能出具正式图纸，如不能实现出具相关图纸或对图纸不能体现的地方，必须在施工前各方人员现场确认工程量。避免在签证中签认单价或总价。如必须签认价格，应在签证中注明是否为全费用价格，不得写入"……列入直接费。"

3）签证应注意时效性。办理签证必须在签证单中注明发生时间，以作为在结算时准确判定调整价差的依据。

（二）现场工程签证管理

1.现场工程签证管理的依据

全过程工程咨询单位在进行现场签证管理，主要依据如下。

（1）国家、行业和地方政府的有关规定；

（2）承发包合同；

（3）现场地质相关资料；

（4）现场变化相关依据；

（5）计量签证；

（6）工作联系单、会议纪要等资料。

2.现场工程签证管理的内容

现场工程签证是指在施工现场由全过程工程咨询单位和施工单位共同签署的，必要时需投资人签认，用以证实在施工过程中已发生的某些特殊情况的一种书面证明材料。现场签证的管理必须坚持"先签证、后施工"的原则。

现场工程签证主要涉及工程技术、工程隐蔽、工程经济、工程进度等方面内容，均会直接或间接地发生现场签证价款从而影响工程造价。工程签证的主要内容如表5-1所示。

表 5-1　工程签证主要内容

签证类型	具体内容
工程技术	1) 施工条件的变化或非承包单位原因所引起工程量的变化； 2) 工程材料替换或代用等； 3) 更改施工措施和技术方案导致工作面过于狭小、作业超过一定高度，采取为保证工程的顺利进行必要措施； 4) 合同约定范围外的，承包单位对投资人供应的设备、材料进行运输、拆装、检验、修复、增加配件等； 5) 投资人借用承包单位的工人进行与工程无关的工作； 6) 施工前障碍物的拆除与迁移及跨越障碍物施工
隐蔽工程	1) 监理人因某种原因未能按时到位，随后要求的剥离检查； 2) 在某工序被下一道工序覆盖前的检验，如基础土石方工程、钢筋绑扎工程
工程经济	1) 非承包单位原因导致的停工、窝工、返工等任何经济损失； 2) 合同价格所包含工作内容以外的项目； 3) 没有正规的施工图纸的建设项目，例如大检修工程、零星维修项目，由承包单位提出一套技术方案，经审批完毕后实施；实施完毕后办理工程签证，依据工程签证办理竣工结算； 4) 合同中约定的可调价差的材料价格

签证类型	具体内容
工程进度	1) 设计变更造成的工期拖延； 2) 非承包单位原因造成分部分项工程拆除或返工； 3) 非施工单位原因停工造成的工期拖延
其他方面	1) 不可预见因素，包括不可预见的地质变化、文物、古迹等； 2) 不可抗力因素

3.现场工程签证管理的流程

结合工程实践，全过程工程咨询单位进行规范化的工程签证流程如图5-17所示。现场工程签证需要以有理、有据、有节为原则，即签证的理由成立、签证的依据完整有效、签证的依据计算正确，且每一步都要得到各行为主体的认可和同意，才能继续下一个流程的进行。

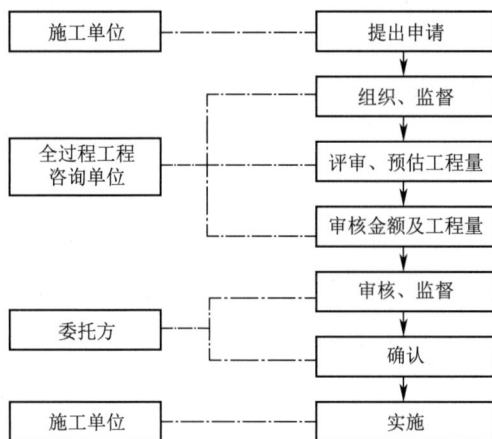

图 5-17　建设项目工程现场签证流程

现场工程签证具体内容具有不确定、无规律的特征，也是施工单位获取额外利润的重要手段。因此做好现场签证管理，是全过程工程咨询单位项目投资控制的一项极其重要的工作，也是影响项目投资控制的关键因素之一。全过程工程咨询单位应要求监理单位和造价部门严格审查现场工程签证，并把好最后的审核关。对于涉及金额较大、签证理由不充足的，全过程工程咨询单位还要征得投资人的同意，实行投资人、全过程工程咨询单位、监理单位、施工单位和造价部门会签制度。全过程工程咨询单位进行现场签证管理主要体现在以下几个方面。

（1）明确现场工程签证内容

施工过程中的签证工作必须符合法律、法规、规章、规范性文件约束下合同对签证的具体约定。全过程工程咨询单位与施工单位对签证中需要明确的内容，可以在施工合同专用条款中重点写明，其涉及的主要内容如下。

在合同中应约定签证的签发原则，哪些内容可以签证，哪些内容不能签证，如果签证则签证的内容有哪些。凡涉及经济费用支出的停工、窝工、用工、机械台班签证等，由现场代表认真核实后签证，并注明原因、背景、时间、部位等。应在施工组织设计中审批的内容，不能做签证处理。例如：临设的布局、挖土方式、钢筋搭接方式等，应在施工组织设计中严格审查，不能随意做工程签证处理。

全过程工程咨询单位应在合同中约定签证的效力。例如，在一个项目施工合同中，要求现场签证必须有总监理工程师签字才能生效，无总监理工程师签字的现场签证是不能作为结算审核和索赔的依据。此外，全过程工程咨询单位与施工单位根据单张签证涉及费用大小的签证权限，建立不同层次的签证制度。涉及金额较小的内容可由全过程工程咨询单位现场代表和监理人共同签字认可；涉及金额较大的内容应由全过程工程咨询单位或监理单位、承包单位双方召开专题会议，形成会议纪要，通过签署补充合同的形式予以确定。

（2）合同约定时间内及时签办

现场签证要在合同约定的时间内及时办理，不应拖延或过后回忆补签。一方面保证签证的效力，另一方面由于工程建设自身的特点，很多工序会被下一道工序覆盖，如基础土方工程；还有的工序会在施工过程中被拆除，如临时设施。另外参加建设的各方人员都有可能变动。因此，全过程工程咨询单位在现场签证中应当做到一次一签，一事一签，及时处理，及时审核。对于一些重大的现场变化，还应该拍照或录像，作为签证的参考证据。

（3）加强签证审查

全过程工程咨询单位对签证的审查主要包括：审查签证主体合法、审查签证形式有效、审查签证内容真实合理、审查签证流程及时间符合合同约定，具体说明如下。

1）签证主体合法

签证主体是施工合同双方在履行合同过程中在签证单上签字的行为人。签证单上的签字人是否有权代表承发包双方签证，直接关系到该签证是否有效，关系到承包方在履行合同过程中所做的签证是否最终能进入工程结算价。因此，审查签证主体必须为合同中明确约定的主体。

2）签证形式有效

工程签证相当于施工合同的补充协议，一般来说应采用书面形式，审查内容应当包括签证的当事人，签证的事实和理由，签证主体的签字以及承发包双方的公章。

3）签证内容真实合理

审查签证内容真实合理，真实性表现在签证内容属实，有些承包单位采取欺骗手段，虚报隐蔽工程量，如虚增道路、场地混凝土的厚度等。另外，建筑材料品种繁多，尤其是装饰材料，从表面看上去相同的材料，其价格却相差很远。合理性表现在签证内容应符合合同约定，签证内容涉及价款调整、工期顺延及经济补偿等内容，应坚持合同原则，严格按照合同约定的计算方法、调整方法等进行相应签证。

4）签证流程及时间符合合同约定

审查应严格遵循合同中约定的签证流程进行签证，未按照时效和流程会导致签证无效。

4.注意事项

（1）现场签证手续办理要及时。在施工过程中，签证发生时应及时办理签证手续，如零星工作、零星用工等。对因施工时间紧迫，不能及时办理签证手续的，事后应及时督促监理单位等相关单位补办签证手续，避免工程结算时发生纠纷。

（2）加强现场工程签证的审核。在现场签证中，施工单位有可能提供与实际情况不符的内容及费用，如多报工程量、提供虚假的签证等。因此，全过程工程咨询单位应首先要求监理单位严格审查，同时把好最后的审核关，避免出现施工单位的签证不实或虚假签证情况的发生。

（3）规范现场工程签证。建立现场工程签证会签制度，明确规定现场工程签证必须由全过程工程咨询单位或专业咨询工程师（监理）、造价部门和施工单位共同签认才能生效，必须经由投资人签认，缺少任何一方的签证均无效，不能作为竣工结算和索赔的依据。在施工过程中，投资人有可能提出增加建设内容或提高建设标准，须经投资人进行签认。因此，在委托合同中应明确其增加的投资由投资人负责。

三、索赔费用的管理

（一）索赔费用管理的依据

全过程工程咨询单位进行索赔费用处理时主要依据如下。

（1）国家和省级或行业建设主管部门有关工程造价、工期的法律、法规、政策文件等；

（2）招标文件、工程合同、经认可的施工组织设计、工程图纸、技术规范等；

（3）工程各项来往的信件、指令、信函、通知、答复等；

（4）工程各项有关的设计交底、变更图纸、变更施工指令等；

（5）工程各项经监理工程师签认的签证及变更通知等；

（6）工程各种会议纪要；

（7）施工进度计划和实际施工进度表；

（8）施工现场工程文件；

（9）工程有关施工部位的照片及录像等；

（10）工程现场气候记录，如有关天气的温度、风力、雨雪等；

（11）建筑材料和设备采购、订货运输使用记录等；

（12）工地交接班记录及市场行情记录等。

（二）索赔费用管理的内容

1.审核造价部门对工程索赔的审核应遵循以下原则。

（1）审核索赔事项的时效性、流程的有效性和相关手续的完整性；

（2）审核索赔理由的真实性和正当性；

（3）审核索赔资料的全面性和完整性；

（4）审核索赔依据的关联性；

（5）审核索赔工期和索赔费用计算的准确性。

2.工程造价部门审核工程索赔费用后，应在签证单上签署意见或出具报告，意见或报告应包括下列主要内容。

（1）索赔事项和要求；

（2）审核范围和依据；

（3）审核引证的相关合同条款；

（4）索赔费用审核计算方法；

（5）索赔费用审核计算细目。

3.全过程工程咨询单位对于施工过程中索赔费用管理，主要包括以下内容。

（1）索赔的预防，做好日常施工记录，为可能发生的索赔提供证据；

（2）索赔费用的处理，包括索赔费用的计算及索赔审批流程。

4.索赔的预防

全过程工程咨询单位通过工程投资计划的分析，找出项目最易突破投资的子项和最易发生费用索赔的因素，考虑风险的转移，制订具体防范对策。例如：在编制招标文件和施工承包合同时，应有索赔的意识，将承包合同不完善而引起的索赔，从而导致工程费用增加。此外，全过程工程咨询单位应严格审查施工单位编制的施工组织设计，对于主要施工技术方案进行全面的技术经济分析，防止在技术方案中出现投资增加的漏洞。

5.索赔费用的处理

全过程工程咨询单位应严格审批索赔流程，组织监理单位进行有效的日常工程管理，切实认真做好工程施工记录，同时注意保存各种文件图纸，为可能发生的索赔处理提供依据。当索赔发生后，要迅速妥善处置。根据收集的工程索赔的相关资料，迅速对索赔事项开展调查，分析索赔原因，审核索赔金额，并征得投资人意见后负责与施工单位据实妥善协商解决。

（三）索赔费用管理的工作流程

1.全过程工程咨询单位或专业咨询工程师（监理）可按下列流程处理施工单位提出的费用索赔。

（1）受理施工单位在施工合同约定的期限内提交的费用索赔意向通知书。

（2）收集与索赔有关的资料。

（3）受理施工单位在施工合同约定的期限内提交的费用索赔报审表。

（4）审查费用索赔报审表。需要施工单位进一步提交详细资料时，应在施工合同约定的期限内发出通知。

（5）与投资人和施工单位协商一致后，在施工合同约定的期限内签发费用索赔报审表，并报投资人。

2.全过程工程咨询单位或专业咨询工程师（监理）批准施工单位费用索赔应同时满足下列条件。

（1）施工单位在施工合同约定的期限内提出费用索赔。

（2）索赔事件是因非施工单位原因造成，且符合施工合同约定。

（3）索赔事件造成施工单位直接经济损失。

3.当施工单位的费用索赔要求与工程延期要求相关联时，全过程工程咨询单位或专业咨询工程师（监理）可提出费用索赔和工程延期的综合处理意见，并应与投资人和施工单位协商。

4.因施工单位原因造成投资人损失，投资人提出索赔时，全过程工程咨询单位应与投资人和施工单位协商处理。

当全过程工程咨询单位未能按合同约定履行自己的各项义务或工作失误，以及应由全过程工程咨询单位承担责任的其他情况，造成施工单位的工期延误和（或）经济损失，按照国家有关规定和施工合同的要求，施工单位可按流程向全过程工程咨询单位进行索赔，其索赔流程如图5-18所示。

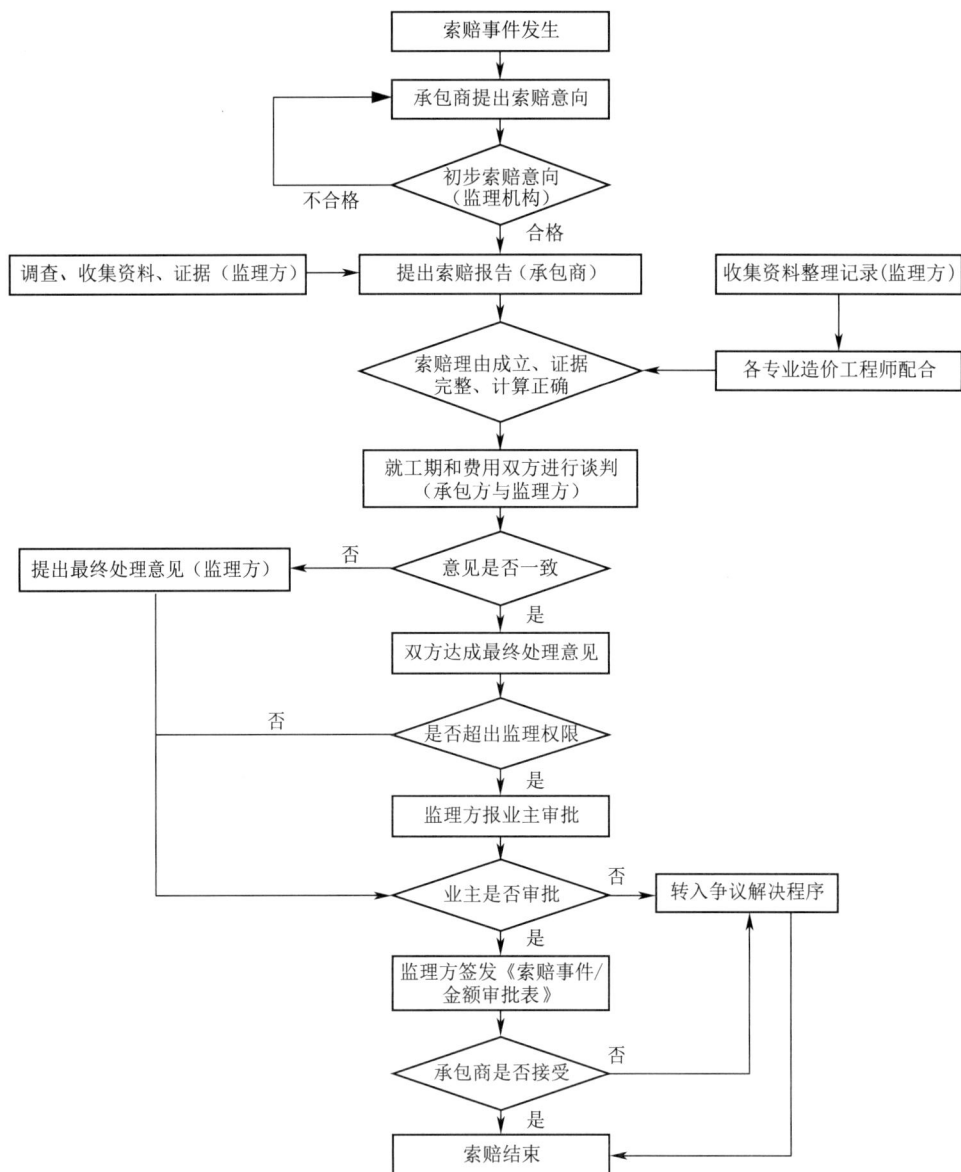

图 5-18　全过程工程咨询单位对施工单位索赔处理流程图

5.全过程工程咨询单位对施工单位索赔方法如下。

（1）收集索赔原始资料

索赔原始资料证据的准备程度决定了索赔能否成功。因此，全过程工程咨询单位对于原始证据的收集整理尤为重要。索赔资料的收集如表5-2所示。

涉及工程费用索赔的有关施工和监理文件资料包括：施工合同、采购合同、工程变更单、施工组织设计、专项施工方案、施工进度计划、投资人和施工单位的有关文件、会议纪要、监理记录、监理工作联系单、监理通知单、监理月报及相关监理文件资料等。

表5-2 索赔资料收集一览表

内容 类型		收集资料内容
签订合同阶段资料	招标文件	招标文件中约定的工程范围更改、施工技术更换、现场水文地质情况的变化以及招标文件中的数据错误等均可导致索赔
	投标文件	投标文件是索赔重要的依据之一，尤其是其中的工程量清单和进度计划将是费用索赔和工期索赔的重要参考依据
	工程量清单	工程量清单也是索赔的重要依据之一，在工程变更增加新的工作或处理索赔时，可以从工程量清单中选择或参照工程量清单中的单价来确定新项目或者索赔事项的单价或价格
	计日工表	包括有关的施工机械设备、常用材料、各类人员相应的单价、作为索赔施工期间投资人指令要求承包商实施额外工作所发生费用的依据
	合同条件	包括双方签订的合同与所使用的合同范本两部分，合同中又包括合同协议书、通用合同条件，专用合同条件，规范要求、图纸、其他附件等
施工阶段资料	往来信函	监理的工程变更指令、口头变更确认函、加速施工指令、工程单价变更通知、对承包商问题的书面回答等
	会议纪要	标前会议纪要、工程协调会议纪要、工程进度变更会议纪要、技术讨论会议纪要、索赔会议纪要等，并且会议纪要上必须有双方负责人的签字
	现场记录	施工日志、施工检查记录、工时记录、质量检查记录、施工机械设备使用记录、材料使用记录、施工进度记录等。重要的记录（如：质量检查、验收记录）还应有投资人或其代表的签字认可
	现场气象记录	每月降水量、风力、气温、河水水位、河水流量、洪水水位、洪水流量、施工基坑地下水状况、地震、泥石流、海啸、台风等特殊自然灾害的记录
	工程进度计划	批准的进度计划、实际的进度计划
	工程财务记录	工程进度款每月的支付申请表、工人劳动计时卡（或工人工作时间记录）、工资单、设备材料和零配件采购单、付款收据、工程开支月报等

续表

内容 类型		收集资料内容
施工阶段资料	索赔事件发生时现场的情况	描述性文件、工程照片及影像资料，各种检查检验报告和技术鉴定报告
其他资料	相关法律与法规	招标投标法、政府采购法、合同法、公司法、劳动法、仲裁法及有关外汇管理的指令、货币兑换限制、税收变更指令及工程仲裁规则等
	市场信息资料	当地当时的市场价格信息、价格调整决定等价格变动信息、当地政府、行业建设主管部门发布的工程造价指数、物价指数、外汇兑换率（如有）等市场信息
	先例与国际惯例	以前处理此类索赔问题的先例、处理此类索赔问题的国内、国际惯例，所谓惯例是指在事件中逐渐形成的不成文的准则，是一种不成文的法律规范，最初只被一些国家（地区）使用，后来被大多数国家（地区）接受，成为公认的准则

（2）索赔费用的计算

1）总费用法

总费用法是指发生了多起索赔事件后，重新计算该工程的实际总费用，再减去原合同价，其差额即为承包商索赔的费用。

计算公式：索赔金额=实际总费用−投标报价估算费用

但这种方法对全过程工程咨询单位不利，因为实际发生的总费用中可能有承包商的施工组织不合理因素；承包商在投标报价时为竞争中标而压低报价，中标后通过索赔可以得到补偿。

2）修正总费用法

修正总费用法即在总费用计算的原则上，去掉不合理的费用，使其更合理。修正的内容包括：计算索赔款的时段仅局限于受到外界影响的时间；只计算受影响时段内的某项工作所受影响的损失；对投标报价费用重新进行核算，按受影响时段内该项工作的实际单价进行核算，乘以实际完成的该项工作的工程量，得出调整后的报价费用。

计算公式：索赔金额=某项工作调整后的实际总费用−该项工作的报价费用

3）分项计算法

分项计算法即按照各种索赔事件所引起的费用损失，分别计算索赔款。这种方法比较科学、合理，同时方便全过程工程咨询单位审核索赔款项，但计算比较复杂。分项计算方法如表5-3所示。使用这种方法计算索赔款时，应先分析干扰事件引起的索赔项目费用，然后计算各费用项目的损失值，最后加以汇总。

表5-3　分项计算索赔费用方法

	工程量增加	窝工
人工费	预算单价 × 增加量	窝工费 × 窝工时间
材料费	实际损失材料量 × 原单价 × 调值系数	
机械台班费	预算单价 × 增加量	（自有）折旧费 × 时间； （租赁）租金 × 时间
管理费	（合同价款 / 合同工期）× 费率 × 延误天数	一般情况下不考虑
总部管理费	①按照投标书中总部管理费的一定比例计算： 总部管理费 = 合同中总部管理费比率 ×（直接费索赔款额 + 现场管理费索赔款额等） ②按照公司总部统一规定的管理费比率计算： 总部管理费 = 公司总部管理费比率 ×（直接费索赔款额 + 现场管理费索赔款额等） ③以工期延长的总天数为基础，计算总部管理费： 总部管理费 = 该工程的每日管理费 × 工程延期的天数	
利润	（合同价款 / 合同工期）× 利润率 × 变更天数	一般情况下不考虑
利息	利息 = 计息基数 × 约定的利率	一般情况下不考虑

（四）注意事项

1.此项索赔是否具有合同依据、索赔理由是否充分及索赔论证是否符合逻辑。

2.索赔事件的发生是否存在施工单位的责任，是否有施工单位应承担的风险。

3.在索赔事件初发时，施工单位是否采取了控制措施。据国际惯例，凡遇偶然事故发生影响工程施工时，施工单位有责任采取力所能及的一切措施，防止事态扩大，尽力挽回损失。如确有实施证明施工单位在当时未采取任何措施，全过程工程咨询单位可拒绝其补偿损失的要求。

4.施工单位是否在合同规定的时限内向全过程工程咨询单位和监理单位报送索赔意向通知书。

第六节　施工阶段安全文明施工与环境保护

一、安全文明施工管理

（一）安全文明施工管理的依据

安全文明施工管理的依据包括以下内容。

1.《中华人民共和国建筑法》（2019年版）；

2.《中华人民共和国安全生产法》（2021年版）；

3.《安全生产许可证条例》（2014年版）；

4.《建设工程安全生产管理条例》（国务院令第393号）；

5.《建设工程质量管理条例》（2019年版）；

6.《中华人民共和国职业病防治法》（2018年版）；

7.《建筑工程施工质量验收统一标准》GB 50300—2013；

8.《职业健康安全管理体系　要求及使用指南》GB/T 45001—2020；

9.《建筑工程施工许可管理办法》；

10.《建筑业企业资质管理规定》；

11.《实施工程建设强制性标准监督规定》（2015年版）；

12.《建筑施工企业安全生产许可证管理规定》；

13.《建筑施工安全检查标准》JGJ 59—2011；

14.各省市建筑管理条例；

15.全过程工程咨询单位的知识体系和经验；

16.其他现行的相关法律和规定。

（二）安全文明施工管理的内容

1.项目的安全施工管理

根据《中华人民共和国安全生产法》（2021年版）规定，生产经营单位新建、改建、扩建工程项目（以下统称"建设项目"）的安全设施，必须与主体工程同时设计、同时施工、同时投入生产和使用。安全设施投资应当纳入建设项目概算。

全过程工程咨询单位对安全管理审查重点如下。

（1）承包人资质与施工人员资格是否合法。

全过程工程咨询单位应审查承包人、技术负责人、专职安全生产管理人员的执业资格、职称、安全生产考核合格证等是否符合相关文件的规定；审查特种作业人员是否持有特种作业操作资格证书等。

（2）审核承包人报送的施工组织设计与施工方案。

（3）执行有关安全施工管理的各项流程，全过程工程咨询单位应掌握并认真执行法律法规与规范性文件规定的安全施工管理的各项流程。

（4）掌握并执行有关安全施工的强制性标准。

（5）全过程工程咨询单位应按经审批同意的专项施工方案实施监理，特别对超过一定规模的危险性较大分部分项工程，必须切实检查承包人是否按照经专家论证通过的专项施工方案实施。

（6）全过程工程咨询单位发现存在安全事故隐患时，应要求承包人整改；情况严重的，应要求承包人暂停施工，并及时报告投资人。承包人如不整改或者不停止施工的，应当及时向有关主管部门报告。

（7）抽查全过程工程咨询单位实施施工安全管理监理工作形成的记录，全过程工程咨询单位在实施施工安全管理的监理工作中应及时形成完整、准确的记录。

2.实施过程的健康安全管理工作

（1）检查承包人落实各分部分项工程开工前的安全技术方案；

（2）监督核查施工现场危险源的检查、巡查工作情况，以及对重大危险源施工的旁站监理工作的落实；

（3）监督核查施工安全隐患的及时处理；

（4）监督核查施工安全设施、施工机械验收的工作；

（5）组织参加现场安全检查或安全会议；

（6）配合安全事故调查、分析安全事故原因，督促施工安全事故的及时处理；

（7）督促核查参建单位安全资料的收集、整理、归档等管理工作。

（三）安全文明施工管理的工作流程

1.确定本项目职业健康安全目标；

2.检查职业健康安全技术措施计划编制的完整性、合法性；

3.检查职业健康安全技术措施计划的实施情况；

4.随着施工进度情况，督促承包人有针对性地改进相关职业健康安全技术措施计划，保证职业健康安全目标的实现。

职业健康与安全管理的流程如图5-19所示。

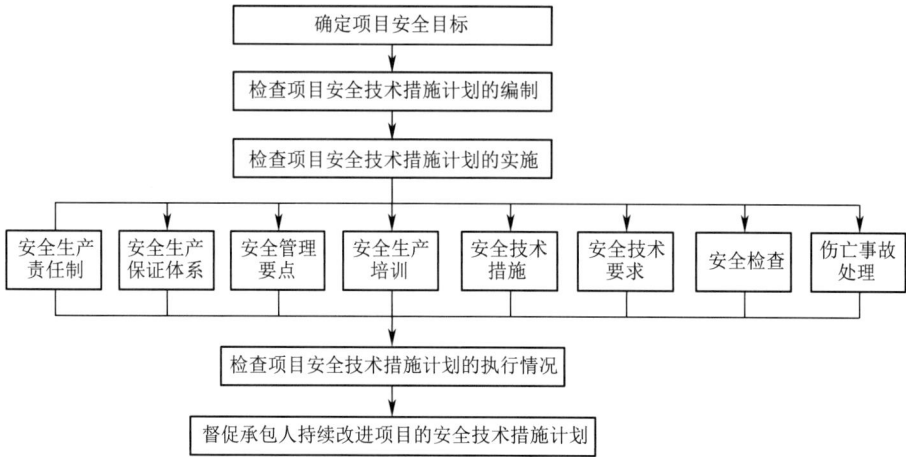

图 5-19　职业健康安全管理的流程图

（四）注意事项

1.全过程工程咨询单位应协助建立职业健康安全生产责任制，并把责任目标分解落实到人；

2.检查施工现场的职业健康安全生产教育制度，检查三级教育的实施，确保上岗作业人员具备执业健康安全生产知识；

3.全过程工程咨询单位应督促承包人做好施工安全和职业健康技术措施计划的实施工作，保证安全技术措施计划的实现。对职业健康安全事故处理，应坚持事故原因不清楚不放过，事故责任者和人员没有受到教育不放过，事故责任者没有处理不放过，没有制订纠正和预防措施不放过等原则；

4.督促承包人建立健全职业健康安全文明施工的各项制度，包括：职业健康安全文明施工责任制度、安全文明施工技术措施管理制度、职业健康安全文明施工教育制度、设备机械操作运行安全管理制度、职业健康安全文明施工交底制度、职业健康安全文明施工检查制度、职业健康安全文明施工奖罚制度、工伤事故处理制度等；

5.召开会议，检查布置现场安全事项，定期、不定期检查工地危险源。

二、环境保护

（一）环境保护的依据

环境保护的依据包括以下内容。

1.《中华人民共和国环境保护法》（2014年版）；

2.《中华人民共和国环境影响评价法》（2018年版）；

3.《中华人民共和国固体废物污染环境防治法》（2020年版）；

4.《规划环境影响评价条例》（国务院令第559号）；

5.《建设项目环境保护管理条例》（2017年版）；

6.《环境管理体系 要求及使用指南》GB/T 24001—2016；

7.《城市生活垃圾管理办法》；

8.《建设工程施工现场环境与卫生标准》JGJ 146—2013；

9.安全生产环境保护奖惩考核制度；

10.全过程工程咨询单位的知识体系和经验；

11.其他现行的相关法律和规定。

（二）环境保护的内容

根据《中华人民共和国环境保护法》（2014年版）规定环境保护坚持保护优先、预防为主、综合治理、公众参与、损害担责的原则。

建设项目需要配套建设的环境保护设施，必须与主体工程同时设计、同时施工、同时投产使用。国家根据建设项目对环境的影响程度，按照下列规定对建设项目的环境保护实行分类管理。

1.建设项目对环境可能造成重大影响的，应当编制环境影响报告书，对建设项目产生的污染和对环境的影响进行全面、详细的评价；

2.建设项目对环境可能造成轻度影响的，应当编制环境影响报告表，对建设项目产生的污染和对环境的影响进行分析或者专项评价；

3.建设项目对环境影响很小，不需要进行环境影响评价的，应当填报环境影响登记表。

施工现场环境保护管理主要由全过程工程咨询单位配合投资人负责编制总体策划和部署，建立项目环境管理组织机构，制订相应制度和措施，组织培训，使各级人员明确环境保护的意义和责任。

（三）环境保护的工作流程

1.确定项目环境管理目标。根据工程的具体情况，制订项目环境保护计划。

2.检查承包人的项目环境管理体系运行情况，确保施工项目的环境管理目标按照分级管理思想能够落实。

3.检查施工现场承包人的环境管理执行情况，建立环境管理责任制。明确责任，建立相应的责任制。

4.督促承包人做好施工现场的环境保护工作，在审核和评价的基础上，找出薄弱环节，不断改进环境管理工作，保证施工现场的环境条件符合正常施工要求，实现施工现场的环境持续改进。

施工现场环境管理的流程如图5-20所示。

（四）注意事项

1.应按照分区化原则，做好项目的环境管理，进行定期检查，加强协调，及时解决发现的问题，实施纠正和预防措施，保持良好的作业环境、卫生条件和工作秩序，做到预防污染的目的。

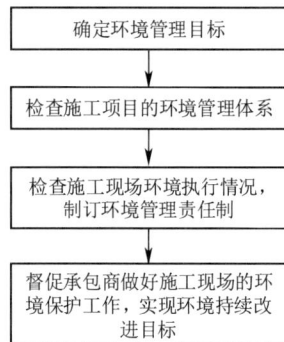

图 5-20　施工现场环境管理流程图

2.全过程工程咨询单位加强环境保护需要从下列几方面入手。

（1）督促承包人制订应急准备和相应措施，并保证信息通畅，预防可能出现的非预期的损害。在出现环境事故时，应及时消除污染，并应制订响应措施，防止环境二次污染。

（2）加强检查和监控工作

全过程工程咨询单位对施工现场的环境管理工作需要通过不断地检查和监控才能完成，这就需要全过程工程咨询单位加强施工现场的环境检查和监控工作，以保证承包人按照规定的环境实施要求施工。

（3）进行综合治理

全过程工程咨询单位一方面要求承包人采取措施控制施工现场的环境污染，另一方面也应与外部的有关单位和环保部门保持联系、加强沟通。要统筹考虑项目目标的实现与现场环境保护问题，使二者达到统一。

（4）采取有效的技术措施

1）防治大气污染的措施；

2）防治噪声污染的措施；

3）防治污水污染的措施；

4）防治固体废弃物污染的措施。

第六章
项目竣工阶段管理咨询服务

第一节　竣工阶段管理咨询服务概述

一、竣工阶段管理目标

全过程工程咨询单位在竣工阶段主要以工程资料整理、竣工验收、竣工结算为主。一方面需要整理和收集从决策、设计、发承包、实施等阶段中形成的过程文件、图纸、批复等资料，同时，协助投资人完成竣工验收、结算、移交等工作；另一方面，把经过检验合格的建设项目及工程资料完整移交给运营机构，并进入运营阶段。竣工阶段完成后，项目建设过程基本结束，各方集合对项目组织竣工验收并收集竣工资料。全过程工程咨询单位以此为基础进行项目结算或项目决算审核。竣工验收合格后，项目进入保修期，在全过程工程咨询单位的监管协调下进行项目移交工作。

二、竣工阶段主要管理内容

依据《建设工程项目管理规范》GB/T 50326—2017，项目竣工管理包括竣工收尾、竣工验收、竣工结算、竣工决算、回访保修及管理考核评价等。在此基础上将建设项目竣工管理的内容概括为竣工验收管理、竣工结算管理、竣工资料管理、竣工移交管理、竣工决算管理、竣工备案管理、保修期管理，具体工作内容如图6-1所示。

图6-1　建设项目竣工管理的工作内容

完成竣工阶段后，主要咨询成果如下。

（一）合格的建设项目产品

通过施工阶段完成的合格的建筑物、构筑物及构配件和其他设施，满足规模目标、功能目标、需求目标、使用目标的要求。

（二）竣工验收报告

竣工验收报告是指工程项目竣工之后，由相关部门成立的专门验收机构组织专家进行质量评估验收以后形成的书面报告。同时，竣工验收报告也是体现建筑产品是否达到或满足规模目标、功能目标、需求目标、使用目标的重要依据。

（三）档案资料

档案资料是指项目建设、管理过程中形成的，具有保存价值的各种形式的历史记录和存档依据。若当施工阶段中缺乏了工程档案或者资料，则会不利于在各项工程建设中施工与管理的进行，并且对于后期的维护、改建以及扩建造成很大影响，因此，档案资料是建设项目运营阶段中运维管理、项目后评价和设施管理等工作的重要依据和基础。

（四）编制（审核）竣工结算报告

竣工结算是承包人按照合同约定的内容完成全部工作，经投资人和有关机构验收合格后，发承包双方依据约定的合同价款以及索赔等事项，最终计算和确定竣工项目工程价款的文件。经发承包双方确认的竣工结算文件是发包方最终支付工程款的依据，也是核定新增固定资产和工程项目办理交付使用验收的依据；竣工结算一般由承包人或其委托有资质的造价咨询机构编制，由投资人委托有资质的全过程工程咨询单位审查，竣工结算审定成果文件应由结算编制人（承包人）、结算审查投资人（投资人）、结算审查受托人共同签署。

（五）编制（审核）竣工决算报告

工程竣工决算是投资人在项目准备、验收和使用过程中实际支付的所有建设费用。竣工决算是整个建设项目的最终价格，是作为投资人财务部门汇总固定资产的主要依据。

第二节　项目竣工验收管理

项目的竣工验收是考核和检查建设工程是否符合设计要求和工程质量的关键关节，是资产转入生产的标志，也是全面考核效益、设计、监理、施工质量的重要环节。项目竣工验收是项目使用或者投产的根本前提。

一、项目竣工验收管理的依据

项目竣工验收管理的依据包括以下内容。

1.现行国家法律、法规等;

2.《建设工程质量管理条例》(2019年版);

3.《国务院关于修改部分行政法规的决定》(国务院令第687号);

4.《建筑工程施工质量验收统一标准》GB 50300—2013;

5.国家有关行政主管部门对该项目的批复文件,包括可行性研究报告及批复文件、环境影响评价报告及批复文件、初步设计批复文件以及与项目建设有关的各种文件;

6.工程设计文件,包括初步设计或扩大初步设计、技术设计;

7.设备技术资料,主要包括设备清单及其技术说明;

8.与项目相关的标准规范,包括现行的工程施工及验收规范、工程质量检验评定标准等;

9.招标及合同文件;

10.全部竣工资料,包括全部工程的竣工图和说明;

11.设计变更、修改通知单;

12.现行设计、施工规范、规程和质量标准;

13.引进项目的合同和国外提供的技术文件;

14.其他现行的相关法律和规定。

二、项目竣工验收管理的内容

项目竣工验收主要是对工程项目的总体验收,工作内容就是查看项目有没有完成图纸和合同约定的各项工作,以及所完成的工作是否符合相关的法律法规和验收标准,竣工验收是对项目的工程资料和实体全面检查的一个过程。

(一)竣工验收条件

《建设工程质量管理条例》(2019年版)规定投资人收到建设项目竣工报告后,应当组织全过程工程咨询单位(勘察、设计、监理)、施工单位等有关单位进行竣工验收,工程经验收合格之后方可交付使用。

其中《建设工程质量管理条例》(2019年版)规定,建设项目竣工验收应当具备下列条件。

　　1.完成建设工程设计和合同约定的各项内容；

　　2.有完整的技术档案和施工管理资料；

　　3.有工程使用的主要建筑材料、建筑构配件和设备的进场试验报告；

　　4.有勘察、设计、施工、工程监理等单位分别签署的质量合格文件；

　　5.有施工单位签署的工程保修书。

　　（二）竣工验收计划

　　建设项目竣工验收条件具备之后，全过程工程咨询单位应组织成立验收工作小组，组织监理单位和施工单位编制竣工验收计划，将其纳入企业施工生产计划执行和管理，自检合格的施工项目应填写工程竣工报告和竣工报验单，报投资人批准后使用。竣工验收计划的具体内容应包括验收内容、验收单位以及所需资料等。其中，竣工阶段验收登记表如表6-1所示。

表 6-1　××项目竣工阶段验收登记表

工程名称					
施工许可文件号				工程竣工日期	
建设规模				合同价格	（万元）
验收组成员	姓名	单位			职务
		全过程工程咨询单位			
		勘察单位			
		设计单位			
		施工单位			
		监理单位			
	专家				
工程竣工验收内容	序号	验收项目			验收情况
	1	是否已完成工程设计和合同约定的各项内容			
	2	是否有完整的技术档案和施工管理资料；是否有工程使用的主要建筑材料、建筑构配件和设备的进场试验报告、工程质量检测和功能性试验报告资料；是否已取得城建档案馆预验收文件			
	3	工程所在单位工程质量施工验收是否合格			

续表

工程竣工验收内容	4	全过程工程咨询单位是否已按合同约定支付了工程款	
	5	施工单位是否已经符合工程质量保修书	
	6	是否有规划行政部门出具的认可文件或者准许使用文件	
	7	无障碍设施是否已验收合格	
	8	对于住宅工程，质量分户验收是否已合格	
	9	对于民用建筑工程，全过程工程咨询单位是否已组织设计、施工、监理单位对节能工程进行了专项验收	
	10	商品住宅小区和保障性住房工程，全过程工程咨询单位是否已按分期建设方案要求，组织勘察、设计、施工、监理等有关单位对市政公用基础设施和公共服务设施进行了验收	
	11	规划许可中注明规划绿地情况的建设工程，对附属绿化工程的验收是否合格	
	12	是否已在工程明显位置设置了永久性标牌	
	13	建设主管部门及工程质量监督机构负责整改的问题是否已全部整改完毕	
	14	法律、法规规定的其他验收条件完成情况	
验收意见	全过程工程咨询单位		签字（公章） 年　月　日
验收单位	全过程工程咨询单位		签字（公章） 年　月　日
	勘察单位		签字（公章） 年　月　日
	设计单位		签字（公章） 年　月　日
	施工单位		签字（公章） 年　月　日
	监理单位		签字（公章） 年　月　日
	专家签字		年　月　日

（三）专项检测（测量）

在建设项目竣工前，需进行各项检测，如：桩基（复合地基）检测、幕墙三性检

161

测、环境空气质量检测、水质检验（二次供水）、卫生防疫检测、人防通风检测、防雷检测、消防设施检测、电器检测、锅炉、电梯、压力容器、压力管道委托检测及使用证办理等，检测结论报告在进行专项验收时提交。

建设工程竣工后，还应经规划主管部门认可的测绘单位进行竣工测量，主要是为满足规划管理需要，在建设项目完成后，按照规划审批对项目实地进行测量，并形成工程竣工测量记录表。竣工测量主要内容包括：室内地坪测量，间距测量，高度测量、建筑面积测量以及竣工地形图测绘，市政公共配套设施的位置、尺寸、规模，建筑工程的绿地率等。

此外，在竣工验收后还应及时完成房产面积测量，并向当地房产部门备案，以便房产证的办理。

（四）验收内容

1.专项工程验收

竣工阶段需进行的专项验收包括：电梯等特种设备、环保、消防、防雷、卫生防疫以及人防验收、生产工艺等，专项检查表如表6-2所示，其中住宅工程必须进行分户验收。分户验收，即"一户一验"，是指住宅工程在按照国家有关标准、规范要求进行工程竣工验收时，对每一户住宅及单位工程公共部位进行专门验收，并在分户验收合格后出具工程质量竣工验收记录（表6-3、表6-4）。

表6-2　××项目专项检查表

工程名称		结构类型	
工程地址		联系人	联系电话
投资人			
全过程工程咨询单位			
设计单位			
施工单位			
监理单位			
检查内容			
检查结论			
投资人（公章）			
全过程工程咨询单位			

续表

设计单位（公章）	
施工单位（公章）	
监理单位（公章）	

表 6-3　竣工验收室内质量分户验收检查表

工程名称			房号		
序号	验收项目	验收内容	验收要求	验收记录	验收结论
1	楼地面、墙面和顶棚	楼地面空鼓、积缝、起砂			
		墙面、顶棚、裂量、脱层和爆灰			
2	门里安装	外窗台高度			
		外窗渗漏			
		推拉窗防脱落装置			
		安全玻璃认证标识			
3	栏杆安装	栏杆高度			
		竖杆间距			
		防攀爬措施			
		护栏玻璃			
4	防水工程	屋面渗漏			
		有防水要求的地面渗漏			
		外墙渗漏			
5	室内空间尺寸	室内净高			
		室内净开间、净进深			
		地面水平度			
6	给水排水工程	管道渗漏			
		管道坡向			
		地漏水封高度			
		伸缩节、阻火圈（防火套管）设置			

续表

工程名称					房号	
序号	验收项目	验收内容		验收要求	验收记录	验收结论
7	电气工程	配电箱安装质量				
		开关、插座安装质量				
8	其他	烟道设置				
		空调孔、板设置				
综合验收结论						
投资人		全过程工程咨询单位	监理单位		施工单位	物业单位
签收人员： 年 月 日		验收人员： 年 月 日	验收人员： 年 月 日		签收人员： 年 月 日	验收人员： 年 月 日

表6-4 住宅工程质量分户检查验收汇总表

工程名称		投资人		总户数	
监理单位		施工单位		物业单位	
内容	验收情况				
室内分户验收汇总	本工程总计验收_____户。其中合格_____户，整改合格_____户；不合格_____户。存在问题：_____				
功能试验					
给排水设备安装检测试验					
外墙					
公共部位					
保温节能					
验收结论					
投资人： 项目负责人： （公章） 年 月 日	全过程工程咨询单位： （公章） 年 月 日	监理单位： 总监理单位： （公章） 年 月 日	施工单位： 项目经理： （公章） 年 月 日	物业单位： 负责人： （公章） 年 月 日

2.单位工程验收

单位工程内容全部完成时，由施工单位自检，编制施工小结，向监理部门提出验收申请，监理部门应在规定的时间内，对工程完成的质量情况进行初步检查（预验收），同意验收时，做出单位工程质量评估报告，全过程工程咨询单位审查验收条件，通知各有关部门参加，地勘、设计单位应出具质量检查报告，施工、监理单位分别出具工程质量合格证明并组织单位工程验收，通过验收后，由各单位签署竣工文件并各自归档。

3.工程竣工验收

当施工单位完成合同约定的所有工程量，且单位工程均通过自检验收合格后，可提出竣工验收申请，同时，施工单位应及时编制竣工验收计划报全过程工程咨询单位审核，报投资人同意后实施。

收到竣工验收申请后，全过程工程咨询单位应在规定时间内完成合同工程量完成情况的审核，符合要求后由全过程工程咨询单位监理单位落实预验收计划，提交并通知投资人参加预验收。全过程工程咨询单位组织各预验收单位检查确认预验收合格后，编写全过程工程咨询单位监理单位评估报告。

预验收合格并且投资人审核认为符合竣工验收条件后，应及时落实竣工验收的各项准备工作，成立验收小组，编写工程建设总结，组织竣工验收并通知政府各相关部门参加验收，验收通过后及时会签竣工验收报告，并填写建设工程竣工验收备案申请表，完成备案工作。

三、项目竣工验收管理的工作流程

项目竣工验收是在参建单位完成自检合格的基础之上，由投资人组织各方责任主体以及相关政府职能部门参加的一个综合验收，验收组以法律法规、设计文件、施工验收规范、质量检验标准等为依据，按照工作流程和手续对项目进行检验综合评价的一个活动。

建设项目竣工验收的实施一般由全过程工程咨询单位组织投资人、施工、勘察、设计、监理等单位共同组成竣工验收小组，按照竣工验收工作流程，对工程进行核查后，做出验收结论，形成竣工验收记录。下面详细介绍竣工验收计划的编制以及竣工验收的流程图。

（一）竣工交付验收总工作流程

竣工交付验收包括：①各施工单位向全过程工程咨询单位监理单位提出验收申

请；②监理单位审查验收条件，组织预验收；③项目内部验收通过；④各专项验收机构（如消防、人防等）参加专项验收；⑤全过程工程咨询单位组织单位工程的验收；⑥全过程工程咨询单位组织竣工验收；⑦工程交付使用。交付管理工作流程图如图6-2所示。

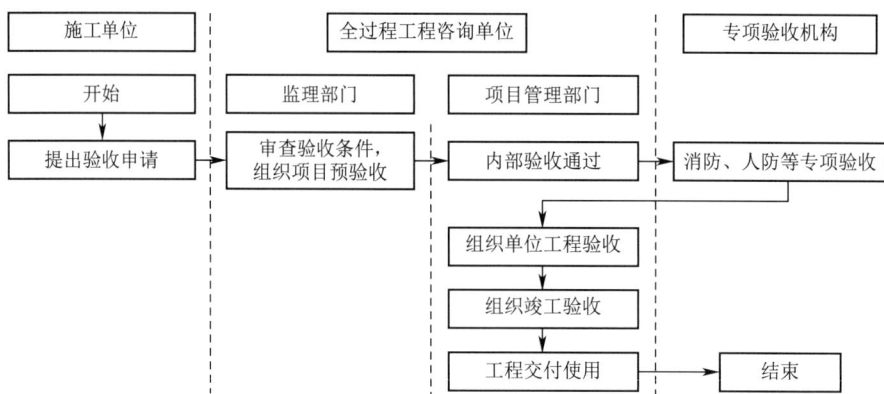

图 6-2　竣工验收总流程图

（二）竣工验收计划编制工作流程

1.全过程工程咨询单位组织监理单位、施工单位制订项目竣工验收计划。项目竣工验收计划应列出清单，明确项目竣工验收工程的内容、责任单位、验收时间，做到竣工验收计划有据可依。

2.全过程工程咨询单位审核项目竣工验收计划。全过程工程咨询单位应全面掌握项目竣工验收条件，认真审核项目竣工验收内容，做到安排的竣工验收计划有具体可行的措施。

3.投资人批准竣工验收计划。投资人调查核实项目竣工验收实际情况，按照报批工作流程执行，做到安排的竣工验收计划有可靠的保证。

（三）竣工验收工作流程

1.专项工程验收工作流程。包括消防工程、人防工程以及环保等专项验收，验收工作流程如图6-3所示。

2.单位工程竣工验收工作流程。单位工程竣工验收工作流程如图6-4所示。

3.工程竣工验收工作流程。当整个建筑项目已按设计要求全部建设完成，并已符合竣工验收标准，全过程工程咨询单位组织监理单位的预验收已通过，应及时组织竣工验收。竣工验收具体流程，如图6-5所示。

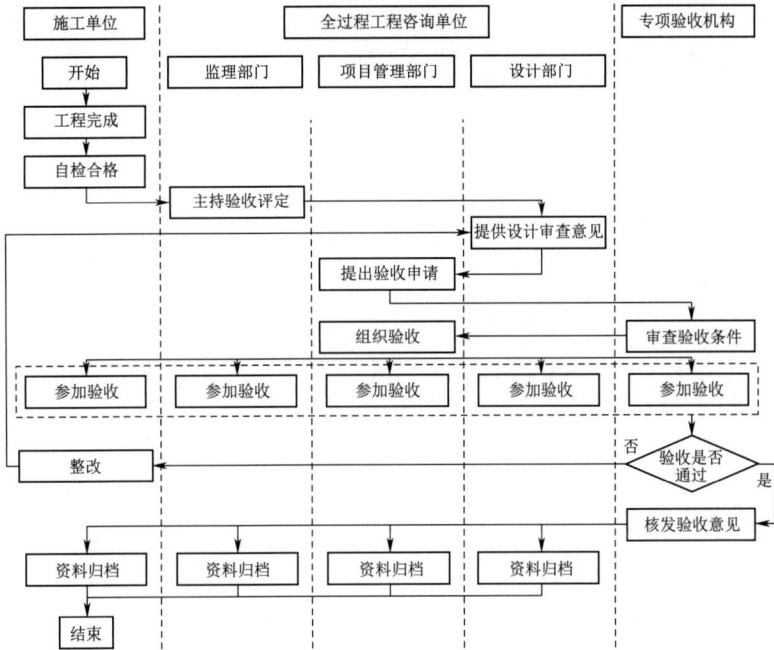

图 6-3 专项工程验收工作流程图

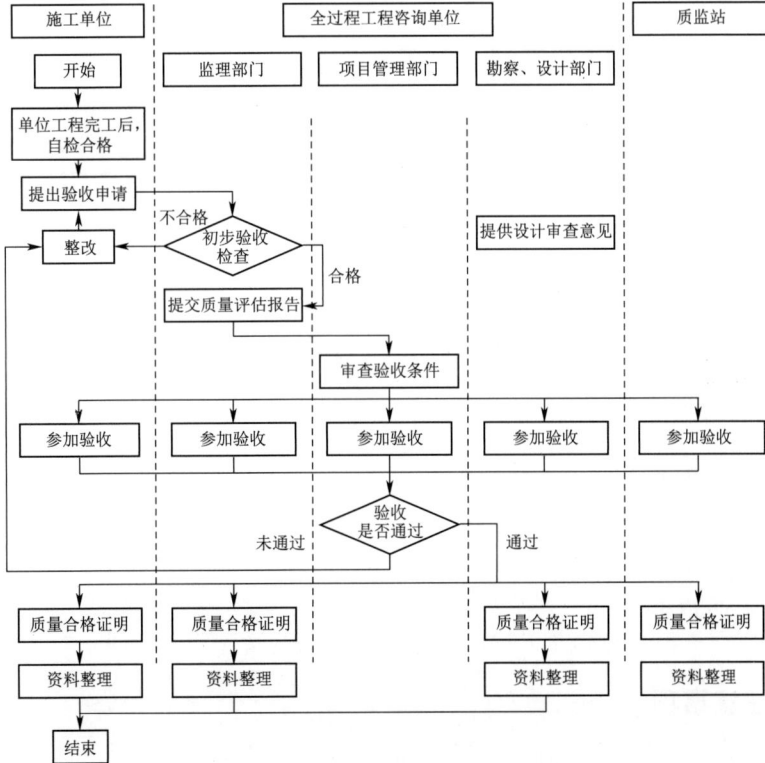

图 6-4 单位工程验收工作流程图

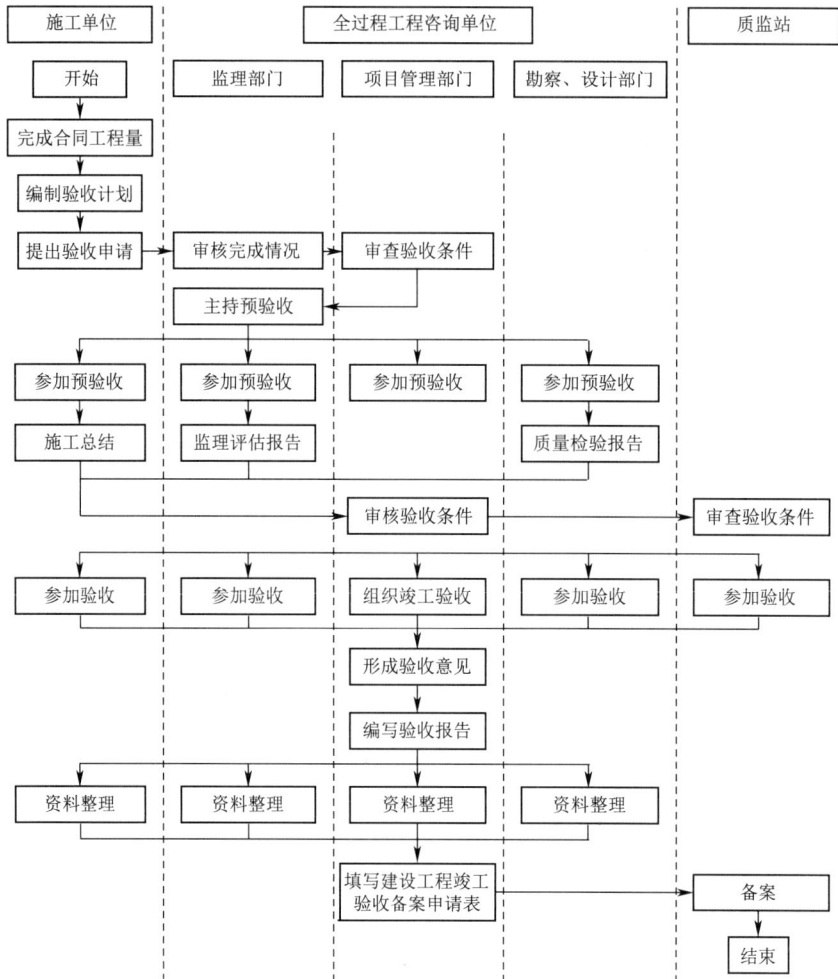

图 6-5 工程竣工验收流程图

（四）竣工验收记录

竣工验收备案过程形成的验收记录主要包括四项成果文件。

1. 竣工验收备案表；

2. 观感评定；

3. 验收组名单及竣工验收签到表；

4. 竣工验收报告。

四、注意事项

根据《建筑工程施工质量验收统一标准》GB 50300—2013规定，应注意以下方面：

1.工程实施内容、规模是否符合项目承包合同约定及初步设计审定的范围、标准和内容（包括变更设计）；是否按施工技术规范要求建成；生产链上下游相关配套工程是否与主体工程同步建成。

2.工程质量是否符合项目承包合同约定的工程质量验收评定标准。

3.机电和工艺设备选型配套及设备安装单体和系统调试情况，其中主要设备是否经过空载单机试验、联动试运行等，以及试生产和第三国引进设备合同执行情况。

4.环境保护、消防设施等是否按承包合同约定或批准的设计图纸建成，是否满足国家相关要求，经检验是否合格，建筑抗震设防是否符合相关规定，规定的竣工验收内容是否已全部验收合格。

5.运营投产或投产使用准备情况。包括岗位培训、物资准备、外部协作条件等是否已经落实，是否满足投产运营和安全生产的需求。

6.工程竣工资料编制完成情况。

第三节　项目竣工结算管理

一、项目竣工结算编制

（一）项目竣工结算编制的依据

根据《建设项目工程结算编审规程》CECA/GC 3—2010规定，同时根据《建设工程造价咨询规范》GB/T 51095—2015进行补充，竣工结算编制依据包括以下方面：

1.影响合同价款的法律、法规和规范性文件；

2.现场踏勘复验记录；

3.施工合同、专业分包合同及补充合同、有关材料、设备采购合同；

4.与工程结算编制相关的国务院建设行政主管部门以及各省、自治区、直辖市和有关部门发布的建设工程造价计价标准、计价方法、计价定额、价格信息、相关规定等计价依据；

5.招标文件、投标文件，包括招标答疑文件、投标承诺、中标报价书及其组成内容；

6.工程施工图或竣工图、经批准的施工组织设计、设计变更、工程洽商、索赔与现场签证，以及相关的会议纪要；

7.工程材料及设备中标价、认价单；

8.发承包双方确认追加或核减的合同价款；

9.经批准的开工、竣工报告或停工、复工报告；

10.影响合同价款的其他相关资料。

（二）项目竣工结算编制的内容

1.竣工结算按委托内容可分为建设项目竣工结算、单项工程竣工结算及单位工程竣工结算。

2.竣工结算文件应包括封面、签署页、目录、编制说明、竣工结算汇总表、单项工程竣工结算汇总表、单位工程竣工结算汇总表等，采用工程量清单计价的竣工结算成果文件可按建设工程造价咨询规范附表编制。

3.竣工结算编制说明应包括工程概况、编制范围、编制依据、编制方法，工程计量、计价及人工、材料、设备等的价格和费率取定的说明，以及应予说明的其他事项。

（三）项目竣工结算编制的工作流程

建设项目竣工结算应按竣工结算的准备、竣工结算的编制和竣工结算的定稿三个阶段进行，并实行编制人、校对人和审核人分别署名盖章确认的内部审核制度。

1.结算编制准备阶段

（1）收集与工程结算相关的编制依据；

（2）熟悉招标文件、投标文件、施工合同、施工图纸等相关资料；

（3）掌握建设项目发承包方式、现场施工条件、应采用的工程计价标准、定额、费用标准、材料价格变化等情况；

（4）对工程结算编制依据进行分类、归纳、整理；

（5）召集工程结算人员对工程结算涉及的内容进行核对、补充和完善。

2.结算编制阶段

（1）根据工程施工图或竣工图以及施工组织设计进行现场踏勘，并做好书面或影像记录；

（2）按招标文件、施工合同约定方式和相应的工程量计算规则计算分部分项建设项目、措施项目或其他项目的工程量；

（3）按招标文件、施工合同规定的计价原则和计价办法对分部分项建设项目、措施项目或其他项目进行计价；

（4）对于工程量清单或定额缺项以及采用新材料、新设备、新工艺，应根据施工过程中的合理消耗和市场价格编制综合单价或单位估价分析表；

（5）工程索赔应按合同约定的索赔处理原则、工作流程和计算方法提出索赔费用；

（6）汇总计算工程费用，包括编制分部分项工程费、措施项目费、其他项目费、规费和税金，初步确定工程结算价格；

（7）编写编制说明；

（8）计算和分析主要技术经济指标；

（9）工程结算编制人编制工程结算的初步成果文件。

3.结算定稿阶段

（1）工程结算审核人对初步成果文件进行审核；

（2）工程结算审定人对审核后的初步成果文件进行审定；

（3）工程结算编制人、审核人、审定人分别在工程结算成果文件上署名，并应签署造价工程师或造价员执业或从业印章；

（4）工程结算文件经编制、审核、审定后，工程造价咨询企业的法定代表人或其授权人在成果文件上签字或盖章；

（5）工程造价咨询企业在正式的工程结算文件上签署工程造价咨询企业执业印章。

建设项目竣工结算编制工作流程如图6-6所示。

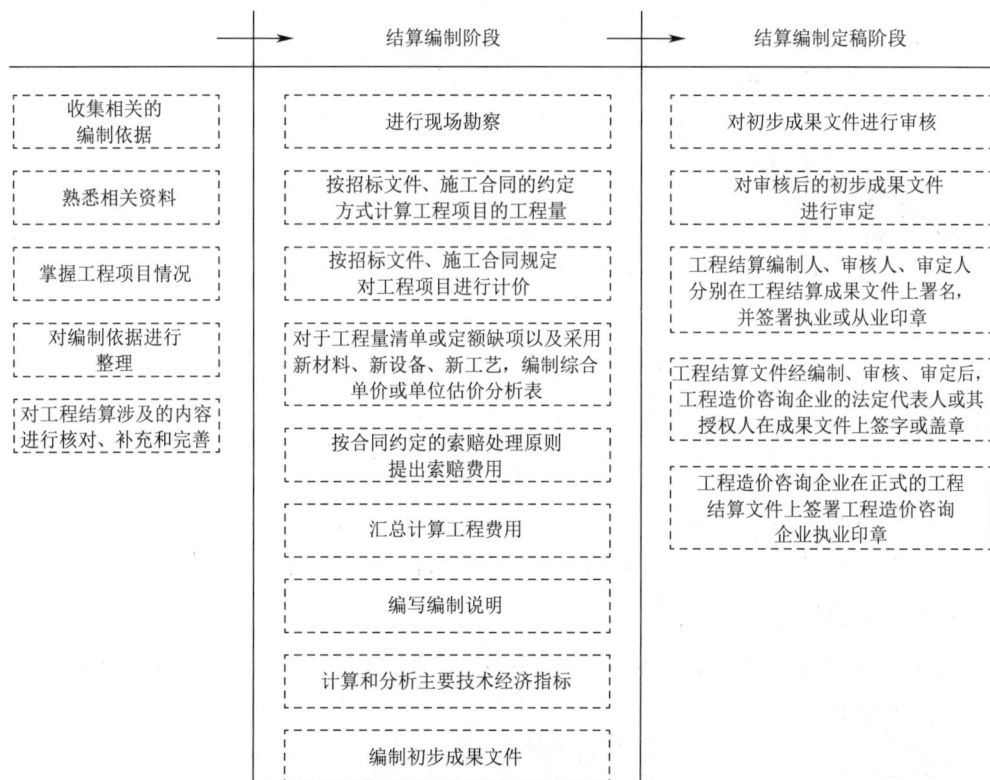

图 6-6　工程竣工结算编制流程图

竣工结算应按施工合同类型采用相应的编制方法，应符合《建设工程造价咨询规范》GB/T 51095—2015、《建设项目工程结算编审规程》CECA/GC 3—2010的规定。

1.采用总价合同的，应在合同总价基础上，对合同约定能调整的内容及超过合同约定范围的风险因素进行调整。

2.采用单价合同的，在合同约定风险范围内的综合单价应固定不变，并应按合同约定进行计量，且应按实际完成的工程量进行了计量。

3.采用成本加酬金合同的，应按合同约定的方法，计算工程成本、酬金及有关税费。

4.采用工程量清单方式计价的工程，一般采用单价合同，应按工程量清单单价法编制工程结算。

5.分部分项工程费应依据施工合同相关约定以及实际完成的工程量、投标时的综合单价等进行计算。

6.工程结算编制时原招标工程量清单描述不清或项目特征发生变化，以及变更工程、新增工程中的综合单价应按下列方法确定：

（1）合同中已有适用的综合单价，应按已有的综合单价确定；

（2）合同中有类似的综合单价，可参照类似的综合单价确定；

（3）合同中没有适用或类似的综合单价，由承包人提出综合单价，经发包人确认后执行。

7.工程结算编制时措施项目费应依据合同约定的项目和金额计算，发生变更、新增的措施项目，以发承包双方合同约定的计价方式计算，其中措施项目清单中的安全文明施工费用应按照国家或省级、行业建设主管部门的规定计算。施工合同中未约定措施项目费结算方法时，措施项目费可按以下方法结算：

（1）与分部分项实体消耗相关的措施项目，应随该分部分项工程实体工程量的变化，依据双方确定的工程量、合同约定的综合单价进行结算；

（2）独立性的措施项目，应充分体现其竞争性，一般应固定不变，按合同价中相应的措施项目费用进行结算；

（3）与整个建设项目相关的综合取定的措施项目费用，可参照投标时的取费基数及费率进行结算。

8.其他项目费应按以下方法进行结算：

（1）计日工按发包人实际签证的数量和确认的事项进行结算；

（2）暂估价中的材料单价按发承包双方最终确认价在分部分项工程费中对相应综

合单价进行调整，计入相应的分部分项工程费用；

（3）专业工程结算价应按中标价或发包人、承包人与分包人最终确认的分包工程价进行结算；

（4）总承包服务费应依据合同约定的结算方式进行结算；

（5）暂列金额应按合同约定计算实际发生的费用，并分别列入相应的分部分项工程费、措施项目费中。

9.招标工程量清单漏项、设计变更、工程洽商等费用应依据施工图，以及发承包双方签证资料确认的数量和合同约定的计价方式进行结算，其费用列入相应的分部分项工程费或措施项目费中。

10.工程索赔费用应依据发承包双方确认的索赔事项和合同约定的计价方式进行结算，其费用列入相应的分部分项工程费或措施项目费中。

11.规费和税金应按国家、省级或行业建设主管部门的规定计算。

（四）注意事项

在竣工结算过程中，全过程工程咨询单位应注意以下内容。

1.注重竣工结算资料的收集、整理，竣工结算资料是保证竣工结算造价的基础，同时完整的结算资料能够加快竣工结算的时间，并可以减少结算纠纷。对于全过程工程咨询单位来说，应与施工单位设立工程竣工资料管理组，并由熟练的专业、专职人员负责此项工作，从而做好结算资料的收集与整理。

2.竣工结算造价的计价应严格按照合同约定的原则进行，合同中没有约定的应参照计价规定进行计算，不应仅仅注重结算总造价，还应做到每个分项的结算造价准确，避免多算、错算、漏算。

3.竣工结算造价是合同承包范围内的全部结算价款（包含索赔价款及相关分包价款），不含在竣工结算价款的相关费用应进行说明。

4.应注重合同约定的结算编制时间，应在约定的时间内编制竣工结算书，并将完整结算资料一并提交投资人审核，避免由于未及时提交竣工结算而产生不利影响。

二、项目竣工结算审核

（一）项目竣工结算审核的依据

竣工结算审核编制依据应包括下列内容。

1.影响合同价款的法律、法规和规范性文件；

2.现场踏勘复验记录；

3.工程结算审查委托合同；

4.完整、有效的工程结算书；

5.施工合同、专业分包合同及补充合同、有关材料、设备采购合同；

6.与工程结算编制相关的国务院建设行政主管部门以及各省、自治区、直辖市和有关部门发布的建设工程造价计价标准、计价方法、计价定额、价格信息、相关规定等计价依据；

7.招标文件、投标文件，包括招标答疑文件、投标承诺、中标报价书及其组成内容；

8.工程施工图或竣工图、经批准的施工组织设计、设计变更、工程洽商、索赔与现场签证，以及相关的会议纪要；

9.工程材料及设备中标价、认价单；

10.发承包双方确认追加或核减的合同价款；

11.经批准的开工、竣工报告或停工、复工报告；

12.影响合同价款的其他相关资料。

因此，全过程工程咨询单位在竣工结算审核过程中，发现工程图纸、工程签证等与事实不符时，应由发承包双方书面澄清事实，并应据实进行调整，如未能取得书面澄清，工程造价咨询企业应进行判断。并将相关问题写入竣工结算审核报告。

（二）项目竣工结算审核的内容

建设项目竣工审核应按准备、编制和定稿三个阶段进行，并实行编制人、校对人和审核人分别署名盖章确认的内部审核制度。

1.工程结算审核准备阶段主要包括以下工作内容。

（1）审查工程结算书序的完备性、资料内容的完整性，对不符合要求的应退回，要求限时补正；

（2）审查计价依据及资料与工程结算的相关性、有效性；

（3）熟悉施工合同、招标文件、投标文件、主要材料设备采购合同及相关文件；

（4）熟悉竣工图纸或施工图纸、施工组织设计、工程概况，以及设计变更、工程洽商和工程索赔情况等；

（5）掌握工程量清单计价规范、工程预算定额等与工程相关的国家和当地建设行政主管部门发布的工程计价依据及相关规定。

2.工程结算审查阶段主要包括以下工作内容。

（1）审查工程结算的项目范围、内容与合同约定的项目范围、内容一致性；

（2）审查分部分项建设项目、措施项目或其他项目工程量计算准确性、工程量计算规则与计价规范保持一致性；

（3）审查分部分项综合单价、措施项目或其他项目时应严格执行合同约定或现行的计价原则、方法；

（4）对于工程量清单或定额缺项以及新材料、新工艺，应根据施工过程中的合理消耗和市场价格，审核结算综合单价或单位估价分析表；

（5）审查变更签证凭证的真实性、有效性，核准变更工程费用；

（6）审查索赔是否依据合同约定的索赔处理原则、程序和计算方法以及索赔费用的真实性、合法性、准确性；

（7）审查分部分项费用、措施项目费用、其他项目费用、规费和税金等结算价格时，应严格执行合同约定或相关费用计取标准及有关规定，并审查费用计取依据的时效性、相符性；

（8）提交工程结算审查初步成果文件，包括编制与工程结算相对应的工程结算审查对比表，以待校对、复核。

3.工程结算审定阶段主要包括以下工作内容。

（1）工程结算审查初稿编制完成后，应召开由工程结算编制人、工程结算审查投资人及工程结算审查人共同参加的会议，听取意见，并进行合理的调整；

（2）由工程结算审查人的部门负责人对工程结算审查的初步成果文件进行检查校对；

（3）由工程结算审查人的审定人审核批准；

（4）发承包双方代表人或其授权投资人和工程结算审查单位的法定代表人应分别在"工程结算审定签署表"上签认并加盖公章；

（5）对工程结算审查结论有分歧的，应在出具工程结算审查报告前至少组织两次协调会；凡不能共同签认的，审查人可适时结束审查工作，并作出必要说明；

（6）在合同约定的期限内，向投资人提交经工程结算审查编制人、校对人、审核人签署执业或从业印章，以及工程结算审查人单位盖章确认的正式工程结算审查报告。

（三）项目竣工结算审核的工作流程

竣工结算审核工作应依据《建设项目工程结算编审规程》CECA/GC 3—2010，主要包括准备、审查和审定三个工作阶段进行。

1.准备阶段应包括收集和整理作为竣工结算审核项目的相关依据资料，做好送审资料的交验、核实、签收工作，并应对资料缺陷向投资人提出书面意见及要求。

2.审查阶段应包括现场踏勘核实，召开审核会议，澄清并提出补充依据性资料和必要的弥补性措施，形成会商纪要，进行计量、计价审核与确定工作、完成初步审核报告等。

3.审定阶段应包括就竣工结算审核意见与承包人及发包人进行沟通，召开协调会议，处理分歧事项，形成竣工结算审核成果文件，签认竣工结算审定签署表，提交竣工结算审核报告等工作。

竣工结算审核应采用全面审核法。除委托咨询合同另有约定外，不得采用重点审核法、抽样审核法或类比审核法等其他方法。

工程结算审查应区分施工发承包合同类型及工程结算的计价模式，应采用相应的工程结算审查方法。

1.审查采用总价合同的工程结算时，应审查与合同所约定结算编制方法的一致性，按照合同约定可以调整的内容，在合同价基础上对调整的设计变更、工程洽商以及工程索赔等合同约定可以调整的内容进行审查。

2.审查采用单价合同的工程结算时，应审查按照竣工图或施工图以内的各个分部分项工程量计算的准确性，依据合同约定的方式审查分部分项建设项目价格，并对设计变更、工程洽商、施工措施以及工程索赔等调整内容进行审查。

3.审查采用成本加酬金合同的工程结算时，应依据合同约定的方法审查各个分部分项工程以及设计变更、工程洽商、施工措施等内容的工程成本，并审查酬金及有关税费的取定。

4.采用工程量清单计价的工程结算审查应包括以下内容。

（1）建设项目的所有分部分项工程量，以及实施建设项目采用的措施项目工程量；为完成所有工程量并按规定计算的人工费、材料费和施工机械使用费、企业管理费利润，以及规费和税金取定的准确性；

（2）对分部分项工程和措施项目以外的其他项目所需计算的各项费用进行审查；

（3）对设计变更和工程变更费用依据合同约定的结算方法进行审查；

（4）对索赔费用依据相关签证进行审查；

（5）合同约定的其他费用的审查。

5.工程结算审查应按照与合同约定的工程价款调整方式对原合同价款进行审查，并应按照分部分项工程费、措施项目费、其他项目费、规费、税金项目进行汇总。

6.采用预算定额计价的工程结算审查应包括以下内容：

（1）套用定额的分部分项工程量、措施项目工程量和其他项目，以及为完成所有工程量和其他项目并按规定计算的人工费、材料费机械使用费、规费、企业管理费、利润和税金与合同约定的编制方法的一致性，计算的准确性；

（2）对设计变更和工程变更费用在合同价基础上进行审查，工程索赔费用按合同约定或签证确认的事项进行审查合同约定的其他费用。

（3）对设计变更、签证确认事项、工程索赔和其他产生的费用按合同约定在合同价基础上进行审查。

（四）注意事项

1.收集相关资料为工程竣工结算审核编制提供全面而充分的依据

建设项目及验收后的完工结算审核数据及时收集，充分理解和掌握实际情况。一方面，可以保证结算审核内容的完整性和合理性。另一方面，可以保证结算、审计工作进展顺利，审计过程中没有太多疑点或不一致之处。竣工结算审核人员应注意以下几方面资料的收集。

（1）工程承发包合同，它是结算审核的最根本、最直接的依据，因为建设项目的承发包范围、双方的权利与义务、价款结算与调整方式、风险分配等都由此决定，另外结算中哪些费用项目可以计入或调整、如何计算也都以此为依据；

（2）施工图纸及图纸会审记录，它是确定中标价合理性及合同价的主要依据；

（3）招标文件、投标文件和设计变更图纸等原始资料，它是实际施工发生变化或进行增减删除项后调整有关费用的依据；

（4）设计变更通知单、工程开工、停工报告、监理单位指令等；

（5）施工组织设计、施工记录、原始票据、形象进度及现场照片等；

（6）有关定额（工程量清单）、费用调整的文件、规定；

（7）经审查批准的竣工图、工程竣工验收单、竣工报告等。

2.检查隐蔽验收记录

所有隐蔽工程均需进行验收，签证应符合相关规定，签字手续齐全；实行工程监理的项目应经监理单位签证确认。审核竣工结算时注意隐蔽工程施工记录和验收签证等手续完整，工程量与竣工图一致方可列入结算。

3.按图核实工程数量

实施审核时，应在熟练掌握工程量计算规则的基础上熟悉施工图纸，全面了解工程变更签证。审核工程量时应审查有无多计或者重复计算，计算单位是否一致，是否按工程量计算规则计算等。

4.落实设计变更签证

设计修改变更应由原设计单位出具"设计变更通知单"和修改图纸，设计、校审人员签字并加盖公章，经全过程工程咨询单位和监理单位初审报投资人同意后，方可下发设计变更并办理签证；重大设计变更应经原审批部门审批，否则不应列入结算。

5.注意各项费用计取

（1）全过程工程咨询单位在确定计价定额中的利润时，应以定额人工费或（定额人工费+定额机械费）作为计算基数，其费率根据历年工程造价积累的资料，并结合建筑市场实际确定，以单位（单项）工程测算，利润在税前建筑安装工程费的比重可按不低于5%且不高于7%的费率计算。利润应列入分部分项工程和措施项目中。

（2）当一般纳税人采用一般计税方法时，工具用具使用费中增值税进项税额的抵扣以购进货物或接受修理费配劳务适用的税率扣减，均为16%。

（3）当一般纳税人采用一般计税方法时，检验试验费进项税额现代服务业以适用的税率6%扣减。

（4）社会保险费和住房公积金应以定额人工费为计算基础，根据工程所在地省、自治区、直辖市或行业建设主管部门规定费率计算。

（5）工程排污费等其他应列入而未列入的规费应按工程所在地环境保护等部门规定的标准缴纳，按实计取列入。

第四节　项目竣工资料管理

建设项目的竣工资料管理工作非常重要，一切工程建设活动，无论其过程如何复杂，最终只能留下两个建设结果：一个是工程实体本身；另一个就是竣工资料。除建筑实体本身，竣工资料质量也是建设项目质量管理的重要组成部分。

一、项目竣工资料管理的依据

依照《基本建设项目档案资料管理暂行规定》中第三章"竣工档案资料的管理要求"的规定，竣工资料档案管理的主要依据包括以下内容。

1.《中华人民共和国档案法》（2020修订版）；

2.《国家基本建设委员会关于编制基本建设工程竣工图的几项暂行规定》；

3.《基本建设项目档案资料管理暂行规定》；

4.《建设项目（工程）竣工验收办法》；

5.《市政基础设施工程施工技术文件管理规定》；

6.《科学技术档案案卷构成的一般要求》GB/T 11822—2008；

7.《建设工程监理规范》GB/T 50319—2013；

8.《建设工程文件归档规范》GB/T 50328—2014；

9.《照片档案管理规范》GB/T 11821—2002；

10.《声像档案建档规范》ZKY/B002—5—2006；

11.《技术制图 复制图的折叠方法》GB/T 10609.3—2009；

12.其他相关规定。

二、项目竣工资料管理的内容

项目档案是项目建设管理的过程中形成的，以各种形式呈现并具有保存价值的历史记录。项目档案验收是项目竣工验收的重要组成部分。未经档案验收或档案验收不合格的项目不得进行或通过项目的竣工验收。竣工资料档案管理的主要内容包括归档资料的范围、质量要求，归档资料的立卷，资料的归档，档案的验收与移交。

（一）竣工资料归档的范围

对与工程建设有关的重要活动、记载工程建设主要过程和现状、具有保存价值的各种载体的文件，均应收集齐全，整理立卷后归档。归档资料可归纳为文字资料、竣工图以及声像资料三种类型。

具体归档范围应包括以下内容：

1.工程准备阶段文件，工程开工以前，在立项、审批、征地、勘察、设计、招标投标等工程准备阶段形成的文件；

2.监理文件：监理单位在工程设计、施工等监理过程中形成的文件；

3.施工文件：施工单位在工程施工过程中形成的文件；

4.竣工图：建设项目竣工验收后，真实反映建设项目施工结果的图样；

5.竣工验收文件：建设项目竣工验收活动中形成的文件。

（二）竣工资料归档的质量要求

竣工归档的资料必须依照《建设工程文件归档规范》GB/T 50328—2014中对于归档文字资料、竣工图以及声像资料的要求来整理资料，文字资料、竣工图以及声像资料的归档要求如下。

1.文字资料归档质量要求

竣工文字资料归档的具体质量要求包括以下方面：

（1）归档的竣工文字资料必须为原件；

（2）竣工文字资料内容及其深度必须符合国家有关工程勘察、设计、施工、监理等方面的技术规范、标准和规程；

（3）竣工文字资料应采用耐久性强的书写材料，如碳素墨水、蓝黑墨水，不得使用易褪色的书写材料，如：红色墨水、纯蓝墨水、圆珠笔、复写纸、铅笔等；

（4）竣工文字资料应字迹清楚，图面整洁，不得使用易褪色的书写材料书写、绘制；

（5）竣工资料文字材料幅面尺寸规格宜为A4幅面（297mm×210mm）。图纸宜采用国家标准图幅；

（6）竣工文字资料的纸张应采用能够长期保存的韧力大、耐久性强的纸张。

2.竣工图归档质量要求

竣工图是建筑工程竣工档案的重要组成部分，是工程建设完成后主要凭据性材料，是建筑物实际施工的真实写照，是工程竣工验收的必备条件，是工程维修、管理、改建、扩建的依据，各项新建、改建、扩建项目均必须编制竣工图。竣工图归档的具体质量要求包括以下方面：

（1）竣工图的编制应在盖有设计院出图章、注册设计师章和设计审核章的蓝图上进行绘制，报送的竣工图图样清晰，图表整洁，无破损，签字盖章手续完备；

（2）绘制竣工图须符合制图规范，做到图形清晰和字迹工整。绘制与注记要用碳素墨水笔；

（3）所有竣工图均应加盖竣工图章。竣工图章的基本内容应包括："竣工图"字样、施工单位、编制人、审核人、技术负责人、编制日期、监理单位、现场监理、总监。"竣工图章"应使用不易褪色的红色印泥，应盖在图标栏上方空白处。还须加盖施工单位和监理单位公章；

（4）竣工图纸变更依据。主要包括：图纸会审记录、设计变更单、技术核定单、工程业务联系单等修改；

（5）图纸变更注记方法。竣工图必须与工程实物相符，与设计变更通知单等有关资料一致，所有修改内容必须修改到位，竣工图的修改、注记方法规定如下：

1）对于少量文字和数字的修改可用杠改法。即用一条实线将被修改的部分划去，在其附近适当的位置填写变更后的内容，并注明修改依据和注记人、注记日期；

2）对少量图形的修改可采用叉改法。即用"×"将被修改部分划去，在其附近适当的位置画上修改后的图形，注明修改内容及修改依据、注记人、注记日期；

3）对较多图形的修改，可采用蓝图粘贴法。即将变更较大的部分进行重新绘制或绘成底图后晒成蓝图剪下，粘贴在变更部分上，吻合相接成竣工图，并注明修改依据、注记人、注记日期；

4）图纸变更内容若超出图纸版面的1/3，需要重新制作新图。

5）声像资料归档质量要求。

建设项目声像资料主要是指在城市规划、建设、管理活动中直接形成的，具有保存价值的照片、底片（包括反转片）、影片、录像带、光盘及磁性载体，以声像为主，辅以文字说明的历史记录。全过程工程咨询单位应向城建档案管理机构报送的声像资料主要有：建设项目的照片档案、录像档案和相应的文字说明。具体要求如表6-5所示。

表6-5　建设项目声像资料归档质量要求一览表

序号	声像资料	归档质量要求
1	照片档案	①主体明确、影像清晰、画面完整、未加修饰剪裁； ②能体现工程竣工后的外观、设计特色、地理位置； ③以传统感光材料为载体的照片需报送底片、正片（照片）； ④使用数码相机拍摄，其影像不能进行后期加工，光学分辨率不得小于400万有效像素（不允许插值）
2	录像档案	①主题明确、内容连贯简洁、影像清晰、镜头平稳； ②需注明建设项目所在的地理位置、外观、周围环境、人防设施、消防设施、水电设施、保安设施、标准房、标准层、设计特色、建筑特色等； ③报送第一代素材录像带，以及编辑后成品带或光盘（DVD或以上素质的格式）
3	文字说明	包括：工程名称、投资人名称、设计单位、施工单位、地点、开工日期、竣工日期、投资额、占地面积、建筑面积、结构、层数、摄影日期、摄影者等

（三）竣工资料的立卷

1.立卷的原则和方法。立卷应遵循工程文件的自然形成规律，保持卷内文件的有机联系，便于档案的保管和利用；一个建设项目由多个单位工程组成时，工程文件应按单位工程组卷；案卷不宜过厚，一般不超过40mm，不同载体的文件一般应分别组卷。

2.卷内文件的排列。文字材料按事项、专业顺序排列。同一事项的请示与批复、同一文件的印本与定稿、主件与附件不能分开，并按批复在前、请示在后，印本在前、定稿在后，主件在前、附件在后的顺序排列；图纸按专业排列，同专业图纸按图号顺序排列；既有文字材料又有图纸的案卷，文字材料排前，图纸排后。

3.案卷的编目。立卷目录编制内容包括卷内文件页号、卷内目录的编制、卷内备考表、案卷封面，具体如表6-6所示。

表6-6 立卷目录编制内容一览表

序号	立卷目录	具体内容
1	卷内文件页号	①卷内文件均按有书写内容的页面编号。每卷单独编号，页号从"1"开始； ②页号编写位置：单面书写的文件在右下角；双面书写的文件，正面在右下角，背面在左下角。折叠后的图纸一律在右下角； ③成套图纸或印刷成册的科技文件材料，自成一卷的，原目录可代替卷内目录，不必重新编定页码； ④案卷封面、卷内目录、卷内备考表不编定页号
2	卷内目录的编制	①卷内目录式样宜符合建设工程档案管理相关规范的要求； ②序号：以一份文件为单位，用阿拉伯数字从1依次标注； ③成套图纸或印刷成册的科技文件材料，自成一卷的，原目录可代替卷内目录，不必重新编定页码； ④文件编号：填写工程文件原有的文号或图号； ⑤文件题名：填写文件标题的全称； ⑥日期：填写文件形式的日期； ⑦页次：填写文件在卷内所排的起始页号，最后一份文件填写起止页号； ⑧卷内目录排列在卷内文件首页之前
3	卷内备考表	①卷内备考表的式样宜符合建设工程档案管理相关规范的要求； ②卷内备考表主要标明卷内文件的总页数、各类文件页数（照片张数），以及立卷单位对案卷情况的说明； ③卷内备考表排列在卷内文件的尾页之后
4	案卷封面	①案卷封面印刷在卷盒、卷夹的正表面，也可采用内封面形式。案卷封面的式样宜符合建设工程档案管理相关规范的要求； ②案卷封面的内容应包括档号、档案馆代号、案卷题名、编制单位、起止日期、密级、保管期限、共几卷、第几卷； ③档号应由分类号、项目号和案卷号组成，档号由档案保管单位填写； ④档案馆代号应填写国家给定的本档案馆的编号。档案馆代号由档案馆填写

4.案卷装订。案卷可采用装订与不装订两种形式。文字材料必须装订。既有文字材料，又有图纸的案卷应装订。装订应采用线绳三孔左侧装订法，要整齐、牢固，便于保管和利用；装订时必须剔除金属物。

（四）竣工资料的归档

1.竣工资料归档时间。根据建设程序和工程特点，归档可以分阶段分期进行，也可以在单位或分部工程通过竣工验收后进行；勘察、设计单位应当在任务完成时，施工、监理单位应当在工程竣工验收前，将各自形成的有关工程档案向投资人归档。

2.工程档案一般不少于两套，一套由投资人保管；另一套（原件）移交当地城建档案馆（室）。

3.勘察、设计、施工、监理等单位移交档案时，编制移交清单，双方签字、盖章后方可交接。

4.凡设计、施工及监理单位需要向本单位归档的文件，应按国家有关规定和建设工程档案管理相关规范的要求单独立卷归档。

（五）竣工档案的验收

1.列入城建档案馆（室）档案接收范围的工程，全过程工程咨询单位在组织工程竣工验收前，应提请城建档案管理机构对工程档案进行预验收。投资人未取得城建档案管理机构出具的认可文件，不得组织工程竣工验收。

2.城建档案管理部门在进行工程档案验收时，应重点验收以下内容：

（1）工程档案齐全、系统、完整；

（2）工程档案的内容真实、准确地反映工程建设活动和工程实际状况；

（3）工程档案已整理立卷，立卷符合本规范的规定；

（4）竣工图绘制方法、图式及规格等符合专业技术要求，图面整洁，盖有竣工图章；

（5）文件的形成、来源符合实际，要求单位或个人签章的文件，其签章手续完备；

（6）文件材质、幅面、书写、绘图、用墨、托裱等符合要求。

三、项目竣工资料管理的工作流程

各单位应按全过程工程咨询单位对本项目工程竣工资料整理归档的相关规定及国家有关文件的规定进行整理，完成后施工单位内部初验，初验合格后向监理单位递交验收申请，监理单位进行复验。复验合格后，由监理单位向全过程工程咨询单位提交竣工资料验收申请，投资人审核合格后做好向城建档案馆归档的相关准备工作。对验收不合格的竣工资料，由监理返还给编制单位重新整理和完善，直至所有资料满足整理及归档要求为止，流程如图6-7所示。

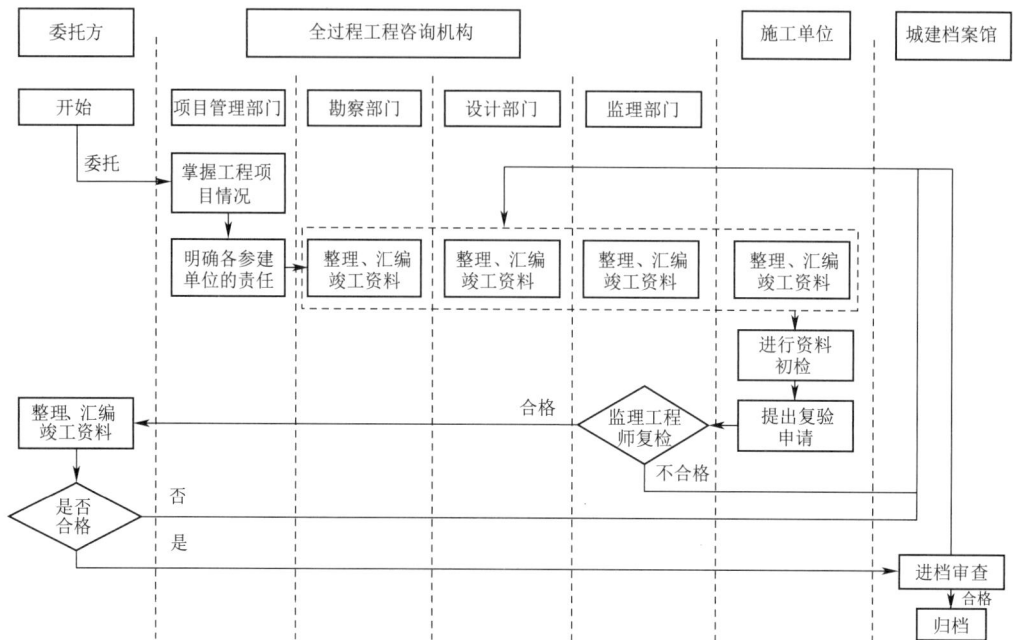

图 6-7　竣工资料管理流程图

（一）管理原则

档案管理体现了单位的管理水平。管理好工程档案，既有利于做好工程的建设，又有利于工程的后续管理工作。有效地进行档案管理主要集中在以下方面：

1.要有规章制度。工程建设档案涉及的单位和人员较多，全过程工程咨询单位应分析建设项目的特点建立健全管理规章，规范文件的收发、起草、签发、借阅、档案等行为，认真抓好规章制度的执行。规章制度不健全、不落实，档案工作就很难做好。

2.要熟悉有关业务。工程档案管理专业性强、业务范围广、涉及法律法规较多，相关领导和档案管理人员应尽可能多地了解国家有关法律法规，了解工程建设的业务知识，熟悉档案管理相关知识。

3.要形成督导机制。全过程工程咨询单位要加强对其他单位档案管理工作的督导，在工程建设过程中督促检查各参建单位工程文件的形成、收集、整理和立卷归档工作。工程验收后，要进一步加大力度，采取经济等手段督促各参建单位尽快完成归档工作。

（二）管理方法

1.工程准备阶段文件、竣工验收文件、监理文件可按建设项目或单位工程单独组卷。

2.施工文件应按单位工程组卷，并应符合下列规定

（1）建筑节能施工资料单独组卷；

（2）专业承包工程形成的施工资料应单独组卷；

（3）电梯应按单位工程单独组卷；

（4）室外工程应按室外建筑环境、室外安装工程单独组卷；

（5）当施工资料中部分内容不能按单位工程分类组卷时可按建设项目组卷，公共部分的原件可归入其中一个单位工程，其他单位工程不需要归档但应做档案说明。如：一个建设项目有多个单体工程共用施工组织设计、图纸会审记录、设计变更、产品质量证明文件等时，可按建设项目组卷；

（6）施工资料目录应与其对应的施工资料一起组卷。

3.竣工图按单位工程分专业分别组卷。

4.案卷的厚度：案卷厚薄要适中，文件材料卷厚控制在1.5cm，不宜超过2cm，图纸厚度不宜超过3cm。

5.工程资料可根据当地建设工程文件归档内容及排序中的标题，依据案卷厚度组成一卷或多卷，也可合卷；

（1）当案卷内文件厚度超厚时，可拆卷；

例1："质量控制文件"超厚，可把"施工组织设计""施工方案""地基处理文件"等拆开分别单独组卷也可把其中的两项合并组卷。

例2："隐蔽工程验收文件""建筑竣工图"超厚，可分成若干卷。

（2）当案卷文件较薄时，可合卷，为便于题名，合卷最多不能超过三个文件；

例3：可把"安全和功能检验文件"和"隐蔽工程验收文件"合并后单独组卷。

例4：可把"装饰装修分部工程质量验收文件"和"屋面分部工程质量验收文件"合并后单独组卷。

四、注意事项

1.编制竣工图的费用承担主体问题。如果由于设计错误导致设计更改较大且建筑图纸无法替代或使用，则设计单位必须绘制完成的图纸并承担费用。如果根据投资人或主管部门的要求更改设计，需要重新绘制完成的图纸，则由投资人或委托设计单位负责绘制，其费用由投资人在基建投资中解决；否则由施工单位自行承担。

2.凡有引进技术或引进设备的建设项目，要做好引进技术和引进设备的图纸、文件的收集、整理工作，无论通过何种渠道得到的与引进技术或引进设备有关的档案资

料均应交档案部门统一管理。档案部门要加强提供利用的手段和措施，保证使用。

3.对超过保管期限的基本建设项目档案资料必须进行鉴定，对已失去保存价值的档案资料，经过一定的审批手续，登记造册后方可处理。保密的档案资料应按保密规定进行管理。

4.建设大、中型建设项目时，均应设计建设与工作任务相适应的，符合要求的档案资料库房，并为档案资料保管提供利用配置必要的设备，其费用列入工程总概算。

第五节　项目竣工移交

一、项目竣工档案移交

（一）项目竣工档案移交的依据

建设项目竣工档案移交时应严格按照国家相关规定开展工作，其主要依据包括以下内容。

1.《基本建设项目档案资料管理暂行规定》；

2.《建设工程文件归档规范》GB/T 50328—2014；

3.《国家重大建设项目文件归档要求与档案整理规范》DA/T 28—2002（2015年版）；

4.其他规定。

（二）项目竣工档案移交的内容

全过程工程咨询单位应根据上述法规的规定，要求所有参加项目建设的单位，包括设计、施工、监理等单位或工程师，要在全过程工程咨询单位的统一组织安排下，分工负责，按照工程编序建立项目档案体系，对本单位分管项目的工程文档进行全面系统的收集、整理、归档后妥善保存；在单项（单位）工程交工验收时，经监理单位签证、全过程工程咨询单位检查复核后，除依照合同按投资人需求移交一份给项目投资人保管外，还应同时按《建设工程文件归档规范》GB/T 50328—2014的规定将需列入城建档案馆（室）接收范围工程的相关资料，在工程竣工验收后3个月内，全过程工程咨询单位应协助投资人必须向城建档案馆（室）移交一套符合规定的工程档案。竣工归档文件的归档范围及保管期限，规范都明确做了规定，如文件的保管期限分为永久保管，长期保管和短期保管三类，其中永久保管是指工程档案需永久保存，长期保管是指工程档案的保存期限等于该工程的使用寿命，短期保管是指工程档案保存20年以下。同一卷内有不同保管期限的文件，该案卷保管期限应从长。

1.工程准备阶段文件

工程准备阶段文件主要包括立项文件，建设用地、征地、拆迁文件，勘察、测绘、设计文件，招标投标文件，开工审批文件，财务文件，建设、施工、监理机构以及负责人，具体文件归档范围及保管期限如表6-7所示。

表6-7 工程准备阶段文件归档范围及保管期限表

序号	归档文件	保存单位和保管期限				
		建设单位	施工单位	工程咨询单位		城建档案馆
				设计	监理	
一	立项文件					
1	项目建议书	永久				√
2	项目建议书审批意见及前期工作通知书	永久				√
3	可行性研究报告及附件	永久				√
4	可行性研究报告审批意见	永久				√
5	关于立项有关的会议纪要、领导讲话	永久				√
6	专家建议文件	永久				√
7	调查资料及项目评估研究材料	长期				√
二	建设用地、征地、拆迁文件					
1	选址申请及选址规划意见通知书	永久				√
2	用地申请报告及县级以上人民政府城乡建设用地批准书	永久				√
3	拆迁安置意见、协议、方案等	长期				√
4	建设用地规划许可证及其附件	永久				√
5	划拨建设用地文件	永久				√
6	国有土地使用证	永久				√
三	勘察、测绘、设计文件					
1	工程地质勘察报告	永久		永久		√
2	水文地质勘察报告、自然条件、地震调查	永久		永久		√
3	建设用地钉桩通知单（书）	永久				√

序号	归档文件	保存单位和保管期限				
		建设单位	施工单位	工程咨询单位		城建档案馆
				设计	监理	
4	地形测量和拔地测量成果报告	永久		永久		√
5	申报的规划设计条件和规划设计条件通知书	永久		长用		√
6	初步设计图纸和说明	长期		长期		
7	技术设计图纸和说明	长期		长期		
8	审定设计方案通知书及审查意见	长期		长期		√
9	有关行政主管部门(人防、环保、消防、交通、园林、市政、文物、通信、保密、河湖、教育、白蚁防治、卫生等)批准文件或取得的有关协议	永久				√
10	施工图及其说明	长期		长期		
11	设计计算书	长期		长期		
12	政府有关部门对施工图设计文件的审批意见	永久		长期		√
四	招标投标文件					
1	勘察设计招标投标文件	长期				
2	勘察设计承包合同	长期		长期		√
3	施工招标投标文件	长期				
4	施工承包合同	长期	长期			√
5	工程监理招标投标文件	长期				
6	监理委托合同	长期			长期	√
五	开工审批文件					
1	建设项目列入年度计划的申报文件	永久				√
2	建设项目列入年度的批复文件或年度计划项目表	永久				√
3	规划审批申报表及报送的文件和图纸	永久				
4	建设工程规划许可证及其附件	永久				√

续表

序号	归档文件	保存单位和保管期限				
		建设单位	施工单位	工程咨询单位		城建档案馆
				设计	监理	
5	建设工程开工审查表	永久				
6	建设工程施工许可证	永久				√
7	投资许可证、审计证明、缴纳绿化建设费等证明	长期				√
8	工程质量监督手续	长期				√
六	财务文件					
1	工程投资估算材料	短期				
2	工程设计概算材料	短期				
3	施工图预算材料	短期				
4	施工预算	短期				
七	建设、施工、监理机构及负责人					
1	建设项目管理机构(项目经理部)及负责人名单	长期				√
2	建设项目监理机构(项目监理部)及负责人名单	长期			长期	√
3	建设项目施工管理机构(施工项目经理部)及负责人名单	长期	长期			√

2.监理文件

监理文件主要包括监理规划，监理月报中的有关质量问题，监理会议纪要中的有关质量问题，进度控制，质量控制，造价控制，分包资质，监理通知，合同与其他事项管理以及监理工作总结，具体文件归档范围及保管期限如表6-8所示。

表 6-8　监理文件归档范围及保管期限一览表

序号	归档文件	投资人	全过程工程咨询单位(监理)	城建档案馆
1	监理规划			

序号	归档文件	投资人	全过程工程咨询单位（监理）	城建档案馆
(1)	监理规划	长期	短期	√
(2)	监理实施细则	长期	短期	√
(3)	监理部总控制计划等	长期	短期	
2	监理月报中的有关质量问题	长期	长期	√
3	监理会议纪要中的有关质量问题	长期	长期	√
4	进度控制			
(1)	工程开工／复工审批表	长期	长期	√
(2)	工程开工／复工暂停令	长期	长期	√
5	质量控制			
(1)	不合格项目通知	长期	长期	√
(2)	质量事故报告及处理意见	长期	长期	√
6	造价控制			
(1)	预付款报审与支付	短期		
(2)	月付款报审与支付	短期		
(3)	设计变更、洽商费用报审与签认	长期		
(4)	工程竣工决算审核意见书	长期		√
7	分包资质			
(1)	分包单位资质材料	长期		
(2)	供货单位资质材料	长期		
(3)	试验等单位资质材料	长期		
8	监理通知			
(1)	有关进度控制的监理通知	长期	长期	
(2)	有关质量控制的监理通知	长期	长期	
(3)	有关造价控制的监理通知	长期	长期	
9	合同与其他事项管理			
(1)	工程延期报告及审批	永久	长期	√

续表

序号	归档文件	投资人	全过程工程咨询单位（监理）	城建档案馆
(2)	费用索赔报告及审批	长期	长期	
(3)	合同争议、违约报告及处理意见	永久	长期	√
(4)	合同变更材料	长期	长期	√
10	监理工作总结			
(1)	专题总结	长期	短期	
(2)	月报总结	长期	短期	
(3)	工程竣工总结	长期	长期	√
(4)	质量评价意见报告	长期	长期	√

3.施工文件

施工阶段归档的资料包括建筑安装工程和市政基础设施工程，其中建设安装工程，包括土建（建筑与结构）工程，电气、给水排水、消防、供暖、通风、空调、燃气、建筑智能化、电梯工程以及室外工程的相关资料文件；市政基础设施工程包括施工技术准备，施工现场准备，设计变更、洽商记录等文件。《建设工程文件归档规范》GB/T 50328—2014中规定了归档范围及保管期限的具体内容和要求，如表6-9所示。

表6-9　施工文件归档范围及保管期限

序号	归档文件	建设单位	施工单位	工程咨询单位		城建档案馆
				设计	监理	
一	建设安装工程					
（一）	土建（建筑与结构）工程					
1	施工技术准备文件					
(1)	施工组织设计	长期				
(2)	技术交底	长期	长期			
(3)	图纸会审记录	长期	长期	长期		√
(4)	施工预算的编制和审查	短期	短期			
(5)	施工日志	短期	短期			

续表

序号	归档文件	建设单位	施工单位	工程咨询单位 设计	工程咨询单位 监理	城建档案馆
2	施工现场准备					
(1)	控制网设置资料	长期	长期			√
(2)	工程定位测量资料	长期	长期			√
(3)	基槽开挖线测量资料	长期	长期			√
(4)	施工安全措施	短期	短期			
(5)	施工环保措施	短期	短期			
3	地基处理记录					
(1)	地基钎探记录和钎探平面布点图	永久	长期			√
(2)	验槽记录和地基处理记录	永久	长期			√
(3)	桩基施工记录	永久	长期			√
(4)	试桩记录	长期	长期			√
4	工程图纸变更记录					
(1)	设计会议会审记录	永久	长期	长期		√
(2)	设计变更记录	永久	长期	长期		√
(3)	工程洽商记录	永久	长期	长用		√
5	施工材料预制构件质量证明文件及复试试验报告					
(1)	砂、石、砖、水泥、钢筋、防水材料、隔热保温、防腐材料、轻集料试验汇总表	长用				√
(2)	砂、石、砖、水泥、钢筋、防水材料、隔热保温、防腐材料、轻集料出厂证明文件	长期				√
(3)	砂、石、砖、水泥、钢筋、防水材料、轻集料复试试验报告	长期				√
(4)	预制构件(钢、混凝土)出厂合格证、试验记录	长期				√
(5)	工程物资选样送审表	短期				

序号	归档文件	建设单位	施工单位	工程咨询单位		城建档案馆
				设计	监理	
(6)	进场物资批次汇总表	短期				
(7)	工程物资进场报验表	短期				
6	施工试验记录					
(1)	土壤（素土、灰土）干密度试验报告	长用				√
(2)	土壤（素土、灰土）击实试验报告	长用				√
(3)	砂浆配合比通知单	长用				
(4)	砂浆（试块）抗压强度试验报告	长期				√
(5)	混凝土配合比通知单	长期				
(6)	混凝土（试块）抗压强度试验报告	长期				√
(7)	混凝土抗渗试验报告	长用				√
(8)	商品混凝土出厂合格证、复试报告	长期				√
(9)	钢筋接头（焊接）试验报告	长期				√
(10)	防水工程试水检查记录	长期				
(11)	楼地面、屋面坡度检查记录	长期				
(12)	土壤、砂浆、混凝土、钢筋连接、混凝土抗渗试验报告汇总表	长期				√
7	隐蔽工程检查记录					
(1)	基础和主体结构钢筋工程	长用	长期			√
(2)	钢结构工程	长用	长期			√
(3)	防水工程	长期	长期			√
(4)	高程控制	长期	长期			
8	施工记录					
(1)	工程定位测量检查记录	永久	长期			√
(2)	预检工程检查记录	短期				
(3)	冬期施工混凝土搅拌测温记录	短期				
(4)	冬期施工混凝土养护测温记录	短期				

序号	归档文件	建设单位	施工单位	工程咨询单位		城建档案馆
				设计	监理	
(5)	烟道、垃圾道检查记录	短期				
(6)	沉降观测记录	长期				√
(7)	结构吊装记录	长期				
(8)	现场施工预应力记录	长期				√
(9)	工程竣工测量	长期	长期			√
(10)	新型建筑材料	长期	长期			√
(11)	施工新技术	长期	长期			√
9	工程质量事故处理记录	永久				√
10	工程质量检验记录					
(1)	检验批质量验收记录	长期	长期		长期	
(2)	分面工程质量验收记录	长期	长期		长期	
(3)	基础、主体工程验收记录	永久	长期		长期	√
(4)	隔墙工程验收记录	永久	长期		长用	√
(5)	分部(子分部)工程质量验收记录	永久	长期		长期	√
(二)	电气、给水排水、消防、供暖、通风、空调、燃气、建筑智能化、电梯工程					
1	一般施工记录					
(1)	施工组织设计	长期	长期			
(2)	技术交底	短期				
(3)	施工日志	短期				
2	图纸变更记录					
(1)	图纸会审	永久	长期			
(2)	设计变更	永久	长期			
(3)	工程洽商	永久	长期			√
3	设备、产品质量检查、安装记录					

续表

序号	归档文件	建设单位	施工单位	工程咨询单位		城建档案馆
				设计	监理	
(1)	设备、产品质量合格证、质量保证书	长期	长期			
(2)	设备装箱单、商检证明和说明书、开箱报告	长期				
(3)	设备安装记录	长期				√
(4)	设备试运行记录	长期				√
(5)	设备明细表	长期	长期			√
4	预检记录	短期				
5	隐蔽工程检查记录	长期	长期			
6	施工试验记录					
(1)	电气接地电阻、绝缘电阻、综合布线、有线电视末端等测试记录	长期				√
(2)	楼宇自控、监视、安装、视频、电话等系统调试记录	长期				√
(3)	变配电设备安装、检查、通电、满负荷测试记录	长期				√
(4)	给水排水、消防、供暖、通风、空调、燃气等管道强度，严密性、灌水、通风、吹洗、漏风、试压、通球、阀门等试验记录	长期				√
(5)	电梯照明、动力、给水排水、消防、供暖、通风、空调、燃气等系统调试、试运行记录	长期				√
(6)	电梯接地电阻、绝缘电阻测试记录；空载、半载、满载、超载试运行记录；平衡、运速、噪声调整试验报告	长期				√
(7)	质量事故处理记录	永久	长用			
(8)	工程质量检验记录					
(9)	检验批质量验收记录	长期	长用		长期	
(10)	分项工程质量验收记录	长期	长期		长期	

序号	归档文件	建设单位	施工单位	工程咨询单位		城建档案馆
				设计	监理	
(11)	分部(子分部)工程质验收记录	永久	长期		长期	
(三)	室外工程					
1	室外安装(给水、雨水、污水、热力、燃气、电信、电力、照明、电视、消防等)施工文件	长期				√
2	室外建筑环境(建筑小品、水景、道路、园林绿化等)施工文件	长期				√
二	市政基础设施工程					
(一)	施工技术准备					
1	施工组织设计	短期	短期			
2	技术交底	长期	长期			
3	图纸会审记录	长期	长期			√
4	施工预算的编制和审查	短期	短期			
(二)	施工现场准备					
1	工程定位测量资料	长期	长期			√
2	工程定位测量复核记录	长期	长期			√
3	导线点、水准点测量复核记录	长期	长期			√
4	工程轴线、定位桩、高程测量复核记录	长期	长期			√
5	施工安全措施	短期	短期			
6	施工环保措施	短期	短期			
(三)	设计变更、洽商记录					
1	设计变更通知单	长期	长期			√
2	室外建筑环境(建筑小品、水景、道路、园林绿化等)施工文件	长期				√
三	市政基础设施工程					
(一)	施工技术准备					

序号	归档文件	建设单位	施工单位	工程咨询单位		城建档案馆
				设计	监理	
1	施工组织设计	短期	短期			
2	技术交底	长期	长期			
3	图纸会审记录	长期	长期			√
4	施工预算的编制和审查	短期	短期			
(二)	施工现场准备					
1	工程定位测量资料	长期	长期			√
2	工程定位测量复核记录	长期	长期			√
3	导线点、水准点测量复核记录	长期	长期			√
4	工程轴线、定位桩、高程测量复核记录	长期	长期			√
5	施工安全措施	短期	短期			
6	施工环保措施	短期	短期			
(三)	设计变更、洽商记录					
1	设计变更通知单	长期	长期			√
2	洽商记录	长期	长期			√
(四)	原材料、成品、半成品、构配件设备出厂质量合格证及运输报告					
1	砂、石、砌块、水泥、钢筋(材)、石灰、沥青、涂料、混凝土外加剂、防水材料、粘接材料等试验汇总表	长期				√
2	砂、石、砌块、水泥、钢筋(材)、石灰、沥青、涂料、混凝土外加剂、防水材料、粘接材料、防腐保温材料、焊接材料等质量合格证书和出厂试验报告及现场试验报告	长期				√
3	水泥、石灰、粉煤灰混合料,沥青混合料等试验汇总表	长期				√
4	水泥、石灰、粉煤灰混合料;沥青混合料、商品混凝土等出厂合格证和试验报告、现场复试报告	长期				√

序号	归档文件	建设单位	施工单位	工程咨询单位		城建档案馆
				设计	监理	
5	混凝土预制构件、管材、管件、钢结构构件等试验汇总表	长期				√
6	混凝土预制构件、管材、管件、钢结构构件等出厂合格证书和相应的施工技术材料	长期				√
7	厂站工程的成套设备，预应力混凝土张拉设备等汇总表	长期				√
8	厂站工程的成套设备、预应力混凝土张拉设备、各类地下管线井室设施、产品等出厂合格证书及安装使用说明	长期				√
9	设备开箱报告	短期				
（五）	施工试验记录					
1	砂浆、混凝土试块强度、钢筋（材）焊连接、试验等汇总表	长期				
2	道路压实度、强度试验记录					
（1）	回填土、路床压实试验及土质最大干密度和最佳含水量试验报告	长期				√
（2）	石灰类、水泥类无机混合料基层的标准击实试验报告	长期				√
（3）	道路基层掺合料强度试验记录	长用				√
（4）	道路面层压实度试验记录	长期				√
3	混凝土试块强度试验记录					
（1）	混凝土配合比通知单	短期				
（2）	混凝土试块强度试验报告	长期				√
（3）	混凝土试块抗渗、抗冻试验报告	长期				√
（4）	混凝土试块强度统计、评定记录	长期				√
4	砂浆试块强度试验记录					
（1）	砂浆配合比通知单	短期				
（2）	砂浆试块强度试验报告	长期				√

序号	归档文件	建设单位	施工单位	工程咨询单位		城建档案馆
				设计	监理	
(3)	砂浆试块强度统计、评定记录	长期				√
5	钢筋 (材) 焊连接试验报告	长期				√
6	钢管、钢结构安装及焊缝处理外观质量检查记录	长期				
7	桩基础试验报告	长期				√
8	工程物资选样送审记录	短期				
9	进场物资批次汇总记录	日期				
10	工程物资进场报验记录	日期				
(六)	施工记录					
1	地基基础验收记录					
(1)	地基钎探记录及钎探位置图	长期	长期			√
(2)	地基与基槽验收记录	长期	长期			√
(3)	地基处理记录及示意	长期	长期			√
2	桩基施工记录					
(1)	柱基位置平面示意图	长期	长期			√
(2)	打桩记录	长期	长用			√
(3)	钻孔柱钻进记录及成孔质量检查记录	长期	长用			√
(4)	钻孔 (挖孔) 桩混凝土浇灌记录	长期	长期			√
3	构件设备安装和调试记录					
(1)	钢筋混凝土大型预制构件、钢结构等安装记录	长期	长用			
(2)	厂 (场)、站工程大型设备安装调试记录	长期	长用			√
4	预应力张拉记录					
(1)	预应力张拉记录表	长期				√
(2)	预应力张拉孔道压浆记录	长期				√
(3)	孔位示意图	长期				√

序号	归档文件	建设单位	施工单位	工程咨询单位		城建档案馆
				设计	监理	
5	沉井工程下沉观测记录	长期				√
6	混凝土浇灌记录	长期				
7	管道、箱涵等建设项目推进记录	长期				√
8	构筑物沉降观测记录	长期				√
9	施工测试记录	长期				√
10	预制安装水池壁板缠绕钢丝应力测定记录	长期				√
（七）	预检记录					
1	模板预检记录	短期				
2	大型构件和设备安装前预检记录	短期				
3	设备安装位置检查记录	短期				
4	贯道安装检查记录	短期				
5	补偿器冷拉及安装情况记录	短期				
6	支（吊）架位置、各部件连接方式等检查记录	日期				
7	供水、供热、供气管道吹（冲）洗记录	日期				
8	劳保品、防腐、油漆等施工检查记录	短期				
9	隐蔽工程检查（验收）记录	长期	长期			
（八）	工程质量检查评定记录					
1	工序工程质量评定记录	长期	长期			
2	单位工程质量评定记录	长期	长期			
3	分部工程质量评定记录	长期	长期			√
（九）	功能性试验记录					
1	道路工程的弯沉试验记录	长期				√
2	桥梁工程的动、静载试验记录	长期				√

续表

序号	归档文件	建设单位	施工单位	工程咨询单位		城建档案馆
				设计	监理	
3	无压力管道的严密性试验记录	长期				√
4	压力管道的强度试验、严密性试验等记录	长期				√
5	水池满水试验	长期				√
6	消化油气密性试验	长期				√
7	电气绝缘电阻、接地电阻测试记录	长期				√
8	电气照明、动力试运行记录	长期				√
9	供热管网、燃气管网等管网试运行记录	长期				√
10	燃气储罐总体试验记录	长期				√
11	电信、宽带网络等试运行记录	长期				√
（十）	质量事故及处理记录					
1	工程质量事故报告	永久	长期			√
2	工程质量事故处理记录	永久	长期			√
（十一）	竣工测量资料					
1	建筑物、构筑物竣工测量记录及测量汇总图	永久	长期			√
2	地下管线工程施工测量记录	永久	长期			√

4.竣工图

竣工图资料包括综合竣工图和专业竣工图，《建设工程文件归档规范》GB/T 50328—2014规定了归档范围及保管期限如表6-10所示。

表6-10　竣工图归档范围及保管期限

序号	归档文件	投资人	施工单位	城建档案馆
一	建筑安装工程竣工图			
（一）	综合竣工图			

续表

序号	归档文件	投资人	施工单位	城建档案馆
1	综合图			√
(1)	总平面布置图(如建筑、建筑小品、水景、照明、道路、绿化等)	永久	长期	
(2)	竖向布置图	永久	长期	√
(3)	室外给水、排水、热力、燃气等管网综合图	永久	长期	√
(4)	电气(包括电力、电信、电视系统等)综合图	永久	长期	√
(5)	设计总说明书	永久	长期	√
2	室外专业图		长期	
(1)	室外给水	永久	长期	√
(2)	室外雨水	永久	长期	√
(3)	室外污水	永久	长期	√
(4)	室外热力	永久	长期	√
(5)	室外燃气	永久	长期	√
(6)	室外电信	永久	长期	√
(7)	室分电力	永久	长期	√
(8)	室外电视	永久	长期	√
(9)	室外建筑小品	永久	长期	√
(10)	室外消防	永久	长期	√
(11)	室外照明	永久	长期	√
(12)	室外水景	永久	长期	√
(13)	室外道路	永久	长期	√
(14)	室外绿化	永久	长期	√
(二)	专业施工图			
1	建筑竣工图	永久	长期	√
2	结构竣工图	永久	长期	√
3	装修(装饰)工程竣工图	永久	长期	√
4	电气工程(智能化工程)竣工图	永久	长期	√

序号	归档文件	投资人	施工单位	城建档案馆
5	给水排水工程（消防工程）竣工图	永久	长期	√
6	供暖通风空调工程竣工图	永久	长期	√
7	燃气工程施工图	永久	长期	√
二	市政基础设施工程施工图			
1	道路工程	永久	长期	√
2	桥梁工程	永久	长期	√
3	广场工程	永久	长期	√
4	隧道工程	永久	长期	√
5	铁路、公路、航空、水运等交通工程	永久	长期	√
6	地下铁道等轨道交通工程	永久	长期	√
7	地下人防工程	永久	长期	√
8	水利防灾工程	永久	长期	√
9	排水工程	永久	长期	√
10	供水、供热、供气、电力、电信等地下管线工程	永久	长期	√
11	高压架空输电线工程	永久	长期	√
12	污水处理、垃圾处理处置工程	永久	长期	√
13	场、厂、站工程	永久	长期	√

5.竣工验收文件

竣工验收文件包括工程竣工总结，竣工验收记录，财务文件和声像、缩微、电子档，《建设工程文件归档规范》GB/T 50328—2014中规定归档范围及保管期限如表6-11所示。

表6-11　竣工验收文件归档范围及保管期限

序号	归档文件	投资人	施工单位	城建档案馆
一	工程竣工总结			
1	工程概况表	永久		√

续表

序号	归档文件	投资人	施工单位	城建档案馆
2	工程竣工总结	永久		√
二	竣工验收记录			
(一)	建筑安装工程			
1	单位(子单位)工程质量验收记录	永久	长期	√
2	竣工验收证明书	永久	长期	√
3	竣工验收报告	永久	长期	√
4	竣工验收备案表(包括各专项验收认可文件)	永久		√
5	工程质量保修书	永久	长期	√
(二)	市政基础设施工程			
1	单位工程质量评定表及报验单	永久	长期	√
2	竣工验收证明书	永久	长期	√
3	竣工验收报告	永久	长期	√
4	竣工验收备案表(包括各专项验收认可文件)	永久	长期	√
5	工程质量保修书	永久	长期	√
三	财务文件			
1	决算文件	永久		√
2	交付使用财产总表和财产明细表	永久	长期	√
四	声像、缩微、电子档案			
1	声像档案			
(1)	工程照片	永久		√
(2)	录音、录像材料	永久		√
2	缩微品	永久		√
3	电子档案			
(1)	光盘	永久		√
(2)	磁盘	永久		√

（三）项目竣工档案移交的工作流程

竣工档案移交工作应按照参照《建设工程文件归档规范》GB/T 50328—2014，具体实施过程包括

1.全过程工程咨询单位受投资人授权与城建档案管理部门签订《建设工程竣工档案移交责任书》；

2.城建档案管理部门对项目参与各单位进行业务指导与技术培训；

3.全过程工程咨询单位组织各单位按归档要求对建设工程档案进行收集、整理与汇总；

4.全过程工程咨询单位提交《建设工程竣工档案预验收申请表》；

5.城建档案馆对工程档案进行预验收，预验收合格后出具《建设工程竣工档案预验收意见书》；

6.全过程工程咨询单位组织各单位向城建档案管理部门移交建设工程竣工档案；

7.城建档案管理部门对移交档案合格项目发放《建设工程档案合格证》。

常用的竣工档案移交的方法主要包括以下内容。

1.邀请城建档案馆工作人员提前到项目部对各单位进行业务指导与专业培训；

2.分包施工单位应按合同约定的资料份数、内容、装订方式和移交时限将完整的组卷成册的资料移交给总承包施工单位，并办理移交手续；总承包施工单位整理各分包单位资料后，按合同约定的资料份数、内容、装订方式和移交时限将完整的组卷成册的资料移交给监理单位进行初审，合格后交全过程工程咨询单位复审，合格后办理移交手续；移交给全过程工程咨询单位的资料应按合同约定的套数如数移交。若需增加套数，应在合同中约定或另行商定，并明确所发生费用的承担方；分包施工和总包施工单位应按合同约定时限将资料分别移交给总承包施工单位和监理（全过程工程咨询）机构，不得以任何理由，拖延甚至拒绝资料的移交；总承包单位或监理（全过程工程咨询）机构不得因资料不符合规定以外的其他原因，拖延甚至拒绝接收分包单位或总承包单位移交的资料。

（四）注意事项

1.注意应以总包单位为主体进行移交。

2.注意资料的完整性，在移交前，全过程工程咨询单位应组织监理单位对移交资料进行核查。

3.全过程工程咨询单位向投资人移交工程竣工资料，其要求是必须在规定的时间内，按工程竣工资料清单目录，进行逐项交接，办理交验签章手续。

二、项目工程实体移交

（一）项目工程实体移交的依据

建设项目工程实体移交时应严格按照国家相关规定开展工作，其主要依据包括以下内容。

1.《建设工程质量管理条例》（2019年版）；

2.《建设项目（工程）竣工验收办法》；

3.《建筑工程施工质量验收统一标准》GB 50300—2020；

4.《房屋建筑和市政基础设施工程竣工验收规定》；

5.《房屋建筑和市政基础设施工程竣工验收备案管理办法》；

6.其他现行的相关法律和规定。

（二）项目工程实体移交的内容

全过程工程咨询单位应组织监理、施工单位按承包的建设项目名称和合同约定的交工方式，向投资人移交，然后由投资人移交给使用单位。

1.工程移交计划（表6-12）

表 6-12 工程移交计划

序号	工作内容		施工单位	验收单位	验收时间	移交时间	移交责任人	接收单位	备注
单项建筑验收									
1	专项工程	电梯		技监局					
2		变配电室		供电局					
3		火灾报警及消防联动系统		消防大队					
4	外装工程	幕墙（含外网及入口雨篷）		质监站					
5		电动百十		质监站					
6		入口车道、壕沟		质监站					
7	内装工程	地面		质监站					
8		门窗		质监站					
9		涂饰		质监站					

续表

序号	工作内容		施工单位	验收单位	验收时间	移交时间	移交责任人	接收单位	备注
				单项建筑验收						
10	内装工程	吊顶		质监站					
11		饰面砖		质监站					
12		细部		质监站					
13		厨房设备		质监站					
14	给水排水系统	室内给水		质监站					
15		室内排水（含压力雨水）		质监站					
16		室内热水供应系统		质监站					
17		卫生器具安装		质监站					
18	通风与空调系统	室内供暖系统（含地热）		质监站					
19		供热锅炉及辅助设备		质监站					
20		送排风系统（含座椅送风）		质监站					
21		防排烟系统		质监站					
22		空调风系统		质监站					
23		制冷设备系统		质监站					
24		空调水系统（含冷却塔）		质监站					
25	……	……	……	……	……	……			……

2.施工单位的工程移交

在工程整改及工程竣工验收完毕后，全过程工程咨询单位应协助投资人立即组织施工单位提交房屋竣工验收报告、消防部门出具的消防验收文件、质量技术监督部门出具的电梯验收文件等相关资料，文件齐全后应去当地建设部门办理竣工验收备案手续，取得竣工验收备案回执；在取得竣工验收备案回执及整改情况处理完毕后，施工

207

单位向投资人、监理、全过程工程咨询单位提出移交申请，全过程工程咨询单位应立即组织各专业工程师及监理单位的各监理人员、投资人、接收单位相关人员共同组成项目移交组，对项目进行初步验收，按照交验标准逐一查看，发现问题后要求施工单位限期整改并跟踪处理结果；在将遗留问题处理完毕、各系统已具备使用的条件下（若是住宅工程还需编制住宅质量保证书等相关文件），方可以办理移交手续。

3.全过程工程咨询单位工程移交的工作

在施工单位将工程移交的同时，全过程工程咨询单位应协助投资人提前组织设备厂商、施工单位完成项目使用及维护手册的编制，并完成对使用单位（一般委托物业公司接收）相关人员进行培训。另外，应要求使用单位（物业公司）对室内的电气、上下水、灯具、门窗、各设备系统操作等进行全面检查，发现问题后立即组织施工单位进行整改；在各项整改工作全完毕后，将室内的钥匙移交给使用单位（物业公司），钥匙移交过程中要进行签字记录；在使用单位入伙期间，应派专人协助使用单位熟悉及合理使用建筑物，对出现的问题需及时进行处理。

（三）项目工程实体移交的工作流程

工程实体移交的工作流程主要包括以下几个部分：

1.建设项目移交是建设项目通过竣工验收后，全过程工程咨询单位组织投资人、施工单位、监理单位向使用单位（物业管理公司）进行移交项目所有权的过程。

2.建设项目经竣工验收合格后，便可办理工程交接手续，交接手续应及时办理，以便早日投产使用，发挥投资效益。

3.竣工结算已审核并经各方签字认可后，即可移交项目工程实体。

4.工程实体移交前，各单位应将成套的工程技术资料按规定进行分类管理，编目建档后，由全过程工程咨询单位负责组织移交给投资人，同时施工单位还应将在施工中所占用的房屋设施，进行维修清理，打扫干净，连同房门钥匙全部予以移交。

工程实体移交工作流程具体如图6-8所示。

工程实体移交方法如下：

1.编制工程实体移交计划；

2.按分部分项工程，如按室内、外装修、总平等逐一移交给使用单位；

3.移交前完成对使用单位的培训；

4.移交完成后参与各方签字确认，完成移交记录表的确认，如表6-13所示。

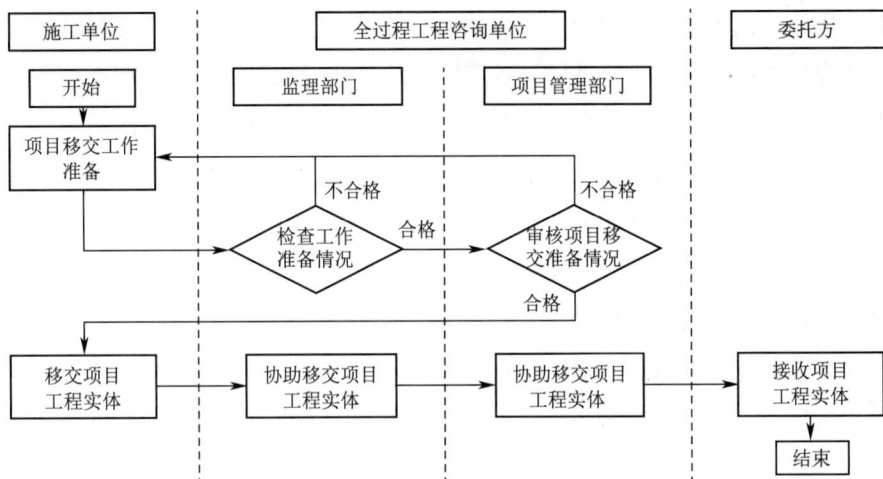

图 6-8 工程实体移交流程图

表 6-13 ××项目分项工程移交记录表

移交分项工程	门禁系统	数量		单位	
验收单位					
施工单位					
验收情况说明：					
移交清单：（详附件）					
资料情况		签收人		时间	
移交单位					
接收单位					
接收单位意见：					
移交人：		时间：			
接收人：		时间：			
备注： 随机附件包括：					

本表一式两份，由移交、接收单位各留存一份。

（四）注意事项

1.原施工合同中未包括工程质量保修书附件的，在移交工程时，应按有关规定与施工单位签署或补签工程质量保修书。

2.向使用单位提交工程移交工作计划表，确定工程移交时间及移交项目。

3.移交过程需要各方签字认可，签字完善的移交记录表须各方保存以备查。

4.工程未经竣工验收，使用单位提前使用的，应在交付记录表中注明。

5.编制撤出施工现场的计划安排，项目经理部应按照工程竣工验收、移交的要求，编制工地撤场计划，规定时间，明确负责人、执行人，保证工地及时清场转移。

撤场计划安排的具体工作要求如下：

（1）临时工程拆除，场内残土、垃圾要文明清运；

（2）对机械、设备进行润滑、油漆保养，组织有序退场；

（3）周转材料要按清单数量转移、交接、验收、入库；

（4）退场物资运输要防止重压、撞击，不得野蛮装卸；

（5）转移到新工地的各类物资要按指定位置堆放，符合平面管理要求；

（6）清场转移工作结束，解除施工现场管理责任。

第六节　项目竣工决算

一、编审项目竣工编制

（一）编审项目竣工编制的依据

项目竣工决算是指所有建筑建设项目竣工后，全过程工程咨询单位根据合同约定的要求，协助投资人按照国家规定编制的竣工决算报告。竣工决算应综合反映竣工项目从筹建开始至项目竣工交付使用为止的全部建设费用、投资效果以及新增资产价值，也是项目竣工验收报告的重要组成部分。项目竣工决算编制的主要依据包括以下内容：

1.影响合同价款的法律、法规和规范性文件；

2.项目计划任务书及立项批复文件；

3.项目总概算书和单项工程概算书文件；

4.经批准的设计文件以及设计交底、图纸会审资料；

5.招标文件和最高投标限价；

6.工程合同文件；

7.项目竣工结算文件；

8.工程签证、工程索赔等合同价款调整文件、各种设计变更；

9.设备、材料调价文件记录；

10.会计核算及财务管理资料，历年财务决算及批复文件；

11.其他有关项目管理的文件；

12.竣工档案资料。

（二）编审项目竣工编制的内容

竣工决算是以实物量和货币为单位，综合反映建筑项目或单项工程的实际造价和投资效益，核定交付使用财产和固定资产价值的文件，是建筑项目的财务总结，主要包括以下内容：

1.竣工决算的内容由文字和决算报表两部分组成；

2.文字说明包括：工程概况，设计概算和基建计划执行情况，项目竣工财务决算说明书，各项技术经济指标完成情况，各项投资资金使用情况，建设成本和投资效益分析以及建设过程中主要经验、存在问题和解决意见等；

3.决算表格分大中型和小型项目两种：大中型项目竣工决算表包括：竣工工程概况表、竣工财务决算表、交付使用财产总表和交付使用财产明细表；小型项目竣工决算表按上述内容合并简化为小型项目竣工决算总表和交付使用财产明细表，如表6-14所示。

表 6-14 大中型项目竣工决算报表

序号	类别	内容及要求
1	竣工工程概况表	①包括工程概况、设计概算和基本建设执行情况； ②主要反映竣工项目建筑的实际成本以及各项技术经济指标的完成情况，建筑工期和实物工程量完成情况，主要材料消耗情况、建筑成本分析和投资效果分析，新增生产能力和效益分析，建筑过程中主要经验、存在的问题和意见等
2	竣工财务决算表	①主要反映建筑项目的全部投资来源及其运用情况； ②资金来源是指项目全部投入的资金，包括国家预算拨款或贷款、利用外资、基建收入、专项资金和其他资金等； ③资金运用反映建筑项目从开始筹建到竣工验收的全过程中资金运用全面情况
3	交付使用财产总表和交付使用财产明细表	包括交付使用的固定资产构成情况（建安工程费用、设备费用和其他费用）和流动资金的详细情况

（三）编审项目竣工编制的流程

建设项目竣工决算的编制应遵循以下流程：

1.收集、整理有关项目竣工决算依据

在项目竣工决算编制之前，应认真收集、整理各种有关的项目竣工决算依据，做好各项基础工作，保证项目竣工决算编制的完整性。项目竣工决算的编制依据是各种研究报告、投资估算、设计文件、设计概算、批复文件、变更记录、招标标底、投标报价、工程合同、工程结算、调价文件、基建计划和竣工档案等各种工程文件资料。

2.清理项目账务、债务和结算物资

项目账务、债务和结算物资的清理核对是保证项目竣工决算编制工作准确有效的重要环节。要认真核实项目交付使用资产的成本，做好各种账务、债务和结算物资的清理工作，做到及时清偿、及时回收。清理的具体工作要做到逐项清点、核实账目、整理汇总和妥善管理。

3.填写项目竣工决算报告

项目竣工决算报告的内容是项目建筑成果的综合反映。项目竣工决算报告中各种财务决算表格中的内容应依据编制资料进行计算和统计，并符合规定。

4.编写竣工决算说明书

项目竣工决算说明书具有建设项目竣工决算系统性的特点，综合反映项目从筹建开始到竣工交付使用为止，全过程的建筑情况，包括项目建筑成果和主要技术经济指标的完成情况。

5.报上级审查

项目竣工决算编制完毕，应将编写的文字说明和填写的各种报表，经过反复认真校稿核对，无误后装订成册，形成完整的项目竣工决算文件报告，及时上报审批。

竣工决算编制流程如图6-9所示。

根据审定的竣工决算等原始资料，对原概预算进行调整，重新核定单项工程、单位工程的造价。属于增加固定资产价值的其他投资，如工程措施费、维修费、土地征用及拆迁补偿费等，应分摊于受益工程，随同受益工程交付使用一并计入新增固定资产价值。

（四）注意事项

1.竣工决算应分清项目的性质，项目不同依据的文件不同，并依据对应的法规文件的特殊规定进行编制。

2.严格按照财政部规定的内容和格式填制工程决算报告，概算明细及金额严格按照批准的设计、概算等文件进行填写，一般不允许更改。

3.铁路、码头等建设项目的竣工决算报告，依据部委和行业规定，有特殊要求的，在按照财政部规定编制工程决算报告后，再按照部委和行业规定，编制特殊要求报告。

工作环节　　　　　　　　　　　　　　主要工作步骤

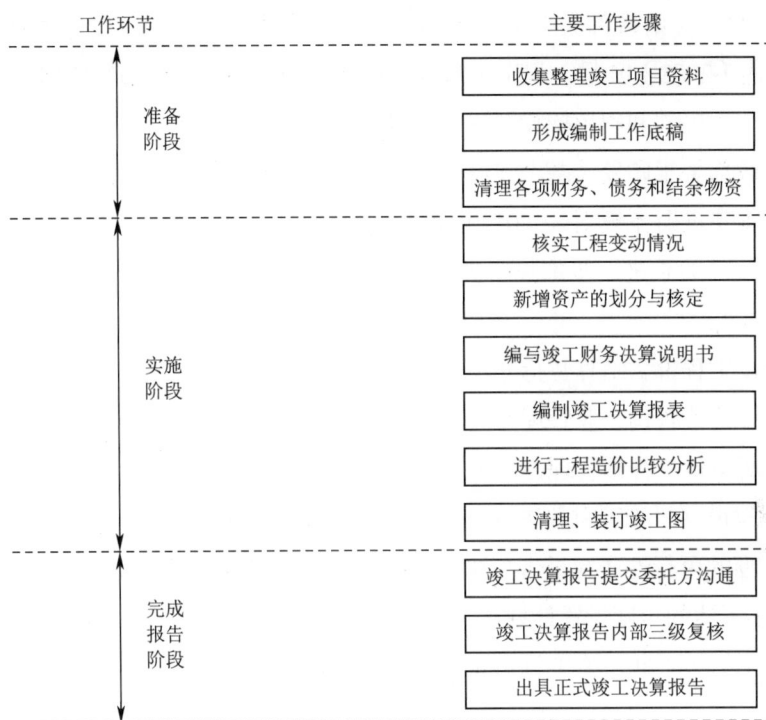

图 6-9　竣工决算编制流程图

4.基本报表、其他附表中的数据之间应具有严谨的逻辑关系，注意保持一致。

5.竣工决算是办理交付使用财产价值的依据。正确核定新增资产的价值，不但有利于建设项目交付使用以后的财务管理，而且可以为建设项目进行经济后评估提供依据。新增资产主要包括流动资产、固定资产、无形资产、递延资产、其他资产。资产性质不同，其计价的方法也应不同。

二、项目竣工决算审查

（一）项目竣工决算审查的依据

建设项目全部竣工后，全过程工程咨询单位要按照基本建设财务管理制度要求及时编制项目竣工财务决算，并报财政部门委托的投资评审机构或财政部门认可的有资质的社会中介机构进行审核，财政部门再按有关规定向项目全过程工程咨询单位批复项目竣工财务决算。

依据《财政部关于印发〈基本建设财务管理规定〉的通知》（财建〔2002〕394号）、《财政部关于解释〈基本建设财务管理规定〉执行中有关问题的通知》（财建

〔2003〕724号)、《财政部关于进一步加强中央基本建设项目竣工财务决算工作的通知》(财办建〔2008〕91号)规定了基本建设项目竣工财务决算编制依据。

1.《中华人民共和国招标投标法》(2017年版);

2.《财政部关于印发〈基本建设财务管理规定〉的通知》(财建〔2002〕394号);

3.《基本建设财务规则》(2017年版);

4.《财政部关于进一步加强中央基本建设项目竣工财务决算工作通知》(财办建〔2008〕91号);

5.《建设工程价款结算暂行办法》(2022年版);

6.《工程造价咨询企业管理办法》(2020年版);

7.《注册造价工程师管理办法》;

8.基本建设项目竣工财务决算报表包括竣工财务决算说明书;

9.经批准的可行性研究报告、初步设计、概算及调整文件等相关文件;

10.历年下达的年度投资计划;

11.规划许可证书、施工许可证书或经批准的开工报告,竣工报告或停、复工报告;

12.会计核算及财务管理资料;

13.基本建设项目竣工验收资料;

14.招标投标文件,项目合同(协议)包括勘察、设计、施工、监理、设备采购合同等;

15.工程结算报告书等有关资料;

16.项目剩余物资盘点资料;

17.其他有关资料等。

(二)项目竣工决算审查的内容

全过程工程咨询单位应协助投资人接受审计部门的审计监督。其中重点协助审查包括以下内容:

1.全过程工程咨询单位应当协助投资人接受审计机关对项目总预算或者概算的执行、年度预算的执行情况的审计监督;

2.全过程工程咨询单位应当协助投资人接受审计机关对项目建设流程、资金来源和其他前期工作的审计,也应当接受审计机关对于建设流程、建设资金筹集、征地拆迁等前期工作真实性和合法性的检查;

3.全过程工程咨询单位应当协助投资人接受审计机关对建设资金管理与使用情况

进行的审计；

4.全过程工程咨询单位应当协助投资人接受审计机关根据需要对项目的勘察、设计、施工、监理、采购、供货等方面招标投标和工程承发包情况的审计；

5.全过程工程咨询单位应当协助投资人接受审计机关根据需要对于项目有关合同订立、效力、履行、变更和转让、终止的真实性和合法性的审计；

6.全过程工程咨询单位应当协助投资人接受审计机关对于项目设备、材料的采购、保管、使用的真实性、合法性和有效性审计；

7.全过程工程咨询单位应当协助投资人接受审计机关对于项目概算执行情况及概算审批、执行、调整的真实性和合法性的审计；

8.全过程工程咨询单位应当协助投资人接受审计机关对于项目债权债务的真实性和合法性审计；

9.全过程工程咨询单位应当协助投资人接受审计机关对于项目税费缴纳的真实性和合法性的审计；

10.全过程工程咨询单位应当协助投资人接受审计机关对于建设成本的真实性和合法性审计；

11.全过程工程咨询单位应当协助投资人接受审计机关对于项目基本建设收入、结余资金的审计，应当接受形成和分配的真实性和合法性的检查；

12.全过程工程咨询单位应当协助投资人接受审计机关对于工程结算和工程决算的审计，以及检查工程价款结算与实际完成投资的真实性、合法性及工程造价控制的有效性；

13.全过程工程咨询单位应当协助投资人接受审计机关对于项目的交付使用资产的审计；

14.全过程工程咨询单位应当协助投资人接受审计机关对于项目尾工工程的审计，以及检查未完工程投资的真实性和合法性；

15.全过程工程咨询单位应当协助投资人接受审计机关对于投资人会计报表的审计，以及检查年度会计报表、竣工决算报表的真实性和合法性；

16.全过程工程咨询单位应当协助投资人接受审计机关对于项目的勘察、设计、施工、监理、采购、供货等单位的审计，以及检查项目勘察、设计、施工、监理、采购、供货等单位与国家建设项目直接有关的收费和其他财务收支事项的真实性和合法性；

17.全过程工程咨询单位应当协助投资人接受审计机关对于项目工程质量管理的

审计，以及检查勘察、设计、建设、施工和监理等单位资质的真实性和合法性，以及对工程质量管理的有效性。

（三）项目竣工决算审查的流程

建设项目竣工决算审核的具体步骤包括以下内容：

1.全过程工程咨询单位配合审计部门对自身情况和项目的相关情况做深入了解以及对其进行风险评估；

2.全过程工程咨询单位根据项目情况选派相应专业人员配合审计部门的审查与监督；

3.全过程工程咨询单位配合审计部门收集项目立项、可行性研究报告、初步设计、投资计划、概算、工程决算报表、工程结算报告或建设内容调整等有关批复文件及资料；

4.全过程工程咨询单位配合审计部门编制竣工决算审查实施方案；

5.全过程工程咨询单位配合审计部门出具工程决算审核报告；

6.审计部门对工程决算审核报告（初稿）通过三级复核后完成相关流程后出具正式报告。

竣工决算审查流程如图6-10所示。

竣工决算审核一般应采用全面审核法，也可采用延伸审查等方法。具体审核方法如下：

（1）现场勘察。到建设项目现场实地查看，获取对项目的初步感性认识、核实相关工程量及以竣工图核对实物存在状态。可以选择在项目现场施工阶段初期、中期或完成阶段前进行。

（2）审阅项目资料。对全过程工程咨询单位提供的批复文件、科目余额表、可行性研究报告、初步设计、招标投标资料、合同、记账凭证、竣工结算书、工程决算报表等所有资料进行认真审阅。

（3）重新计算。对于项目建设期间的贷款利息和待摊费用的分配、招待费占投资人管理费的比例、结算中的主要工程量等重大事项必须进行重新计算。

（4）函证。对于银行存款余额和资金往来余额必须进行函证。函证是指注册会计师为了获取影响财务报表或相关披露认定的项目的信息，通过直接来自第三方对有关信息和现存状况的声明，获取和评价审核证据的过程。函证是受到高度重视并经常被使用的一种重要流程。

（5）询问。对审核工程中的疑问，全过程工程咨询单位总咨询师进行询问，必要

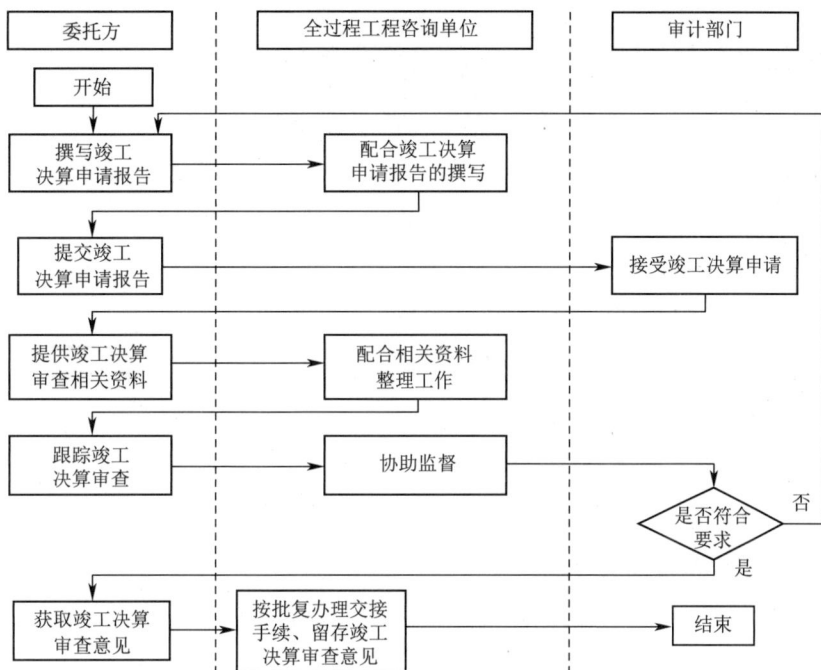

图 6-10 竣工决算审查流程图

时要求相关人员写出说明并签字。

（6）沟通。对审核中发现的问题全过程工程咨询单位要充分进行沟通，对审核中发现的重大问题充分与审核单位相关领导进行沟通。

（四）注意事项

1.全过程工程咨询单位应在过程管理中，高度重视政府审计的问题，关注过程资料的完整性、合理性，及时将资料归档保存，以便顺利通过审计。

2.配合投资人建立相应的制度，规范各方行为，建立工程变更及签证制度。

3.审计前，全过程工程咨询单位应逐一检查各合同的完成情况，在实际执行中与合同约定有不相符的，如：合同范围的改变、合同工期的延误、调价原则的说明等必须加以书面说明。

第七节 竣工备案

一、竣工备案的依据

（一）法律法规

1.《中华人民共和国建筑法》（2019年版）；

2.《建设工程质量管理条例》（2019年版）；

3.其他现行的相关法律和规定。

（二）建设项目工程资料

1.合同文件；

2.建设工程竣工验收报告；

3.规划、公安、消防、环保等部门出具的认可文件或者准许使用文件；

4.其他相关资料；

5.全过程工程咨询单位的知识体系和经验。

二、竣工备案的内容

1.经承包人自检合格，并且符合相关政策的要求后方可进行竣工验收。由承包人在工程完工后向投资人提交工程竣工报告，申请竣工验收，并经专业咨询工程师（监理）签署意见。

2.对符合竣工验收要求的工程，全过程工程机构协助投资人负责组织专业咨询工程师（勘察、设计等）组成的专家组实施验收并协助投资人在竣工验收7个工作日前将验收的时间、地点及验收组名单书面通知负责监督该工程的工程质量监督机构。

3.工程竣工验收合格之日起15个工作日内，全过程工程咨询单位及时提出竣工验收报告，向建设项目所在地县级以上地方人民政府建设行政主管部门（及备案机关）备案。

4.工程质量监督机构，应在竣工验收之日起5个工作日内，向备案机关提交工程质量监督报告。

5.城建档案管理部门对工程档案资料按国家法律法规要求进行预验收，签署验收意见。

6.备案机关在验证竣工验收备案文件齐全后，在竣工验收备案表上签署验收备案意见并签章。工程竣工验收备案表一式两份，一份由投资人保存，另一份留备案机关存档。

三、竣工验收备案的流程

竣工验收备案流程如图6-11所示。

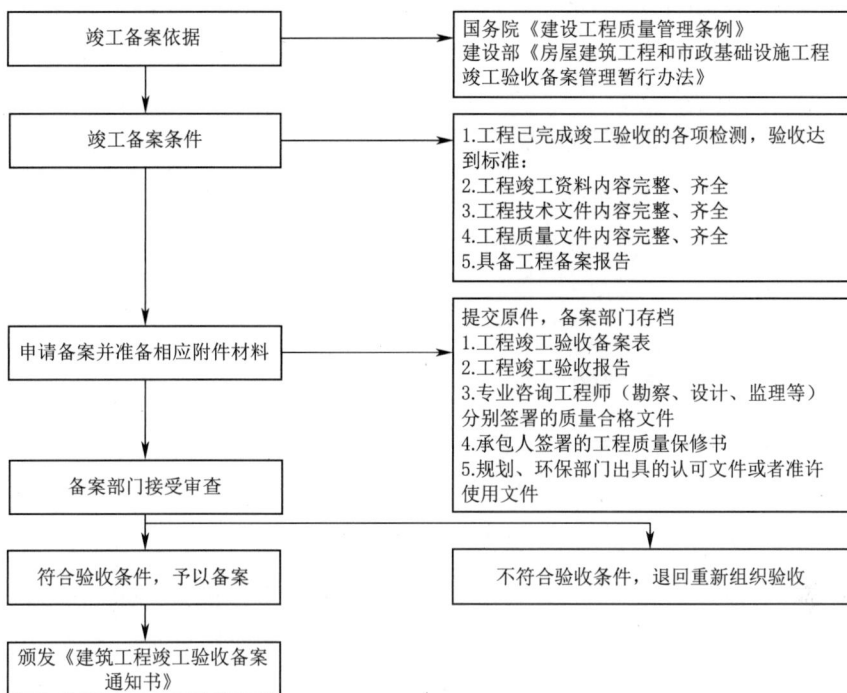

图 6-11　竣工验收备案流程图

四、注意事项

1.工程质量验收备案均应在承包人自检合格的基础上进行。

2.参加工程施工质量验收的各方人员应具备相应的资格，在备案前签署质量合格文件。

3.对涉及结构安全、节能、环境保护和主要使用功能的试块、试件及材料，应在进场时或施工中按规定进行检验，形成资料性文件。

第八节　工程保修期管理

按照《建设工程质量管理条例》（2019年版）规定，建设项目竣工后，施工单位应在保修期内承担相应的责任，监理和全过程工程咨询单位应负责相应的管理工作。

一、工程保修期管理的依据

1.《中华人民共和国建筑法》（2019年版）；

2.《建设工程质量管理条例》（2019年版）；

3.合同文件等。

二、工程保修期管理的内容

（一）工程质量保修范围

一般来说，凡是施工单位的责任或者由于施工质量不良造成的问题，都属保修范围。保修的内容主要有以下方面：基础、主体结构、屋面、地下室、外墙、阳台、厕所、浴室、卫生间及厨房等处渗水、漏水；各种管道渗水、漏水、漏气；通风孔和烟道堵塞；水泥地面大面积起砂、裂缝、空鼓；墙面抹灰大面积起泡、空鼓、脱落；暖气局部不热，接口不严渗漏，以及其他使用功能不能正常发挥的部位。

凡是由于用户使用不当而造成建筑功能不良或者损坏者，不属于保修范围；凡是从属于工业产品发现问题者，亦不属于保修范围，应由使用单位自行组织修理。

（二）工程质量保修期限

《建设工程质量管理条例》（2019年版）规定，在正常使用条件下，建设工程的最低保修期限为：①基础设施工程、房屋建筑的地基基础工程和主体结构工程，为设计文件规定的该工程的合理使用年限；②屋面防水工程、有防水要求的卫生间、房间和外墙面的防渗漏，为5年；③供热与供冷系统，为2个供暖期、供冷期；④电气管线、给水排水管道、设备安装和装修工程，为2年；⑤其他工程保修期限由发包方与承包方约定，建设工程保修期，自竣工验收合格之日起计算。

（三）工程保修责任

建设工程在保修范围和保修期限内发生质量问题，全过程工程咨询单位应督促监理立即分析原因，找出责任单位，并要求相关责任单位在规定时间内完成修补工作，若责任单位拒不或迟迟不予处理的，由全过程工程咨询单位上报投资人认可后，可另行委托施工单位给予维修，产生的费用从责任单位保修金内支出；质保期满后，全过程工程咨询单位应组织使用人、物业管理方、监理单位以及施工单位进行质量缺陷的检查，确认无质量缺陷后，办理书面手续，并以此作为退还质保金的依据。

保修期过后，施工单位的质保义务解除，全过程工程咨询单位完成质保金退还手续后，相应的义务也完成。

（四）处理方法

建设项目一般比较复杂，往往存在由多种修理原因，因此责任主体必须根据修理项目的性质、内容和修理原因诸因素确定，由全过程工程咨询单位组织监理和施工单位共同确认。一般分为以下几种处理方法：

1.修理工程确实由于施工单位施工责任或施工质量不良遗留的隐患，应由施工单位承担全部修理费用；

2.修理工程是由使用单位和施工单位双方的责任造成的，双方应实事求是地共同商定各自承担修理费用；

3.修理工程是由于甲供设备、材料、成品、半成品及工业产品等质量不良原因造成的，应由设备、材料供应厂家或投资人承担修理费用；

4.修理工程是因用户使用不当，造成建筑物功能不良或损坏，应由使用单位承担全部修理费用；

5.涉外工程的保修问题，除按照上述处理办法外，还应按照合同条款的有关规定执行。

三、工程保修期管理流程

具体流程如图6-12所示。

四、注意事项

1.建设工程质保期期满，全过程工程咨询单位应组织投资人、物业管理方、监理单位以及施工单位进行工程质量保修期到期验收，以作为退还质保金的前提条件。

2.保修到期验收记录。质保期满的验收必须有项目各方同时参与，并签字盖章，施工单位以及供货单位保修到期验收记录。

投资人	全过程工程咨询单位		质监站
	总咨询师	专业咨询工程师（监理）	

```
┌──────────┐
│   开始   │
└────┬─────┘
     ↓
┌──────────┐
│ 进入保修期 │
└────┬─────┘
```

| 使用过程中发生问题 | → | 责成全过程工程咨询机构限期处理完毕 | → | 组织保险工作 | → | 具体负责落实保修期维修、确定缺陷责任主体 | → | 按期完成维修 |

合同保修期结束

组织检查、查看是否存在质量缺陷 —是→ 明确责任单位 → 负责维修

否

完成修补复检合格

委托方审批 ← 复审 ← 监理初审 ← 提出保修金支付

向施工单位支付尾款 ———————————→ 接收支付

结束

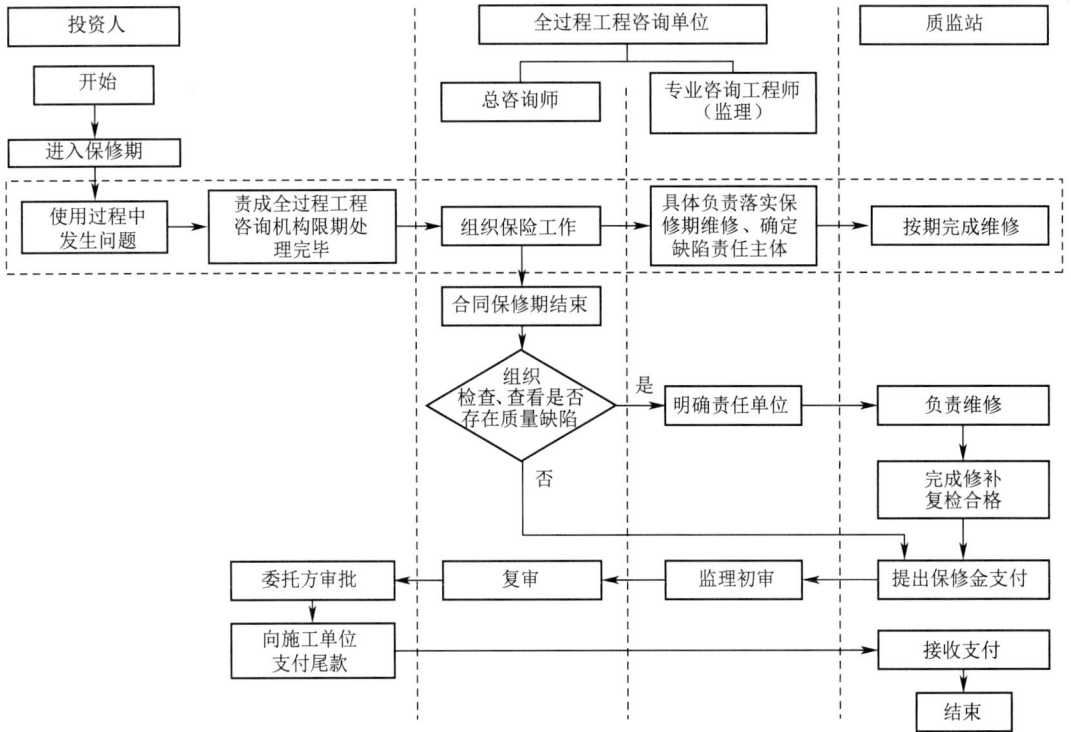

图6-12 工程质保期管理流程图

第七章
项目运营阶段管理咨询服务

第一节　运营阶段管理咨询服务概述

一、运营阶段管理目标

在运营阶段，需要适时对建设项目的决策和实施进行评价和总结，需要对建设项目进行运营管理，通过运营管理，检验其决策是否科学有效。

从运营管理角度看，建设项目需要进行资产管理、运营管理和拆除预案策划，通过运营和监管合同的履行确保建筑物的全生命周期成本最优；从经验总结角度看，建设项目需要进行项目后评价、项目绩效评价、绿色建筑的运行评价。由于运营阶段涉及服务范围众多，本书从建设项目的反馈评价以及运营需求影响决策阶段的两个方面对项目后评价、项目绩效评价、运营管理和资产管理进行阐述，其余工作内容暂不研究。

二、运营阶段主要管理内容

运营阶段的主要工作包括：（1）进行项目后评价（包括：自我评价和其他项目后评价）；（2）进行项目绩效评价；（3）进行运营管理策划；（4）设施管理；（5）资产管理。

全过程工程咨询单位在本阶段的主要任务是检验建设项目是否达到优质建设项目的目标。全过程工程咨询单位一方面通过评估，评价建设项目全过程的教训和经验，提炼项目决策要点，为下一个建设项目提供更完善的决策参考依据；另一方面协助运营人，为建设项目提供清晰的影响运营的主要设备材料清单以及该种设备材料的使用要求和使用寿命，协助规划其大中小修方案和费用估算；再一方面，在决策阶段时，收集运营人的运营管理需求和意见以及使用人的需求和意见，为下一次决策提供参考。

第二节　项目后评价

项目后评价是指在项目建设完成并投入使用或运营一定时间后对照项目可行性研

究报告及审批文件的主要内容，与项目建成后所达到的实际效果进行对比分析，找出差距及原因，总结经验教训，提出相应对策建议，以不断提高投资决策水平和投资效益。

因此，项目后评价大致包括两层含义：一是总结、反馈。项目后评价实施时点处于项目完成之后，是对项目全过程进行总结、分析，并利用其反馈功能发挥效用，以便完善已建项目、指导在建项目、改进待建项目，以达到提高投资决策水平的目的。二是预测、判断。根据实际数据或实际情况重新预测的数据，合理判断项目的未来发展和可持续性。

一、后评价阶段各参与方的组织关系

竣工阶段的参与主体主要包括发展与改革部门、项目主管部门、委托方、全过程工程咨询单位，各部门之间的组织关系如图7-1所示。

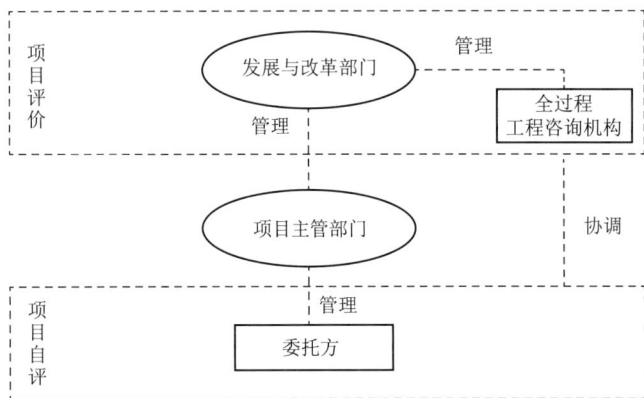

图 7-1　建设项目后评价阶段组织管理模式

二、后评价阶段各参与方的工作职责关系

项目后评价工作主要有四个阶段，分别是项目组自评、提交后评价申请、组织者组织后评价、对审核结果的反馈。

1.项目组自评。自评主要是项目组对产品全周期的情况进行梳理，收集后评价管理规定中设计的数据和指标内容，进行自我总结和评价，评价的结果形成书面报告或评价表。

2.提交后评价申请。完成自评后，项目组向后评价组织者提出申请进行项目后评价的请求，由组织者对材料和项目实际完成情况进行预审，确定项目是否具备进入后评价程序的条件，同时对提交的材料进行规范性审查。

3.组织者组织后评价。通过预审后组织者组织相关部门的专家对后评价数据进行收集、核实、补充、评审等工作，评审可以是电子评审，也可以是会议评审，可根据项目的复杂程度和双方数据的符合程度判断，评价完成后形成项目后评价报告和后评价表。

4.反馈审核结果。将评价内容与项目组沟通，听取项目组的反馈意见，根据沟通结果考虑修改评价内容，双方无异议或者评价小组确认不再更改评价结果后将结果公示，后评价工作结束。

各级发展与改革部门研究确定需要开展后评价工作的项目名单，制订项目后评价年度计划，印送有关项目主管部门和委托方。列入项目后评价年度计划的项目单位应当在项目后评价年度计划下达规定时间内，向相应发展与改革部门报送项目自我总结评价报告。在全过程工程咨询单位完成自我总结评价报告后，各级发展与改革部门根据项目后评价年度计划委托具备相应资质的甲级工程咨询机构承担项目后评价任务。承担项目后评价任务的工程咨询机构，应当按照各级发展与改革部门的委托要求，根据业内应遵循的评价方法、工作流程、质量保证要求和执业行为规范，独立开展项目后评价工作，按时、保质地完成项目后评价任务，提出合格的项目后评价报告，如表7-1、图7-2所示。

表 7-1 项目后评价工作各参与方职责分配表

序号	工作内容	发展与改革部门	项目主管部门	委托方	全过程工程咨询机构
1	确定评价项目	负责			
2	制订年度计划	负责			
3	下发评价通知	负责	参与	参与	
4	编制自评报告		监督	编制	参与
5	报送自评报告	参与		负责	
6	成立工作小组	监督		参与	组织
7	制订评价方案	审批			编制
8	组建专家工作组	监督			组织

续表

序号	工作内容	发展与改革部门	项目主管部门	委托方	全过程工程咨询机构
9	收集资料		协助	协助	负责
10	基础数据审核	监督			负责
11	现场资料准备			负责	负责
12	撰写评价报告				负责
13	沟通并征求意见	参与	参与	参与	负责
14	修改评价报告				负责
15	评审报告	组织			负责
16	评价报告备案	负责	参与	参与	
17	评价结果反馈	负责	参与	参与	
18	评价结果应用	负责	负责	负责	

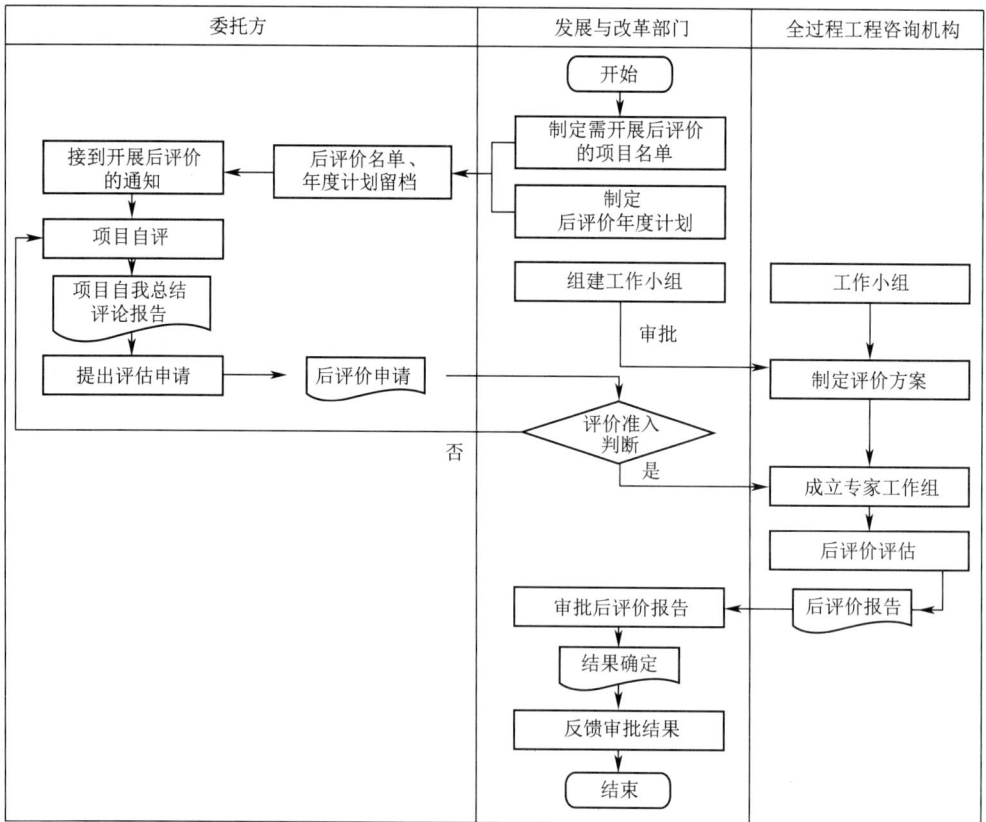

图7-2 项目后评价工作流程图

编制：根据资料做出成果性文件，参与方编排、组织形成方案、计划、报告等。

组织：安排筹备使分散的人或事物具有一定系统性，为某项活动的进行安排人员、提出要求以及全过程的协调与配合。

参与：是指以第二方或第三方的身份加入某件事之中，并不对这件事负责。

监督：对过程进行监视、督促和管理，使其结果能达到预定的目标。

审批：是指上级对下级呈报的书面计划、报告等的审查批示（一般基于文书进行）。

负责：承担此项任务并负主要责任。

（一）后评价基本依据

项目后评价报告的编制依据可以分为法律法规和项目各阶段资料两类，具体总结如下：

1.国家及该地区对政府投资建设项目管理的相关法律、法规、规章及规定；

2.地区总体规划、各项事业行业发展规划和专项建设规划；

3.项目建设各阶段的资料文件；

4.其他相关资料。

（二）后评价阶段性资料依据

1.立项决策阶段的资料依据

（1）项目建议书、项目建议书咨询评估意见、国家或有关部门批准项目建议书的文件。

（2）项目可行性研究报告、对项目可行性研究评估咨询资料、国家或有关部门对可行性研究报告的批准文件。

（3）经国家或有关部门批准的土地征用文件及开工报告。

（4）初步设计及扩大初步设计，设计委托方式与费用。

（5）投资概算及资金来源等资料。

（6）建设项目筹建机构的组织与人员构成。

（7）国家经济政策文件、法规等资料。

2.项目施工阶段的资料依据

（1）设备、材料采购的相关资料。

1）设备采购招标、投标文件及议标、评标、定标的资料。

2）设备材料采购合同。合同中明确对设备、材料的质量、价格、储运和供应进度的要求等。

3）设备、材料出厂合格证明及资料。

（2）建设施工阶段资料

1）工程合同文件。如施工总承包合同与分包合同、工程招标投标文件、建设监理合同等。

2）有关设计变更、调整投资和工程预算等资料。

3）建设项目管理模式及组织机构。

4）建设监理及质量监督机构的有关记录与文件。

5）工程中间交工（隐蔽工程）验收报告及评估意见。

6）建设项目竣工验收报告与国家验收文件、竣工决算和审计资料等。

7）缺陷责任期内的工程清单。

8）有关项目建设工期、建设成本、工程质量的控制资料。

（3）建设运行投产阶段资料

1）项目运行后生产企业经营管理状况。

2）投产后产生的社会效益资料。

3）投产后产生的经济效益资料。包括产品的产量、质量、价格及可预计的经济效益，同时也包括与项目生产运行状况有关的资料。

4）投产后环境影响效益资料。

（4）涉外项目应准备涉外方面的资料依据

1）询价、报价、招标、投标文件资料。

2）谈判协议、议定书及所签订的合同及合同附件。

3）国外设备材料检验、运输、开箱检验等资料及有关索赔方面的文件。

三、项目后评价的内容

项目后评价报告的内容通常包含项目概况；项目实施过程总结；项目效果评价；项目目标和可持续性评价；项目主要经验教训、结论及相关建议。

项目概况主要描述项目基本情况、预期目标、主要建设内容、进度实施情况、资金来源及到位情况、项目运行及效益现状。

项目实施过程评价包括对项目决策阶段、施工阶段（施工准备阶段、施工阶段）、运营阶段的评价。主要是评价项目可行性研究、项目决策、工程勘察设计、资金来源和融资方案、采购招标合同条款和协议签订、开工准备工作、项目合同执行、重大设计变更、工程进度、投资、质量、安全管理、工程竣工和验收、技术水平和设计能力达标、经营和财务状况、运营管理等工作。

项目效果评价包括对项目技术水平评价、财务经济效益评价、经营管理评价、环境效益评价、社会效益评价。主要是评价项目工艺、技术；装备的先进性、适用性、经济性、安全性；建筑工程质量及安全；资源、能源合理利用；总投资和负债状况；项目的财务评价指标、经济评价指标、偿债能力指标；项目实施相关者管理水平、体制与机制；投资监管状况；体制创新、就业机会增加；征地拆迁补偿和移民安置；区域经济发展带动；推动产业技术进步等工作。

项目目标和可持续性评价包括对项目目标评价、项目持续性评价。主要是评价项目目标实现度评价、环境功能的持续性评价、社会效果的持续性评价、经济增长的持续性评价等工作。

项目概况和项目主要经验教训、结论及相关建议部分主要陈述项目的实际情况，根据调查的真实情况认真总结经验教训，并在此基础上进行分析，得出启示和对策建议，对策建议应具有可操作性。项目后评价的经验教训和对策建议应从项目、行业、宏观等层面分别说明。然后，根据以上评价结果撰写后评价报告。

项目主要经验教训、结论及相关建议部分主要是陈述项目的实际情况。对于项目的评价主要是通过项目实施过程评价、效果评价、目标和可持续性评价的各种指标实现，所以以下将着重对项目实施过程评价、项目效果评价、项目目标和可持续性评价进行介绍。

后评价的具体工作内容如下：

（一）项目实施过程评价

1.过程评价的内容

项目过程评价的内容包括：项目决策阶段、准备阶段、施工阶段、运营阶段评价。各阶段过程评价的主要要点汇总如表7-2所示。

表 7-2　项目过程评价主要要点

阶段	内容	评价要点
项目决策阶段后评价	可行性研究后评价	项目的目的和目标是否明确、合理
		项目是否进行了多方案比较，是否选择了合理的方案
		项目的效果和效益是否可能实现
		项目是否可能产生预期的作用和影响

阶段	内容	评价要点
项目决策阶段后评价	项目评估报告后评价	对项目评估报告目标的分析评价
		对项目评估报告效益指标的分析评价
		对项目评估报告风险分析的评价
	项目决策后评价	项目决策程序的分析
		投资决策内容的分析与评价
		决策方法的分析与评价
准备阶段后评价	勘测设计后评价	勘测设计的程序、依据是否正确，各项标准规范、定额是否得到严格执行
		引进工艺和设备是否采用了国家现行标准或工业发达国家的先进标准
		勘测工作质量包括水文地质和资源勘探是否可靠
	项目设计方案的评价	总体技术水平、主要设计技术指标的先进性和实用性
		新技术装备的采用
		设计工作质量和设计服务质量，即实际设计周期是否超过规定的设计周期
	工程招标投标后评价	对招标投标公开性、公平性和公正性的评价
		对采购招标投标的资格、程序、法规、规范等事项进行评价，并分析该项目的采购招标投标是否有更加经济合理的方法
	开工准备后评价	是否适应项目建设、施工的需要
		能否保证项目能按时、按质、按量，并不超过预定的工程造价的限额
施工阶段后评价	建设阶段	建设质量、投资控制、建设环境及施工条件、施工监理和施工质量检验、施工计划与实际进度比较分析
		主要指标的变化情况，包括变更设计原因，施工难易、投资增减、工程质量、工期进度的影响
	验收阶段	根据项目开工、竣工、验收等文件内容，分析工程验收的主要结论
运营阶段后评价		项目实际运营状况的分析和评价，根据项目建设完成后的实际数据资料来推测未来发展状况，需要对项目未来的发展趋势重新进行科学的预测

2.过程评价的指标体系

通过对项目过程评价各阶段评价要点的进一步细化，可以确定过程评价各阶段的具体指标体系。具体如表7-3所示。

表7-3　项目过程评价指标体系

阶段	内容	指标	指标的计算或评分标准
项目决策阶段后评价	建设必要性评价	实际业务需求量与产量比值	根据当年实际采集的数据进行分析
		宏观目标实现程度	项目建成后是否满足了国民经济发展需要、推动了产业结构调整、带动了相关产业发展、满足了地方建设需要
		微观目标实现程度	项目建设后是否促进地区发展，增加了人民收入、改善居民生活质量；是否提高了人民的教育及素质水平和健康状况；是否增加了就业；是否稳定了社会政治和经济秩序等
	立项决策后评价	可行性研究费用率	可行性研究所花费的费用占工程总投资的百分比
		报告内容的深度	项目建议书、可行性研究投资估算精度是否满足要求；项目建议书、可行性研究费用投资总额的比重是否满足要求
		报告内容的完整性	下列材料是否完整：基本情况；产品生产安排及其依据；物料供应安排及其依据；项目地址选择及其依据；技术装备和工艺过程的选择及其依据；生产组织安排及其依据；环境污染治理和劳动安全保护、卫生设施及其依据；建设方式、建设进度安排及其依据；资金筹措及其依据；外汇收支安排及其依据；综合分析
准备阶段后评价	勘测设计后评价	项目勘察设计费用率	勘察设计的费用在工程总投资中所占的比例
		实际勘察设计周期变化率	考核实际设计周期与可行性研究预测设计周期变化程度
		勘察工作质量和文件水平	承担勘察任务单位的资质、信誉状况是否满足项目建设的需要；勘察时是否遵循国家、相关部委的依据、标准、定额、规范等，是否与规定的勘察任务书一致；工程测绘和勘察深度及资料是否满足工程设计和建设的需要，质量水平是否符合要求及水平高低
		设计工作质量和方案水平	承担设计任务单位的资质、信誉状况是否满足项目建设的需要；设计时是否遵循国家、相关部委的依据、标准、定额、规范等，是否与规定的设计任务书一致；项目设计方案是否切合实际、技术先进、经济合理、安全适用；设计图纸的质量是否满足要求及水平高低
	工程招标投标后评价	主要建筑工程招标率	指在各专业建筑工程的委托代理中采用招标投标形式所占比例

阶段	内容	指标	指标的计算或评分标准
准备阶段后评价	工程招标投标后评价	主要安装工程招标率	指在各专业安装工程的委托代理中采用招标投标形式所占比例
		招标投标工程质量	是否按国家招标投标法规定进行了政府投资项目的招标; 招标文件的编制质量是否满足要求及水平的合理性; 投标单位是否有串通投标和不正当的投标行为; 投标书的编制质量是否满足要求及水平的高低等
	开工准备后评价	年度建材入库率	入库的建筑材料占所有外购建筑材料的比率
		施工机械设备到场率	按照项目评价要求的标准进行评价
		第一年建设资金到位率	按照项目评价要求的标准进行评价
		劳动组织准备工作质量	项目开工前是否及时建立项目的领导机构及精干的施工队伍;领导机构的人员构成及素质是否满足要求;施工队伍各技术工种构成是否合理;项目开工前是否及时组织了劳动力进场,是否对施工队伍进行各种教育及培训;是否对施工队伍及工人进行了施工组织设计、计划和技术交底;是否建立健全了各项规章制度
		技术准备工作质量	项目开工前是否熟悉、审查了施工图纸及有关的设计资料;是否同有关单位签订了工程分包合同;项目开工前是否编制了切实可行的施工组织设计;是否编制了合理的施工图预算
		物资准备工作质量	项目开工前是否进行了各项物资的准备,包括建筑材料、构配件及制品、建筑安装机具、生产工艺设备的准备
		施工现场准备工作质量	项目开工前各项现场准备工作是否按计划进行。即"四通一平"、施工场地控制网测量、临时设施搭设、现场补充勘探、建筑材料及构配件的现场储存、堆放、施工机具进场、安装及调试、冬雨期施工现场准备及消防安保设施设立是否及时完成
实施阶段后评价	实际投资评价	实际单位工程造价	按照项目评价要求的标准进行评价
		实际投资总额变化率	其值应小于零,表明项目实际投资额小于预计或估算的投资额
		实际建设资金成本率	因为使用投资资金而付出的成本与投资额的比率
	项目质量评价	工程质量能力指数	按照项目评价要求的标准进行评价
		实际工程优良率	指政府投资项目通过竣工验收的实际单项工程质量达到优良个数占验收的单位工程总个数的比率

续表

阶段	内容	指标	指标的计算或评分标准
实施阶段后评价	项目质量评价	实际工程返工率	是衡量项目因质量事故造成实际损失大小的相对指标，是政府投资项目累计质量事故停工、返工增加的项目投资额与项目累计完成投资额比率
	建设工期评价	年实际完成工程率	按照项目评价要求的标准进行评价
		关键设备按期到货率	按照项目评价要求的标准进行评价
		项目建设周期	一般指政府投资项目中构成固定资产的单项工程、单位工程从正式破土动工到按设计文件全部建成、再到竣工验收交付使用所需的全部时间
	项目变更评价	设计变更增加或减少投资额占变更引起投资额变化比率	该指标评价项目设计变更对投资的影响程度，应该控制在项目管理方满意的范围内
		其他变更增加或减少投资额占变更引起投资额变化比率	该指标评价项目其他变更对投资的影响程度，应该控制在项目管理方满意的范围内
	项目环境保护水平评价	环境评价制度的执行	对造成重大环境影响的项目，是否编制环境影响报告书；对造成轻度环境影响的项目，是否编制环境影响报告表；对环境影响很小的项目，是否填报环境影响登记表
		环保治理措施设计合理程度	方案设计是否严格执行环境质量标准、污染物排放标准和总量控制标准
		环保效果的满意程度	对自然环境的影响大小。即项目对水、大气、噪声及振动、电磁、固体废弃物等的影响及程度是否符合有关规定；对自然资源的利用和保护程度
运营阶段后评价	运营阶段准备工作评价	生产运营机构的效率	项目是否组织了强有力的生产运营机构，制订了必要的生产运营制度，并收集了相关的生产运营技术资料
		人员招聘与培训情况	项目是否制订人员招聘与培训计划；项目招聘人员的数量与质量是否满足生产运营的要求
		生产运营资金落实情况	项目投入生产运营所需资金是否落实和充足
		配套设施情况	项目是否组织生产物资供应，落实原材料、燃料、协作产品，签订有关水、电、气和其他配套生产条件的协议
	运营阶段管理水平评价	生产运营组织效率	项目运营后组织机构的设置与调整是否适应企业生存与发展的需要，是否建立了行之有效的管理制度

阶段	内容	指标	指标的计算或评分标准
运营阶段后评价	运营阶段管理水平评价	经营管理水平	项目所采用的运营战略的正确性，即运营战略的制定是否体现了为民服务、持续发展、价格合理等要求；项目运营效益是否实现了原定目标
		运营技术管理水平	项目运营技术是否已经掌握，相应配套硬件设施及服务意识是否已经跟上
	项目运营效果评价	项目达产年限	从投产之日到实际产量达到设计生产能力时所需的时间
		项目产品生产成本变化率	项目产品实际生产成本与项目产品计划生产成本的比值
		项目实际效益与预期收益的差异率	（项目实际效益—项目预期收益）/ 项目预期收益

（二）项目效果评价

1. 项目效果评价的内容

项目效果评价的内容包括：项目技术水平评价、财务经济效益评价、经营管理评价、环境效益评价、社会效益评价。各阶段过程评价的主要要点汇总如表7-4所示。

表7-4　项目效果评价要点

内容	评价要点
选址及总图	地质条件、地理条件、厂区布局
工程质量、产品质量	监理报告、工程施工验收、试运行报告、施工企业质量管理体系、产品检验报告、生产企业质量管理体系、产品质量认证
工期	开工日期、完工日期、计划工期
污染排放、节能、节水	污染排放标准、污染实际排放量、设计能耗指标、实际耗能指标、设计用水标准、实际用水指标、水循环使用率、中水使用量
投资费用	总投资、建设投资（土建与设备）、预备费、财务费用、资本金比例
融资情况	资金结构、借款利率、资金成本、外资借款融资费用、债务担保
资金使用情况	长期借款总额、分年用款计划、长用借款还款计划、实际还款额、短期借款
运营期财务指标	单位产出成本与价格、年均收入、年均利润、年均税金、借款偿还期、利息备付率、偿债备付率、资产负债率
折现财务盈利指标	财务内部收益率、净现值、财务折现率
非折现财务盈利指标	投资收期、总投资报酬率、权益资金净利润率

续表

内容	评价要点
期期程序与手续	相关程序
招标投标情况	勘察、设计、咨询、施工、监理
工程合同管理	勘察、设计、咨询、施工、监理、采购
项目组织评价	项目管理程序、主要领导人员素质及应用评价、领导集体能力评价
对地区投资、就业环境的影响	当地吸引投资额的变化率
	当地就业机会变化情况
	项目对投资环境的改善程度
对收入公平分配政策的影响	项目的收入分配影响
	对人均纯收入变化情况进行评价
区域内不同利益群体的影响及态度	获取项目在施工期和运营期对各个不同利益群体产生的实际影响特别是对受益、受损、弱势群体的影响和态度
对居民生活及文教的影响	项目的建设和运营促进居民生活地区文化、教育、科技等各方面发展
投资项目征迁安置的影响	体现政府投资项目在征迁安置方面的影响程度，以及采取的减缓措施和有关工作的管理质量和水平
对所在地区少数民族风俗习惯和宗教的影响	评价投资项目与其所在地区居住的少数民族的风俗习惯及当地的一些宗教习俗的吻合度
污染控制	项目的废气、废水和废渣及噪声是否在总量和浓度上都达到了国家和地方政府颁布的标准
	项目选用的设备和装置在经济和环保效益方面是否合理等
对地区环境质量的影响	分析主要以对当地环境影响较大的若干种污染物为对象，这些物质与环境背景值相关，并与项目的"三废"排放有关
自然资源的利用和保护	对节约能源、节约水资源、土地利用和资源的综合利用率等进行分析
对生态平衡的影响	主要是指人类活动对自然环境的影响
环境管理	环境监测管理和环保法及条例的执行
	环保资金、设备及仪器仪表的管理
	环保制度和机构、政策和规定的评价
	环保的技术管理和人员培训等

2.效果评价的指标体系

项目社会效益后评价及生态环境影响评价指标体系及计算方法如表7-5所示。

表 7-5 社会效益及生态环境影响评价指标体系

阶段	内容	指标	评价方法
工程技术评价	选址及总图	容积率	容积率＝地上总建筑面积 ÷ 规划用地面积
		建筑密度	建筑密度＝建筑物的基底面积总和 ÷ 规划用地面积
		绿地率	绿地率＝绿地面积 ÷ 土地面积
		周边环境的配套水平	主要是评价当地的基础设施状况，包括交通、通信、供水、供电、道路、污水处理及排放等及其他生产、生活和社会服务基础设施的配套情况
	工程质量、产品质量	工程合格率	工程合格率指实际工程质量达到国家（或合同）规定的质量标准的建筑面积占验收的建筑面积百分比，计算公式为：实际工程合格率＝实际符合标准的建筑面积 ÷ 验收鉴定的建筑面积 ×100%
		项目操作规范性	项目立项、项目招标投标、项目监理等的合规性
		质量管理组织结构	评价在建设过程中各方对于质量管理所设置的组织结构的合理性和科学
		质量控制措施	评价建设过程中质量控制措施的有效性和合理性
	工期	进度管理体系完备性	各责任单位责任分工是否清晰明确
		工程延期率	工程延期率＝有工期拖延的数量 ÷ 全部项目数量 ×100%
		工期控制措施	控制措施完善有效，操作性强，效果明显
	污染排放、节能、节水	污染物排放方案	主要评价施工现场是否设配专门的污水、污物堆放场所、设施，以及拟定污染物排放方案的执行情况
		施工节能方案	主要评价施工过程中采用的节能方案是否符合相关法律法规的要求及拟定节能方案的执行情况
		施工节水方案	主要评价施工过程中采用的节水方案是否符合相关法律法规的要求及拟定节水方案的执行情况
财务经济评价	投资费用	决算较概算节约率	节约率＝决算金额 ÷ 概算金额 ×100%
		配套资金到位率	配套资金到位率＝配套资金计划到位金额 ÷ 配套资金实际到位总额 ×100%
		自有资金到位率	自有资金到位率＝自有资金实际到位总额 ÷ 自有资金计划到位金额 ×100%

续表

阶段	内容	指标	评价方法
财务经济评价	融资情况	融资资金比例	融资资金比例＝财政资金总额÷项目总投资金额×100%
		自有资金比例	自有资金比例＝自有资金总额÷项目总投资金额×100%
		融资资金投入乘数	融资资金投入乘数＝项目总到位金额÷融资到位金额×100%
	资金使用情况	资金利用率	资金利用率＝实际到位金额÷实际用于项目的支出额×100%
		资金有效率	资金有效率＝实际用于项目的支出金额÷按批复应到的金额×100%
		资金违纪率	资金违纪率＝项目的违纪金额÷实际到位的金额×100%
	运营期财务指标	应收账款周转率	应收账款周转率（周转次数）＝营业收入÷平均应收账款余额＝营业收入÷（应收账款余额年初数＋应收账款余额年末数）÷2
		存货周转率	存货周转率（周转次数）＝营业成本÷平均存货余额＝营业成本÷（存货余额年初数＋存货余额年末数）÷2
		流动资产周转率	流动资产周转率（周转次数）＝营业收入÷平均流动资产总额＝营业收入÷（流动资产总额年初数＋流动资产总额年末数）÷2
		流动资产周转期	流动资产周转期（周转天数）＝365÷（营业收入÷平均流动资产总额）
		固定资产周转率	固定资产周转率（周转次数）＝营业收入÷平均固定资产净值＝营业收入÷（固定资产净值年初数＋固定资产净值年末数）÷2
		固定资产周转期	固定资产周转期（周转天数）＝平均固定资产净值×365÷营业收入
		总资产周转率	总资产周转率（周转次数）＝营业收入÷平均资产总额＝营业收入÷（资产总额年初数＋资产总额年末数）÷2
		总资产周转期	总资产周转期（周转天数）＝365÷（营业收入÷平均资产总额）
		不良资产比率	不良资产比率＝（资产减值准备余额＋应提未提和应摊未摊的潜亏挂账＋未处理资产损失）÷（资产总额＋资产减值准备余额）×100%
		资产现金回收率	资产现金回收率＝经营现金净流量÷平均资产总额×100%
	折现财务盈利指标	净现值率	投资项目的净现值占原始投资现值总和的百分比指标 $NPVR = NPV \div I_p$
		获利指数	投产后各年净现金流量的现值合计与原始投资的现值合计之比；$P_I = 1+NPVR$
		内部收益率	项目投资实际可望达到的报酬率，即能使投资项目的净现值等于0时的折现率

续表

阶段	内容	指标	评价方法
财务经济评价	非折现财务盈利指标	投资利润率	达产期正常年度利润或平均利润占投资总额的百分比
		年平均投资报酬率	投资项目年利润或年均利润与年平均原始投资额的比率 $ARR =$（建设投资 − 固定资产净残值）+ 流动资金投资 /2
		原始投资回收率	投资项目一个正常经营年度的净现金流量（或平均经营净现金流量）与原始投资的比率
		静态投资回收期	投资项目经营净现金流量抵偿原始总投资所需的全部时间
组织管理评价	前期程序与手续	可行性研究深度	评价可行性研究是否深入、全面、完整
		决策依据	项目是否符合经济社会发展规划和部门年度工作计划；是否根据需要制定中长期实施规划
		决策程序	项目是否符合申报条件；申报、批复程序是否符合相关管理办法；项目调整是否履行相应手续
		决策实际所用时间	项目决策实际所用时间是指建设项目从提出项目建议书，到项目可行性研究批准乃至项目立项实施计划下达的实际经历的时间
	招标投标情况	招标投标情况的合规性	针对项目的实际情况分析项目采用的招标投标方式是否合理
		招标投标流程的合规性	针对项目的实际情况分析项目招标投标流程的合规性、有效性
		开标评标的合规性	针对项目的实际情况分析项目开标评标操作过程的合规性、公平性
		中标单位确定的合规性	针对项目的实际情况分析项目确定中标单位的操作过程的合规性、公平性
	工程合同管理	合同模式合理性	评价项目选择的合同模式选择是否合理
		合同价款控制情况	施工单位上报金额合计与造价方确认金额的差异率
		合同进度控制情况	评价计划工期与实际工期的差异
		合同变更情况	评价项目变更会签的记录是否完备
	项目组织评价	组织机构	评价项目管理机构设置的健全程度及分工的合理性
		管理制度	评价项目管理制度是否健全及项目管理制度的执行情况
社会效益评价	对地区投资、就业环境的影响	当地吸引投资额变化率	体现项目运行后对于当地吸引投资的变化情况，通过投资的增加可以改变该地区的生产、生活等方面的变化
		当地就业机会变化情况	体现项目对于当地就业机会变化情况，通过投资对当地就业机会的增加进行评价

续表

阶段	内容	指标	评价方法
社会效益评价	对收入公平分配政策的影响	贫困地区收入分配效益	$D=(G/G')^m$，D 为地区收益分配系数；G 为特定项目在评价时的人均国民收入，G' 为同一时间全国人均国民收入；m 为国家规定的贫困省份收入分配参数，该参数宜由国家定期颁布
		人均纯收入变化率	研究收入平均分配的指标体系不仅要考察贫困地区的收入分配效益同时也要看人均收入的变化
	区域内不同利益群体的影响及态度	受益、受损、弱势群体人数占影响区域内群体总人数比例	影响范围可用受益、受损、弱势群体的人数占影响区域内群体总人数的比例来评价
		受益、受损、弱势群体享受收益或遭受损失的货币指标	影响的程度通过受益、受损、弱势群体享受收益或遭受损失的货币化指标来进行衡量
	对居民生活及文教的影响	对当地居民生活及文教的影响	衡量是否促进居民生活地区文化、教育、科技等方面发展；学生入学率、大专及以上学历人数比例、各级各类学校的数量、师资力量等的变化是否较项目存在前有所改观
	投资项目征迁安置的影响	投资项目征迁安置的影响	$E_i=\sum \dfrac{k_1 k_2 k_3 P_i}{P} \times 100\%$，用于表示征地影响或拆迁影响；$P$ 表示项目分析区域人数；P_i 表示受征地影响当地人数；k_1 表示受征地影响或拆除影响居民受影响程度因子；k_2 表示投资项目征迁与安置措施因子；k_3 表示管理因子，它反映了减缓措施的落实程度和管理水平
环境影响评价	对所在地区生态资源的综合利用程度评价	资源开发利用程度的变化	资源开发利用程度的变化可以从资源消耗的评价来设定指标，即由三部分组成，能源利用效率评价，土地利用评价和资源投入物评价。对能源利用效率的评价，可用能消总量这一实物指标来表示；对土地利用的评价以用土地利用多少具体指标计算；重要投入物，一般可以用投入物的多少来衡量
		项目的综合耗能	通过计算项目年综合能耗和净产来表征。具体计算公式如下：项目综合能耗＝项目年综合能耗＋项目的净产＜行业治理规定的定额
		水土流失的影响程度	水土流失一般用每公里新增水土流失来衡量建设加剧水土流失的程度
	对所在地区的环影响与污染治理的综合评价	敏感点噪声超标率	通过敏感点噪声超标率来衡量项目周边受影响区域噪声污染程度
		大气环流质量综合指数	大气环境质量综合指数是根据空气环境质量标准，各项污染物的生态环境效应及其对人体健康的影响，来确定污染指数的分级数值及相应的污染物浓度限制值
		土地影响程度	通过土地使用合理度的变化来表示的主要是报告期与基期相比当地使用价值的变化，具体可通过土地价格的变化来衡量，通过土地价格的变化来确定土地合理使用程度
		污水固废物的处理程度	衡量项目所产生的污水以及固体废物的处理是否达到国家排放标准；污水以及固废物的处理工艺、消减的途径是否先进，并能取得良好效果

（三）项目目标及可持续性评价

1.目标及可持续性评价的内容

项目目标及可持续性评价的内容包括：项目目标实现度评价、环境功能的持续性评价、社会效果的持续性评价、经济增长的持续性评价。

（1）项目目标实现度评价

项目目标实现度评价主要是对项目的审批管理、实施内容、功能技术、资金管理、经济效益、公共效益进行评价。评定项目立项时原来预定的目的和目标的实现程度及对项目原定决策目标的正确性、合理性和实践性进行分析评价是项目后评价所需要完成的主要任务之一。因此，项目后评价要对照原定目标完成的主要指标，检查项目实际实现的情况和变化，分析实际发生改变的原因，以判断目标的实现程度，对有些原定目标不明确或不符合实际情况，项目实施过程中可能会发生重大变化的指标，项目后评价要给予重新分析和评价。

（2）项目可持续性评价

项目可持续性评价的研究范围主要包括：项目自身的可持续性；项目与所在地区经济、社会、环境之间的协调性；项目与建设区域内其他相关项目之间的协调性。项目可持续性后评价主要包括三个方面的内容，环境功能的持续性评价、经济增长的持续性评价、社会效果的持续性评价。

1）环境功能的持续性评价。包括对经济环境和厂址、资源和环境承载能力的评价。经济环境包括当地的经济、政治，自然因素对项目持续性的影响，以及对不利因素防范的政策和措施。环境分析周边环境对项目的排放或影响的承受能力，分析由于项目的实施引起的主要环境影响，实现环境功能持续性的方式，特别要注意有可能出现的负面作用和影响。

2）经济增长的持续性评价。评价主要包括对自身经济可持续发展能力、所采用的技术水平的先进性及其可持续性。项目自身经济可持续发展能力主要通过项目的财务现金流量表、资产负债表等反映项目的投资盈利能力和偿还能力，并分析计算实际还款期。对于未来不确定的风险分析，预测和确定项目持续性的条件和要求。然后对照可行性报告的财务评价，对任何不一致的地方都需要进行进一步分析。

3）社会效果的持续性评价。主要评价项目对所在地区的综合经济促进影响情况，比如GDP增长率、产值经济贡献度、劳动就业率增加情况等。

2.目标及可持续性评价的指标体系

通过对项目目标评价各阶段评价要点的进一步细化，可以确定过程评价各阶段的具体指标体系及相应评价方法。具体如表7-6所示。

表7-6 项目目标评价的指标体系

序号	一般性指标名称		指标说明
1	审批管理评价	项目审批的合规性	考核从实际情况来看，当初项目审批的依据、程序和方法是否正确、科学、客观，审批的内容正确与否及其实现程度
		项目管理的科学性	考核项目实施过程中，各项管理制度的实际执行情况，项目管理是否规范、科学，是否符合政府投资建设项目管理要求
2	实施内容评价	实施内容完成任务量	将考核的实际工作量与项目立项计划应完成的工作量进行对比，考核其实现程度
		实施内容完成质量	根据国家、行业有关质量标准以及项目立项时的质量目标与考核的实际工程质量状况对比，考核其实现程度
		实施内容完成进度	将项目实际工作进度与计划进度进行对比，考核其进展程度和及时性
3	功能技术评价	项目用途	主要是考核项目完成后实用性和功能用途的满足程度
		项目工艺技术	主要是考核项目实际采用的工艺技术流程和技术装备与计划的偏差程度
		项目达标(产)	主要考核项目完成后，实际达标(产)能力与计划值的偏差程度
4	资金管理评价	资金管理的规范性	主要是考核项目资金管理制度是否健全，执行是否有效，是否符合政府投资资金管理的相关规定，资金违纪率的大小等
		资金的使用效率	主要是考评政府投资使用效率及资金滞留情况
		配套资金筹措能力	主要是考核项目单位对政府投资的配套能力、筹措能力及配套资金的到位情况等
5	经济效益评价	投入产出效益	考核成本费用效益的高低，投入产出等经济合理性，并与其立项目标相比较，考核其实现程度
		直接经济效益	考核项目实施所产生的直接经济效益，并与立项目标的直接经济效益相比较，考核其实现程度
		持续经济效益	考核项目实施后在未来年度里持续性发挥作用产生经济效益的能力，对于一些项目可考核其建成后的使用价值，并与立项目标相比较，考核其未来实现的能力
		间接经济效益	考核项目实施所产生的间接经济效益，主要是指投资对经济发展的拉动作用，并与立项目标的间接经济预测相比较，考核其实现程度

续表

序号	一般性指标名称		指标说明
6	公共效益评价	社会效益	考评项目实施所产生的社会综合效益,并与立项计划社会效益目标相对比,考核其实现程度
		生态效益	考评项目实施对生态所产生的积极或消极影响,并与立项计划生态效益目标相对比,考核其实现程度
		扶贫减灾/劳动就业/协调发展/统筹城乡发展效益等	根据不同类型建设项目的特点,考核其实施后在扶贫减灾、劳动就业或协调发展、统筹城乡发展等方面的效益,并与立项目标相对比,考核其实现程度
		可持续性影响	考评项目实施后,对人、自然、资源等方面的可持续影响,与立项计划可持续发展目标对比,考核其实现程度

项目目标评价主要是对项目预期目标的实现程度进行评价,一般采用的方法是对各类指标进行打分,参考得分范围具体如表7-7所示。

表7-7 项目目标评价的参考标准

一般性指标名称			指标满分参考值	评分标准	
				参考标准	参考得分
1	审批管理评价	项目审批的合规性	6	依据充分、程序合规、内容准确	4~6
				基本符合规定	3~4
				不符合规定	0~3
		项目管理的科学性	6	管理科学、规范	4~6
				较为规范	3~4
				不规范	0~3
2	实施内容评价	实施内容完成任务量	5	按计划完成80%以上	4~5
				按计划完成60%~80%	3~4
				按计划完成不到60%	0~3
		实施内容完成质量	5	完成质量高	4~5
				完成质量一般	3~4
				完成质量差	0~3

一般性指标名称			指标满分参考值	评分标准	
				参考标准	参考得分
2	实施内容评价	实施内容完成进度	5	完成及时	4~5
				部分工作完成及时	3~4
				整体滞后	0~3
3	功能技术评价	项目用途	5	用途满足率 80% 以上	4~5
				用途满足率 60%~80%	3~4
				用途满足率低于 60%	0~3
		项目工艺技术	5	按计划采用 80% 以上	4~5
				按计划采用 60%~80%	3~4
				按计划采用不到 60%	0~3
		项目达标(产)	5	达标 80% 以上	4~5
				达标 60%~80%	3~4
				达标低于 60%	0~3
4	资金管理评价	资金管理的规范性	6	规范	4~8
				较规范	3~4
				不规范或违规	0~3
		资金的使用效率	8	较高	6~8
				一般	4~6
				较低或严重滞留	0~4
		配套资金筹措能力	4	较强	3~4
				一般	2~3
				较弱	0~2
5	经济效益评价	投入产出效益	4	效益好	3~4
				效益一般	2~3
				效益差	0~2
		直接经济效益	4	效益显著	3~4
				效益一般	2~3
				效益较差	0~2

续表

一般性指标名称			指标满分参考值	评分标准	
				参考标准	参考得分
5	经济效益评价	持续经济效益	6	效益大	4~6
				效益一般	3~4
				效益不显著	0~3
		间接经济效益	6	效益显著	4~6
				效益一般	3~4
				效益不显著	0~3
6	公共效益评价	社会效益	5	效益显著	4~5
				效益一般	3~4
				效益不显著	0~3
		生态效益	5	效益显著	4~5
				效益一般	3~4
				效益差	0~3
		扶贫减灾/劳动就业/协调发展/统筹城乡发展效益等	5	显著	4~5
				一般	3~4
				较差或没有	0~3
		可持续性影响	5	影响强	4~5
				影响一般	3~4
				影响弱	0~3

　　备注：这里的"指标满分参考值"为一般情况下指标满分设置的参考分，具体考评时，该满分值根据后评价项目的不同特点以及后评价的具体要求可以作合理的调整。

　　建设项目可持续性后评价指标体系是用以反映建设项目可持续性的相互联系、相互制约的指标集合，由经济、社会、生态环境、组织机制等方面的量度指标或指标体系构成。在建设项目可持续性后评价指标体系的构建中，整个指标体系主要反映两个方面的内容：一是建设项目可持续性的外部条件，即社会中诸多因素（财力的支持、政府的调控、资源分配、部门协作及相关政策等）对建设项目运作的影响、制约作用；二是建设项目可持续性的内部条件，即项目持续运作时项目本身的功能和运营管理方面所需具备的条件及实际具备程度，如工程能力、财务能力、运营机制、人员素质和管理水平等。同时结合该项目的特点得出可持续性评价指标如表7-8所示。

表7-8 可持续性评价指标表

一级指标	二级指标	三级指标	指标说明
项目自身的可持续性	项目管理方式	对同类项目的示范作用程度	项目的建成与同类项目相比是否具有示范作用
		项目建设对促进管理水平提高程度	项目的建成是否促进管理水平的提高
		项目对人员业务素质的提高程度	项目的建成是否对人才、人员业务素质的培养产生高标准要求
		机构与运行机制完善度	从组织设置、营运机制等角度评价项目的可持续发展能力
	项目可改造性	项目技术的先进性	项目的建成与同类项目比较，所采用的技术是否具有先进性
		技术创新程度	与同类项目比较，所采用的技术是否具有创新性
项目对所处区域影响的可持续性	项目促进当地社会、经济、环境发展程度评价指标	区域内就业状况改善程度	项目的建成是否对所在区域内就业状况有所改善
		当地治安、生活环境的改善程度	项目的建成是否改善了当地居民的治安及生活环境
		促进地区文化、教育等发展程度	项目的建成是否促进该地区文化、教育等的发展
		相关利益相关者群体的态度	与项目具有直接或者间接相关的相关利益群体对项目建设和运营的态度是否支持
		当地各组织的态度	项目所在地区的各类组织对项目建设和运营是否给予支持和配合

四、项目后评价方法

（一）对比法

项目后评价的主要分析评价方法是对比法，即根据后评价调查得到的项目实际情况，对照项目立项时所确定的直接目标和宏观目标以及其他指标，找出偏差和变化，分析原因，得出结论和经验教训。项目后评价的对比法包括前后对比法、有无对比法。

1.前后对比法

前后对比法是项目实施前后相关指标的对比，用以直接估量项目实施的相对成效。前后对比法是指将项目实施之前与项目完成之后的情况进行对比，以确定项目效益的一种方法。在项目评价中，则是指将项目可行性研究与评价时所预测的效益和项目竣工投产运营后的实际结果相比较，以发现变化和分析原因。这种对比用于揭示计划、决策和实施的质量，是项目过程评价应遵循的原则。如图7-3所示，项目的前后效果对比表示为A/B。

2.有无对比法

效果

● A

● B

● C

T1   T2   T3   时间

T1—项目开工时刻   T2—项目完工时刻   T3—项目后评价时刻
A—项目实际效果   B—项目实施前预测结果   C—无项目效果

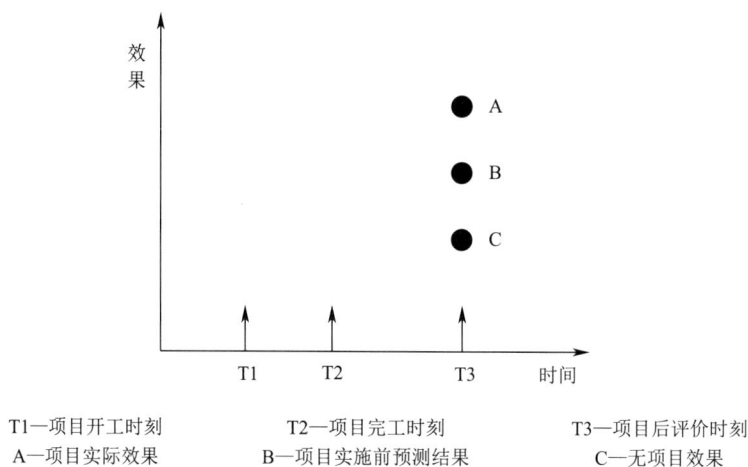

图 7-3 对比法图示

有无对比法是指在项目周期内"有项目"（实施项目）相关指标的实际值与"无项目"（不实施项目）相关指标的预测值对比，用以度量项目真实的效益、作用及影响。对比的重点是要分清项目作用的影响与项目以外作用的影响。这种对比用于项目的效益评价和影响评价，是项目后评价的一个重要方法论原则。"有"与"无"指的是评价的对象，即计划、规划或项目。评价是通过项目的实施所付出的资源代价与项目实施后产生的效果进行对比来判断项目的成功与否。方法论的关键是要求投入的代价与产出的效果口径一致，也就是说，所度量的效果要真正归因于项目。如图7-3所示，项目的有无效果对比表示为A/C。

在评价过程中，很多大型社会经济项目，实施后的效果不仅仅是来自项目的效果和作用，还有项目以外诸多因素的影响。因此，简单的前后对比往往不能得出关于项目效果真实的结论。后评价中效益评价的任务就是要去除那些非项目因素，对归因于项目的效果进行正确的定义和度量。理想的做法是在项目受益区之外，找一个类似项目的"对照区"，加以比较得出正确的结论。以城市轨道交通项目效益和影响后评价为例，构建有无对比综合分析模式，如表7-9所示。

表 7-9　有无对比综合分析模式

项目效果		有项目	无项目	差别	分析
项目效益后评价	国民经济				
	财务效益				
项目影响后评价	环境影响				
	社会影响				

（二）逻辑框架法

逻辑框架法（Logical Framework Approach, LFA）是美国国际开发署在1970年开发并使用的一种设计、计划和评价的工具，用于项目的规划、实施、监督和评价。逻辑框架是一种综合系统地研究和分析问题的思维框架，有助于对关键因素和问题做出系统的、合乎逻辑的分析。采用逻辑框架法进行项目后评价时，可根据后评价的特点和项目特征在格式和内容上作一些调整，以适应不同评价的要求。逻辑框架法一般可用来进行目标评价、项目成败的原因分析、项目可持续评价等。其基本模式如表7-10所示。

表 7-10　逻辑框架法的基本模式

层次描述	客观验证指标	验证方法	重要外部条件
目标	目标指标	检测和监督手段及方法	实现目标的主要条件
目的	目的指标	检测和监督手段及方法	实现目的的主要条件
产出	产出物定量指标	检测和监督手段及方法	实现产出的主要条件
投入	投入物定量指标	检测和监督手段及方法	实现投入的主要条件

逻辑框架法是一种定性评价方法，其模式是一个4×4的矩阵，垂直逻辑关系自下而上，相邻两个目标层次之间存在"如果""那么"的因果关系，这些条件包括事

物内在的因素和所需的外部因素；水平逻辑关系是指每一行中，在重要的假设条件下，通过客观验证指标和验证方法来衡量一个项目的实施成果。

1.垂直逻辑关系。逻辑框架图的纵向代表项目的目标层次，共分为四个层次：

（1）目标。通常是指高层次的目标，它是指国家或部门投资项目的整体目标及其可能产生的影响。

（2）目的。目的是"为什么"要实施这个项目，即项目直接的效果和作用。

（3）产出。这里的"产出"是指"干了些什么"，即项目的建设内容或投入的产出物，一般为项目可定量的直接结果。

（4）投入。该层次是指项目的实施过程及内容，主要包括资源的投入量和时间等。如图7-4所示，可以看出以上四个层次之间存在着自下而上的因果关系。

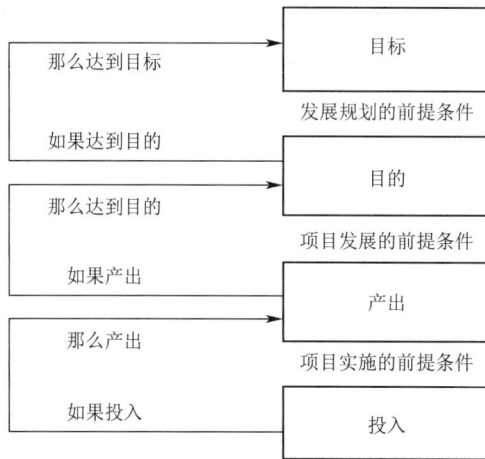

图 7-4　逻辑框架法垂直逻辑关系

2.水平逻辑关系。逻辑框架图的横向指标由验证指标、验证方法和重要外部条件三部分构成。目的是通过这些验证指标和验证方法来衡量一个项目的资源和成果。重要的假定条件主要是指可能对项目的进度和结果产生影响，而项目管理者又无法控制的外部条件，即风险。风险的产生有多方面原因，主要包括项目所在地的特定环境及其条件变化；政府政策、计划发展战略等方面的变化带来的影响；管理部门体制所造成的问题等。

项目后评价的综合评价方法是逻辑框架法。通过投入、产出、直接目的、宏观影响四个层面对项目进行分析和总结的综合评价方法。项目后评价逻辑框架如表7-11所示。

表 7-11　项目后评价逻辑框架表

项目描述	可客观验证的指标			原因分析		项目可持续能力
	原定指标	实现指标	差别或变化	内部原因	外部条件	
项目宏观目标						
项目直接目的						
产出 / 建设内容						
投入 / 活动						

（三）成功度法

成功度法也就是传统的打分法。依靠专家或项目参与者的经验，根据个人或集体的认知标准，根据项目的实际情况用一定的系统方法和判断标准来评价项目总体的成功度，或者说得分高低。成功度法主要通过判断项目目标的实现程度和各种影响、效益的大小来评价项目的好坏，以事先确定好的评价指标体系和评分标准进行专家打分，通过权重配比及一定的统计方法，以得分高低来衡量项目的综合等级和成功程度。

成功度评价是依靠评价专家或专家组的经验，综合后评价各项指标的评价结果，对项目的成功程度做出定性的结论。成功度评价是以逻辑框架法分析的项目目标的实现程度与经济效益分析的评价结论为基础，以项目的目标和效益为核心所进行的全面系统的评价。项目评价的成功度可分为五个等级，如表7-12所示。

表 7-12　项目成功度等级标准表

序号	内容	标　准
1	完全成功	项目各项目标都已全面或超额实现；相对成本而言，项目取得巨大效益和影响
2	成功	项目大部分目标都已实现；相对成本而言，项目达到了预期的效益和影响
3	部分成功	项目实现了原定的部分目标；相对成本而言，只取得了一定的效益和影响
4	不成功	项目实现的目标非常有限；相对成本而言，几乎没有产生正面效益和影响
5	失败	项目的目标是无法实现的；相对成本而言，项目不得不中止

在评价具体项目的成功度时，并不一定要测定表中所有的指标，项目成功度评价表包括项目主要评价指标。评价人员首先根据具体项目的类型和特点，确定表中指标

与项目相关的程度，分为"重要""次重要""不重要"三类，在表中第二栏里（相关重要性）填注，如表7-13所示。

在测定各项指标时，采用打分制，即按上述评定标准的第1至第5的五个级别分别用A′、A、B、C、D表示。通过指标重要性分析和单项成功度结论的综合，可得到整个项目的成功度指标，也用A′、A、B、C、D表示，填在表的最底一行（总成功度）的成功栏内。

表7-13 项目成功度评价表

评定项目指标	项目相关重要性	评定等级
评价指标1		
评价指标2		
……		
项目总评		

注：1.项目相关重要性：分为重要、次重要、不重要；
2.评定等级分为：A—完全成功、B—成功、C—部分成功、D—不成功、E—失败。

五、注意事项

针对我国建设项目后评价体系中存在的问题，本书提出了一系列完善建设项目后评价体系的建议，如表7-14所示。

表7-14 完善项目后评价体系的对策

项目	具体问题	对策
评价机构	缺乏管理机构	建立地方政府、行业部门后评价机构
	缺乏执行机构	建立企业、工程咨询公司后评价机构
评价资金	缺乏资金来源	将后评价资金计入项目投资费用
	缺乏取费标准	以投资费用的1%~3%为标准
评价人才	缺乏专业工作人员	建立项目后评价专家库
	从业人员素质不高	进行项目后评价知识培训
评价法律、法规保障	投资法中缺少评价内容	在投资法中增加后评价内容
	基本建设程序中缺少项目后评价	将项目后评价加入到基本建设程序中
评价反馈机制	反馈效果不好	建立业务评价办公室

第三节　项目绩效评价

财政支出（项目支出）绩效评价（以下简称项目绩效评价）是指评估机构（以下称全过程工程咨询单位）接受财政部门、预算部门（单位）委托，根据设定的绩效目标，运用科学、合理的绩效评价指标、评价标准和评价方法，对财政支出（项目支出）的经济性、效率性和效益性进行客观、公正的评价。

一、项目绩效评价的依据

项目绩效评价中包括的依据如下。

（一）法律法规

1.项目所涉及的国家相关的法律、法规和规章制度；

2.各级政府制定的国民经济与社会发展规划和方针政策；

3.预算部门职能职责、中长期发展规划及年度工作计划；

4.预算管理制度、资金及财务管理办法、经财政部门批准的预算方案或调整方案、财务会计资料；

5.相关行业政策、行业标准及专业技术规范；

6.各级政府或财政部门关于财政支出绩效评价的管理办法及规定等。

（二）项目相关

1.申请预算时提出的绩效目标及其他相关材料，财政部门预算批复，财政部门和预算部门年度预算执行情况，年度决算报告；

2.人大审查结果报告、审计报告及决定、财政监督检查报告；

3.全过程工程咨询单位的知识体系和经验；

4.其他相关资料。

二、项目绩效评价的内容

（一）项目绩效评价目的

项目绩效评价目的是整个绩效评价工作开展所要达到的目标和结果，体现评价工作的最终价值，是整个评价工作的基本导向。

（二）项目绩效评价对象及评价内容

项目绩效评价的对象包括纳入政府预算管理的资金和纳入部门预算管理的资金。按照预算级次，可分为本级部门预算管理的资金和上级政府对下级政府的转移支付资金。

绩效评价的内容通常包括：绩效目标的设定情况，资金投入和使用情况，为实现绩效目标制订的制度、采取的措施，绩效目标的实现程度与效果等。

（三）数据收集和分析方法

评估机构在制订绩效评价方案时，应当有针对性地对项目所涉及的利益相关方开展各种形式的调查，调查方法包括案卷研究、数据填报、实地调研、座谈会及问卷调查等。绩效评价方案应当尽可能明确调查的对象、调查的方法、调查内容、日程安排、时间及地点等。如果调查对象涉及抽样，应当说明调查对象总体情况、样本总数、抽样方法及抽样比例。

1.案卷研究

案卷研究是从现有的项目文件、国家和地方的发展政策与战略规划、各种相关的研究与咨询报告等文档资料中寻找数据的过程。案卷研究要注意对同一绩效评价指标在不同文件中的数据进行对比核实，如果不同来源的数据存在差异，则要分析差异的原因，并且在座谈会、实地调研中进行核查，最后确定选择使用的数据。

2.资料收集与数据填报

评估机构执行绩效评价业务，可以根据评价对象的具体情况向预算部门和资金使用单位收集相关资料。为便于对数据进行梳理与汇总，可以设计相关表格，并配合预算部门和资金使用单位进行填写。

3.实地调研

（1）实地调研通常包括访谈和现场勘察。

（2）评估机构应当从项目利益相关方中确定访谈对象，包括项目的管理人员、实施人员、项目受益者及参与项目立项、决策、实施、管理的行业专家。根据调查的内容范围和主要问题，设计访谈提纲并开展访谈，访谈内容通常为开放式提问，问题应当简明扼要、具体直接。

（3）现场勘察是指通过询问、核对、勘察、检查等方法进行调查，获取绩效评价业务需要的基础资料。

（4）调研结束后应当对调研记录进行整理与分析，调研记录可以作为绩效评价报告的附件和工作底稿。

4.座谈会

（1）选择参与或熟悉项目的立项、决策、实施、管理等人员为座谈会邀请对象，确保参与人员能够为绩效评价提供有效信息。

（2）注意座谈会参与者对问题答案是否达成共识。如果没有达成共识，需作进一

252

步核实。

（3）座谈会结束后应当进行会议记录整理与分析，会议记录可以作为绩效评价报告的附件和工作底稿。

5.问卷调查

（1）问卷设计通常遵循客观性、合理性、逻辑性、明确性等原则，尽量避免主观臆断或人为导向，问卷数据应当便于整理与分析。

（2）根据项目具体情况，针对项目涉及的各相关当事方，合理选择问卷发放的范围，采用科学合理的方法确定样本量和问卷最低回收率要求等。

（3）根据项目具体情况进行抽样，抽样方法通常包括分层抽样、非等概率抽样、多阶抽样、整群抽样及系统抽样。

（4）问卷调查结束后应当对问卷调查结果进行整理和分析，问卷调查格式及汇总信息可以作为绩效评价报告的附件和工作底稿。

6.数据分析

评估机构执行绩效评价业务时，在数据分析过程中通常采用以下方法：

（1）变化分析。该方法是通过比较绩效评价指标的实际变化情况与预期变化得到分析结果。该方法是绩效评价中最常用的分析方法，主要用于分析绩效评价指标在项目实施后是否达到预期值。

（2）归因分析。该方法是通过建立反事实场景来进行分析，确定所观察到的变化有多大比例是由项目实施而产生的。

（3）贡献分析。该方法是分析项目实施过程中的各种因素对该项目的贡献程度。

（四）评价方法

绩效评价方法主要采用成本效益分析法、比较法、因素分析法、最低成本法、公众评判法等。绩效评价方法的选用，应当坚持定量优先、简便有效的原则。根据评价对象的具体情况，可以采用一种或多种方法进行绩效评价。

1.成本效益分析法。是指将一定时期内的支出与效益进行对比分析，以评价绩效目标实现程度。

2.比较法。是指通过对绩效目标与实施效果、历史与当期情况、不同部门和地区同类支出的比较，综合分析绩效目标实现程度。

3.因素分析法。是指通过综合分析影响绩效目标实现、实施效果的内外因素，评价绩效目标实现程度。

4.最低成本法。是指对效益确定却不易计量的多个同类对象的实施成本进行比较，评价绩效目标实现程度。

5.公众评判法。是指通过专家评估、公众问卷及抽样调查等对财政支出效果进行评判，评价绩效目标实现程度。

6.其他适宜的评价方法。

（五）项目绩效评价指标

项目绩效评价指标是衡量绩效目标实现程度的考核工具。通过将绩效业绩指标化，获取具有针对性的业绩值，为开展绩效评价工作提供基础。绩效评价指标应当充分体现和真实反映项目的绩效、绩效目标的完成情况及评价的政策需要。

绩效评价指标体系通常包括具体指标、指标权重、指标解释、数据来源、评价标准及评分方法等。项目绩效评价指标体系设定应当满足以下原则：

1.相关性原则

项目绩效评价指标体系设定应当与绩效目标有直接的联系，能恰当反映目标的实现程度。

2.重要性原则

项目绩效评价指标体系设定应当根据绩效评价的对象和内容优先使用最具代表性、最能反映评价要求的核心指标。

3.可比性原则

项目绩效评价指标体系设定应当对同类评价对象设定共性的绩效评价指标，以便于评价结果相互比较。

4.系统性原则

项目绩效评价指标体系设定应当将定量指标与定性指标相结合，系统反映项目所产生的社会效益、经济效益、环境效益和可持续影响等。

5.经济性原则

项目绩效评价指标体系设定应当通俗易懂、简便易行，数据的获得应当考虑现实条件和可操作性，符合成本效益原则。

项目绩效评价业务指标框架如表7-15所示。

表 7-15　项目绩效评价业务指标框架

一级指标	权重(根据项目具体情况设定)	二级指标(可根据项目具体情况局部调整)	三级指标(供参考,根据项目具体情况设定)	指标解释
项目决策	15±5	战略目标适应性	项目与战略目标(部门职能)的适应性	项目是否能够支持部门目标的实现,是否符合发展政策和优先发展重点
		立项合理性	项目立项的规范性	项目的申请、设立过程是否符合相关要求,立项资料是否齐全,用以反映和考核项目立项的规范情况
			立项依据的充分性	项目立项是否有充分的依据
			绩效目标的合理性	项目所设定的绩效目标是否依据充分,是否符合客观实际,用以反映和考核项目绩效目标与项目实施的相符情况
			绩效指标的明确性	依据项目申报和执行中设定的绩效指标是否清晰、细化、可衡量等,用以反映和考核项目绩效目标与项目实施的相符情况
项目管理	20±5	投入管理	预算执行率	预算执行率=实际支出/实际到位预算×100%
			预算资金到位率	到位率=实际到位/计划到位×100%,到位时效主要考察资金是否及时到位,若未及时到位,是否影响项目进度
			配套资金到位率	配套资金到位率是指地方政府、企事业单位、社会团体等筹措的其他配套资金的到位比率
			资金到位及时率	及时到位资金与应到位资金的比率,用以反映和考核资金落实情况对项目实施的总体保障程度
		财务管理	资金使用合规性(资金使用情况)	资金使用是否符合有关制度规定
			财务(资产)管理制度健全性	是否按规定建立了财务、资产管理制度、内控制度及其执行情况

续表

一级指标	权重（根据项目具体情况设定）	二级指标（可根据项目具体情况局部调整）	三级指标（供参考，根据项目具体情况设定）	指标解释
项目管理	20±5	财务管理	成本控制情况	是否按项目进行成本核算及成本差异情况
			会计信息审计结果（或有）	从审计结论中考察会计信息的合规性、准确性、完整性、及时性
			财务监控的有效性	项目实施单位是否为保障资金的安全、规范运行而采取了必要的监控措施，用以反映和考核项目实施单位对资金运行的控制情况
		项目实施	管理制度的健全性（保证项目实施的制度、措施的建立情况及制度措施的科学性、合理性）	项目实施单位的业务管理制度是否健全，用以反映和考核业务管理制度对项目顺利实施的保障情况
			制度执行的有效性（相关制度和措施执行情况）	项目实施是否符合相关业务管理规定，用以反映和考核业务管理制度的有效执行情况
			项目质量的可控性	项目实施单位是否为达到项目质量要求而采取了必需的措施，用以反映和考核项目实施单位对项目质量的控制情况
项目绩效	65±5	项目产出	实际完成率（产出数量）	项目实施的实际产出数与计划产出数的比率，用以反映和考核项目产出数量目标的实现程度
			完成及时率（产出时效）	项目实际提前完成时间与计划完成时间的比率，用以反映和考核项目产出时效目标的实现程度
			质量达标率（产出质量）	项目完成的质量达标产出数与实际产出数的比率，用以反映和考核项目的成本节约程度

续表

一级指标	权重（根据项目具体情况设定）	二级指标（可根据项目具体情况局部调整）	三级指标（供参考，根据项目具体情况设定）	指标解释
项目绩效	65±5	项目产出	成本节约率	完成项目计划工作目标的实际节约成本与计划成本的比率，用以反映和考核项目的成本节约程度
		项目结果	经济效益	项目实施对经济发展所带来的直接或间接影响情况
			环境效益（生态效应）	项目实施对生态环境所带来的直接或间接影响情况
			社会效益	项目实施对社会发展所带来的直接或间接影响情况
			社会公众或服务对象满意度	社会公众或服务对象对项目实施效果的满意程度
		能力建设及可持续影响	长效管理情况	维持项目发展所需要的制度建设及维护费用等落实情况
			人力资源对项目可持续影响	项目实施后人力资源水平改善状况对项目及单位可持续发展的影响
			设备条件对项目发展作用	项目实施过程中设备条件的改善对项目及单位可持续发展的意义
			信息共享情况	项目实施后的成果及信息与其他部门共享
总分	100			

（六）项目绩效评价报告大纲

项目绩效评价报告的主要内容通常包括以下内容。

1.项目基本概况

（1）项目背景

项目单位的基本情况介绍，项目的主要内容、历史背景、立项的目的和意义，预算部门确定立项的相关文件依据等。

（2）项目实施情况

项目实际开展情况、项目规模、项目范围、项目所在区域、资金投向等。

（3）资金来源和使用情况

项目资金拨付的主体、资金拨付流程、资金使用流程等财政资金来源与管理情况，各具体分项资金的预算及实际使用和支出情况等。对于经常性项目，还包括历史年度资金的使用情况。

（4）绩效目标及实现程度

绩效目标，项目执行过程中目标、计划的调整情况，绩效总目标和阶段性目标的完成情况，项目的实际支出情况及财务管理状况等。

2.绩效评价的组织实施情况

（1）绩效评价目的。

（2）绩效评价实施过程。

（3）绩效评价人员构成。

（4）数据收集方法。

（5）绩效评价的局限性。

3.绩效评价指标体系、评价标准和评价方法

（1）绩效评价指标体系的设定原则及具体内容。

（2）绩效评价的具体标准及评价的具体方法。

4.绩效分析及绩效评价结论

（1）项目决策

项目决策是否符合经济社会发展规划的要求，项目申报和批复程序是否符合相关管理办法，是否根据需要制订相关资金管理办法，资金分配结果是否合理等。

（2）项目管理

资金到位率，资金是否及时到位，资金使用是否合规，资金管理、费用支出等制度是否健全，组织机构是否健全、分工是否明确，项目管理制度是否健全，并得到有效执行等。

（3）项目产出

项目产出数量、质量、时效是否达到绩效目标，项目产出成本是否按绩效目标控制，项目实施是否产生直接或间接的经济效益、社会效益、环境效益和可持续影响及项目服务对象满意度等。

在对绩效评价指标进行分析和评价时，要充分利用评价工作中所收集的数据，做

到定量分析和定性分析相结合。绩效评价指标评分应当依据充分、数据使用合理恰当，确保绩效评价结果的公正性、客观性、合理性。

5.主要经验及做法

绩效评价报告要通过分析各指标的评价结果及项目的整体评价结论，总结项目在立项、决策、实施、管理等方面的经验，为类似项目在以后年度开展积累经验。

6.存在问题及原因分析

绩效评价报告要通过分析各指标的评价结果及项目的整体评价结论，总结项目在立项、决策、实施、管理等方面存在的不足及原因，为相关建议的提出奠定基础。

7.相关建议

绩效评价报告需有针对性地对项目存在的不足提出改进措施和建议。建议或对策应当具有较强的可行性、前瞻性及科学性，有利于促进预算部门及项目实施单位提高绩效管理水平。

8.绩效评价报告使用限制等其他需要说明的问题

9.评估机构签章

绩效评价报告应当由评估机构加盖公章。

10.相关附件

（1）主要评价依据。

（2）实地调研和座谈会相关资料。

（3）调查问卷格式及汇总信息。

（4）其他支持评价结论的相关资料。

（5）评估机构资质、资格证明文件。

三、项目绩效评价的工作流程

评估机构执行绩效评价业务，绩效评价程序通常分为三个阶段，即绩效评价前期准备阶段、绩效评价施工阶段和绩效评价报告的编制和提交阶段，如图7-5所示。

（一）绩效评价前期准备阶段

1.接受绩效评价主体的委托，签订业务约定书。

2.成立绩效评价工作组。

3.明确绩效评价基本事项，包括：

（1）项目的背景和基本情况；

（2）绩效评价的对象和内容；

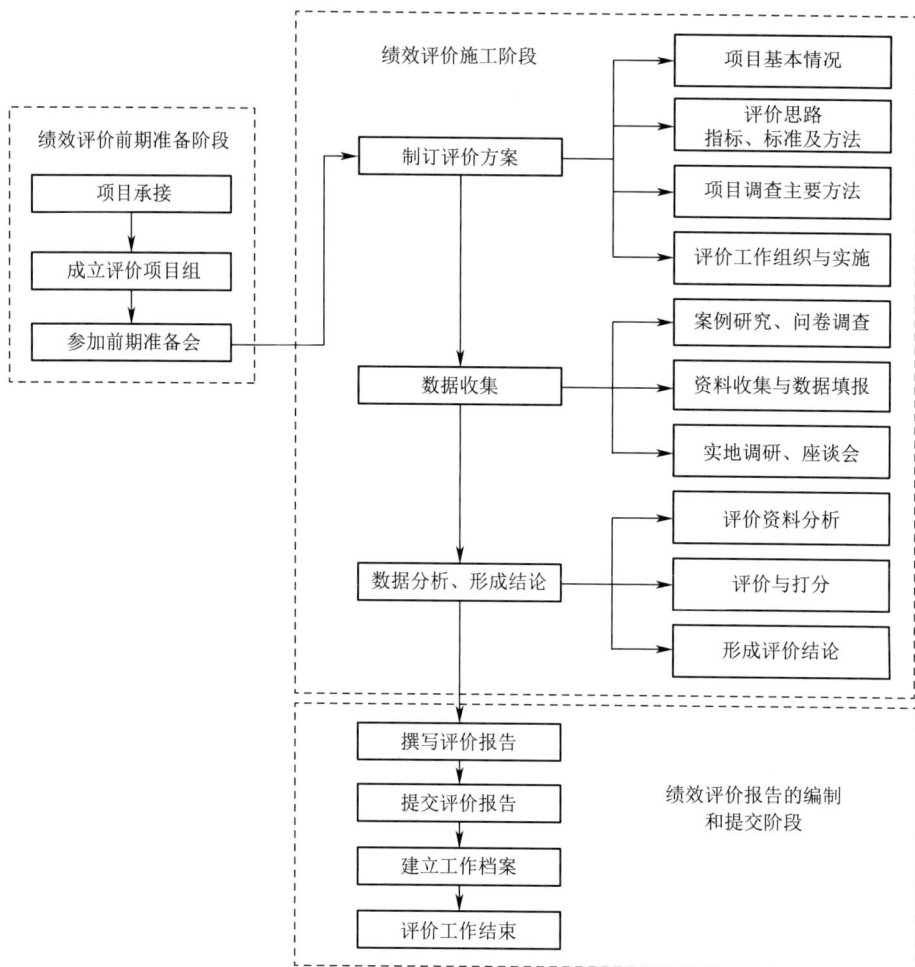

图 7-5 项目绩效评价工作流程图

（3）项目的绩效目标、管理情况及相关要求；

（4）绩效评价的目的；

（5）投资人及绩效评价报告使用者；

（6）其他重要事项；

（7）制订绩效评价方案。

（二）绩效评价施工阶段

1.根据项目特点，按照绩效评价方案，通过案卷研究、数据填报、实地调研、座谈会及问卷调查等方法收集相关评价数据。

2.对数据进行甄别、汇总和分析。

3.结合所收集和分析的数据，按绩效评价相关规定及要求运用科学合理的评价方法对项目绩效进行综合评价，对各项指标进行具体计算、分析并给出各指标的评价结果及项目的绩效评价结论。

（三）绩效评价报告的编制和提交阶段

1.根据各指标的评价结果及项目的整体评价结论，按绩效评价相关规定及要求编制绩效评价报告。

2.与投资人就绩效评价报告进行充分沟通。

3.履行评估机构内部审核程序。

4.提交绩效评价报告。

5.工作底稿归档。

四、注意事项

（一）原则

1.科学规范原则。绩效评价应当严格执行规定的程序，按照科学可行的要求，采用定量与定性分析相结合的方法。

2.公正公开原则。绩效评价应当符合真实、客观、公正的要求，依法公开并接受监督。

3.分级分类原则。绩效评价由各级财政部门、各预算部门根据评价对象的特点分类组织实施。

4.绩效相关原则。绩效评价应当针对具体支出及其产出绩效进行，评价结果应当清晰反映支出和产出绩效之间的紧密对应关系。

（二）项目绩效评价与项目后评价的区别

项目绩效评价与项目后评价都是评价主体对评价对象进行考核和评价的活动，但其在概念、评价时间、评价性质、评价依据、评价目的、评价过程、评价作用、评价结果和评价细则均存在显著差异。如表7-16所示。

表 7-16　项目绩效评价和项目后评价的比较

比较主体 评价目标	项目绩效评价	项目后评价
概念	指全过程工程咨询单位接受财政部门、预算部门（单位）委托，根据设定的绩效目标，运用科学、合理的绩效评价指标、评价标准和评价方法，对财政支出（项目支出）的经济性、效率性和效益性进行客观、公正的评价	指在项目建设完成并投入使用或运营一定时间后对照项目可行性研究报告及审批文件的主要内容，与项目建成后所达到的实际效果进行对比分析，找出差距及原因，总结经验教训，提出相应对策建议，以不断提高投资决策水平和投资效益
评价时间	从项目的前期计划开始进行，贯穿项目实施的全过程	项目已经完成并运行一段时间后
评价性质	循环性	回顾性
评价依据	以结果为导向面向过程	将结果作为评价依据
评价目的	形成过程评价习惯	形成总结习惯
评价过程	进行循环评价改善	一次性评价
评价作用	反馈	总结
评价结果	提出改善方向	显示结果
评价细则	通过适用的量化指标及评价标准、规范的考核方法，对项目的前期计划、实施过程及其完成结果进行的综合性考核与评价，对项目管理、经济、技术、社会、生态和可持续发展绩效等内容进行客观的衡量比较和综合评判，以更好地实现项目目标，提高资金的使用效益	全面总结投资项目的决策、实施和运营情况，分析项目的技术、经济、社会和环境效益的影响，为投资决策和项目管理提供经验教训，改进并完善建设项目，提高其可持续性

注：资料来源吴玉珊等著《建设项目全过程工程咨询理论与实务》。

　　由表7-16可知，项目绩效评价的主要内容是权衡项目的利害得失和成功与否的一种方式，以项目实施者对项目的要求和关心的目标为出发点，相比项目后评价而言，其出发点更明确，对影响项目成功与否的各方面因素考虑得更加细致全面。项目绩效评价是通过绩效评价的过程，强化管理层与执行层的沟通，根据绩效评价结果进行绩效诊断，找出项目管理和实施中的经验与不足，及时进行改进。

　　政府投资基本建设项目的绩效评价是一种以结果为导向面向过程的管理模式，它按照绩效预算的基本原理，对财政项目支出实施的一项全过程的综合管理模式，目的是更好地提供公共产品和服务，提高财政资金的使用效益，因此，本节以项目绩效评价为研究对象，试图在保障政府投资基本建设项目满足公共需要的基础上，服务于财政预算管理，实现政府资金的效用最大化。

第四节　设施管理

按照国际设施管理协会（IFMA）和美国国会图书馆的定义，设施管理（Facility Management, FM）是指以保持业务空间高品质的生活和提高投资效益为目的，以最新的技术对人类有效的生活环境进行规划、整备和维护管理的工作。它"将物质的工作场所与人和机构的工作任务结合起来。它综合了工商管理、建筑、行为科学和工程技术的基本原理"。

全过程工程造价咨询机构在本阶段主要通过设施管理的理念提供设施管理方案，或开展评估工作。通过学习国外先进的管理经验，结合中国工程项目的实践情况，对设施管理在中国的运用提出更符合中国国情的工作要求和建议。

一、设施管理的依据

（一）国际设施管理标准资料

1.*Facility management—Vocabulary* ISO/TR 41011；

2.*Facility management—Guidance on strategic sourcing and the development of agreements* ISO/TR 41012；

3.*Facility management—Scope, key concepts and benefits* ISO/TR 41013。

（二）建设项目相关资料

1.建设项目工程资料；

2.完整的建设项目竣工资料；

3.全过程工程咨询单位的知识体系和经验；

4.其他相关资料。

二、设施管理的内容

（一）设施管理的范围

设施管理的范围：所有组织都依赖于支持流程，而这些流程往往对其核心业务至关重要。设施管理整合和优化了广泛的支持流程并提供它们的输出（设施服务），使需求组织能够专注于其主要活动。设施管理的目标是确保这种支持符合组织的使命和策略，以合适的形式，确定的质量和数量，并以具有成本效益的方式提供。

（二）服务内容

设施管理涵盖并整合了范围广泛的流程、服务、活动和设施，实现了成本、安全和健康的效益提高，并确保提供有效的设施服务。主要的服务内容包括：

（1）空间管理。优化空间分配，分析空间利用率，分摊空间费用。

（2）租赁管理。根据业务发展合理配置不动产和办公空间。

（3）运维管理。通过应需维护、定期维护流程对建筑运维进行规范化。

（4）环境与风险管理。在发生灾难和紧急情况时确保业务连续性，加快设施功能恢复。

（5）家具和设备管理。监控固定资产成本和分配，计算折旧，规划人员和资产的搬迁。

（6）工作场所管理。包括服务台，为公共服务请求提供一站式自助服务门户，降低行政成本；预订管理，帮助员工或客户查找并预订空间、设备或其他任何资源；共享办公空间管理，有效安排多人共享一个工位，减少空间成本支出。

（7）物业管理。以项目管理的方式管理物业的重要维护、翻修、装潢工作。

（8）其他系统与运维系统的数据交换管理。运维管理系统中的部门、员工、供应商、采购订单等数据和流程与业主的ERP或协同工作平台交互。

同时，国际设施管理协会对设施管理功能的定义十分广泛，包括组织内部所有与设施管理相关的业务，如设施管理计划、空间规划、项目财务与融资、日常运维安保等。

北美设施专业委员会（NAFDC）将设施管理分为三大模块，分别是运行和维护管理、资产管理、设施服务。同时，还有学者赵彬等提出了更加详细、具体的设施管理内容，如图7-6所示。

1.运维管理

运维管理包括设施系统的运行和维护，是设施管理工作中最重要的职能之一，运维的成本通常会占到设施管理总开支的40%～50%。对运维信息的合理规划和使用能真正节约大量成本。建筑中常见的设施系统包括暖通空调设备系统、电气照明设备系统、管道配件系统、输送及物料搬运设备系统、通信设备及安全监控设备系统等。

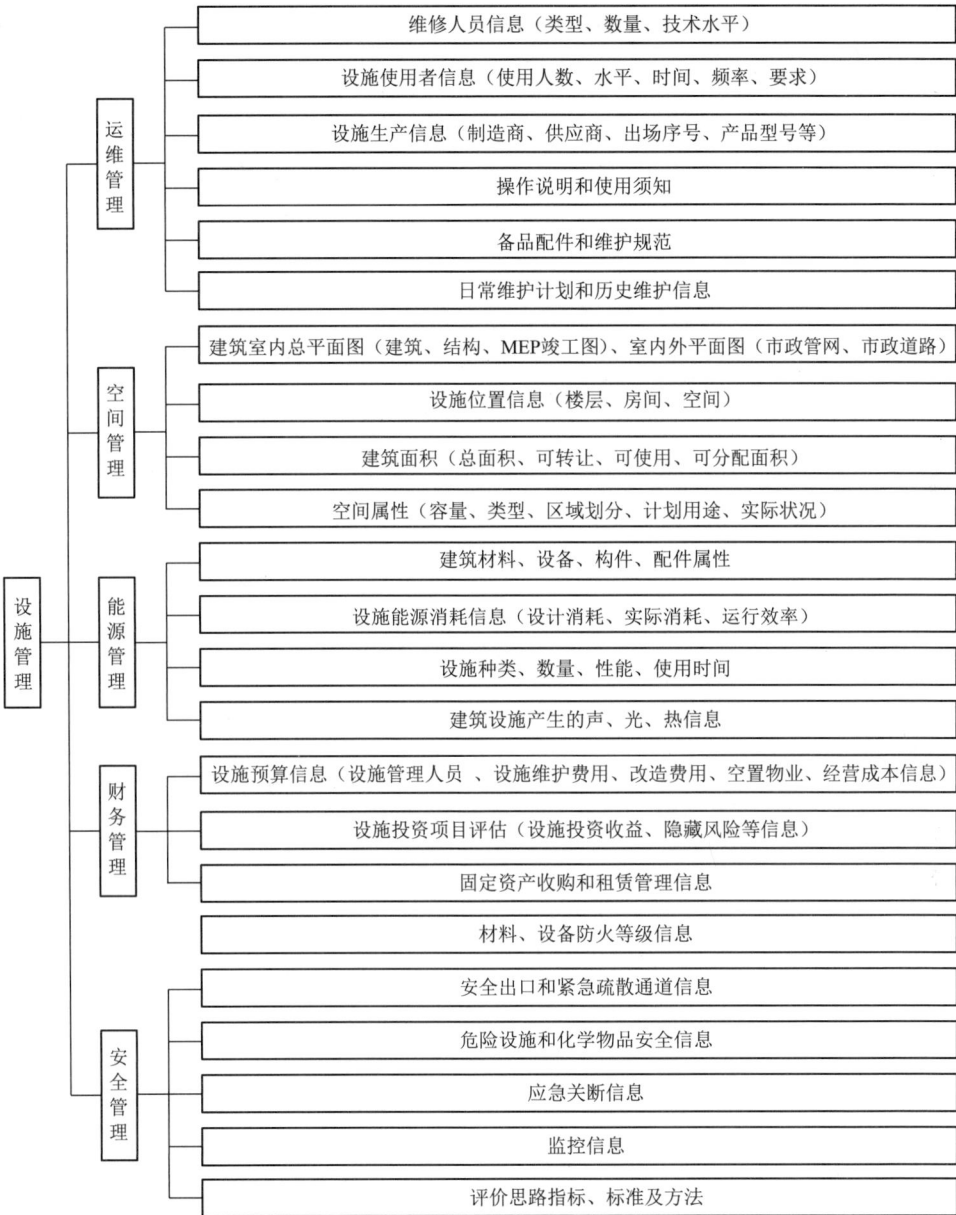

图 7-6　设施管理工作内容图

　　为了保证设施的正常运行，设施管理人员需要各个设施的基本生产信息，比如制造商、供应商、出厂序号、产品型号等，同时设施操作人员还需要设施的操作说明和使用须知。设施维护包括反应性维护和预防性维护。

　　（1）反应性维护。主要是在设施出现故障时进行的检查和修理，需要维修人员的信息，包括维修人员类型、数量和技术水平等。设施维修人员同时也需要设施的维护规范和备品配件信息。

（2）预防性维护。指的是为了延长系统寿命，保障其功能性和稳定性，所进行的计划性检查和保养。为了制订可行的维护计划，需要掌握设施的历史维护信息，比如维护频率、故障原因、维护人员信息；还需要设施使用者信息，包括使用频率和使用需求等。

2.空间管理

衡量设施管理成功程度的一个重要标准是对建筑空间的预测、规划、分配和管理。有效的空间管理需要预测空间需求，进行空间分配，简化移动过程，其所需求的信息，包括建筑内、外部平面图，建筑总面积，可转让、使用和可分配的面积，空间容量，类型，区域划分，计划用途，实际用途。此外，还需要详细掌握设施的具体位置信息，包括设施所在区域、楼层、房间等，以便根据设施需求对不同空间区域中的设备、家具、机械装备进行组合分配。

3.能源管理

据美国绿色建筑协会统计，建筑物占了72%的电力消耗和39%的能源使用。建筑能耗主要由建筑物照明、暖通空调系统和建筑中的各种电器使用等构成，提升建筑能源使用效率能够为可持续建设做出贡献。为了进行能源保护和监控，设施管理人员需要获取能源管理系统信息，建筑内设施和建筑构件的种类、数量、性能、使用时间，设计能源消耗或者是建筑某个区域内一段时间内或实时的能源消耗。设施管理的核心是"以人为本"，为了给建筑内人员提供更好的体验环境，需要掌握和监控设施产生的声、光、热信息，并根据需求进行调整。

4.财务管理

设施管理中的财务管理是为了降低设施全生命周期成本，实现资产价值的最大化，其重点在于设施投资评估和运维预算管理。设施管理人员可以在项目前期参与设施的投资评估和采购管理，以便为业主在投资决策时提供设施的投资收益及潜在风险等信息。在设施管理阶段需要掌握设施预算信息，包括设施管理职员成本、设施历史维护费用、建设设施构件的损耗折旧、改造费用和经营成本信息等，财务管理还应该关注固定资产收购和租赁管理信息。

5.安全管理

设施管理不仅要对设施进行运行和维护，为客户提供服务，还应该对建筑内的设施和人员的安全负责。安全管理的目的是减少损失、预防可能发生的损害和控制设施的使用权。设施管理人员需要掌握危险设施和化学物品信息、安全出口和紧急疏散通道信息、材料、设备防火等级信息等，以便做好安全预防和应急计划。安全管理还应对建筑各个系统，如通信、电梯、水电及暖通空调、防盗报警、消防等系统进行实时监控，并对监控信息进行及时处理和分析，以确保建筑正常运行。

三、设施管理的工作流程

（一）空间管理

优化空间分配，分析空间利用率，分摊空间费用。流程如下：

1.与CAD、BIM结合，图形化展示空间使用状况。

2.合理调整空间分配，提高空间使用效率。

3.空间费用分摊到部门，实现精细管理。

（二）租赁管理

根据业务发展合理配置不动产和办公空间。流程如下：

1.通过准确的空间和人员占用数据进行空间需求分析。

2.提供对自有、租赁物业的成本分析，帮助进行不动产投资决策。

3.通过自动化管理流程跟踪租赁的信息，直观表达空置租赁空间，自动提醒租约到期住户。

（三）运维管理

通过应需维护、定期维护流程对建筑运维进行规范化。流程如下：

1.通过SLA（服务级别协议）规范定义不同的维护响应级别。

2.通过邮件分派、提醒工单。

3.预定义定期维护工作流程和步骤，在维修日自动产生工单。

4.精确统计备件消耗、维修工时，充分掌控维护成本。

（四）环境与风险管理

在发生灾难和紧急情况时确保业务连续性，加快设施功能恢复。流程如下：

1.与BIM或CAD结合，可以快速准确地访问人员位置、设备位置、有害物质分布、安全出口分布等数据，帮助现场决策。

2.建立多级紧急响应团队和相关负责人，组织各类信息实施灾难恢复计划，迅速恢复正常运营。

3.协助加快保险理赔和谈判更有利的保险条款。

（五）家具和设备管理

监控固定资产成本和分配，计算折旧，规划人员和资产的搬迁。流程如下：

1.与BIM模型互动，可视化定位家具和设备，用条码、二维码建立资产标签以便盘点。

2.定义保修、保险、外包服务合同，与每个固定资产建立关联。

3.通过数据集成与财务软件对接，简化固定资产折旧。

（六）工作场所管理

包括服务台，为公共服务请求提供一站式自助服务门户，降低行政成本；预订管理，帮助员工或客户查找并预订空间、设备或其他任何资源；共享办公空间管理，有效安排多人共享一个工位，减少空间成本支出。流程如下：

1.自助服务环境通过简单的表单、智能工作流和自动通知简化服务请求，降低管理开销。

2.根据服务级别协议（SLA）来控制资源的投入，提高执行效率和客户满意度。

3.提供多种报表分析预算和成本。

（七）资本项目管理

以项目管理的方式管理物业的重要维护、翻修、装潢工作。流程如下：

1.建立统一的项目中心，从资本预算、进度计划、采购、沟通、成本控制等角度进行全面项目管理。

2.建立项目立项、执行、分包、验收的审批流程，实现项目精细化管控。

（八）其他系统与运维系统的数据交换管理

运维管理系统中的部门、员工、供应商、采购订单等数据和流程与业主的ERP或协同工作平台交互。

四、注意事项

（一）设施管理保证项目交付前的价值实现

1.项目成功（价值实现）涵盖设施管理成功

任何一个单方面的有效实施并不能最终实现整个项目成功。使用人和投资人往往从项目目标的高度来评价项目，而项目管理团队通常只在乎项目管理阶段的成功。如果设施管理失败，那么一定意味着项目最初的设想不可能实现，进而整个项目管理的成功也就没有任何意义。可以说，设施管理成功在项目生命周期中的地位举足轻重。

2.建设项目交付前价值实现的途径

价值工程的思想可以用以下公式表示，项目价值=功能/成本，即Value=Function/Cost。

设施管理过程中所产生的信息主要产生于设施管理的服务范围内，因此，所涵盖的信息非常广，包括：项目资料、客户满意度、运营方动态需求、运营方的满意度、现有设施水平、期望设施水平、期望质量水平、建筑周边环境、空间管理、可用预算、可维护性等。

如何使设施管理过程中的种种需求反馈到项目决策阶段和项目管理阶段（项目设计阶段、项目发承包阶段、项目实施阶段），在这里需要使用价值管理（VM）和全生命周期成本管理（LCC）两种工具，在F和C两个角度之间寻求平衡以使项目增值，如图7-7所示。

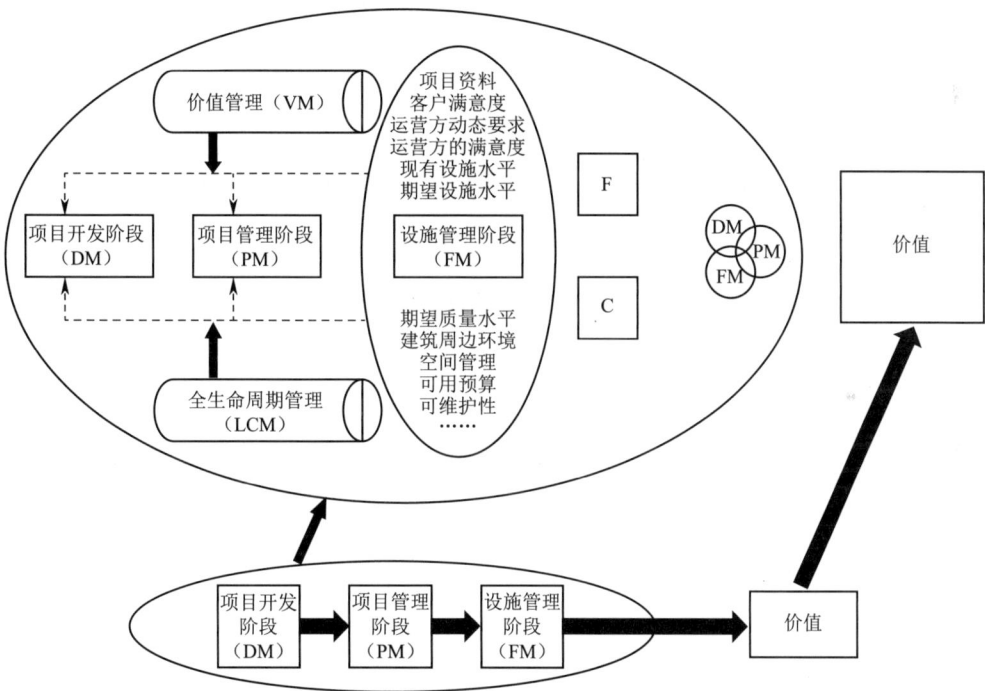

图 7-7 项目交付前价值实现途径图

通过价值管理和全生命周期成本管理两种手段，在设施管理阶段产生的信息得以在项目各个阶段的决策中起到关键作用，从而有力地促进了DM、PM和FM之间的整合，从而较之以往实现了项目价值的增加。

（二）设施管理保证项目交付后的价值实现

1.设施管理是项目交付后价值实现的关键

对组织不动产的积极性管理要求高层管理具有清晰的战略方向，以及运营管理过程产生清晰的可交付物。人们逐渐认识到运营资产的关键作用由组织文化、技术变化和全球竞争性决定。Becker认为组织、实现组织目标的手段、工作环境以及周边环境之间的界面构成"组织生态"。随着设施管理实践的成熟，近年来设施管理关注的中心显然在转变。从公开发表的文献和实践回顾可以看出起初关注任务和功能，现在则重视过程及过程的管理。更近些时候，转向资源整合，强调有效工作环境的提供，人、过程和资产问题成为寻求解决方案的同一问题的组成部分。图7-8显示了这样的一种发展趋势。

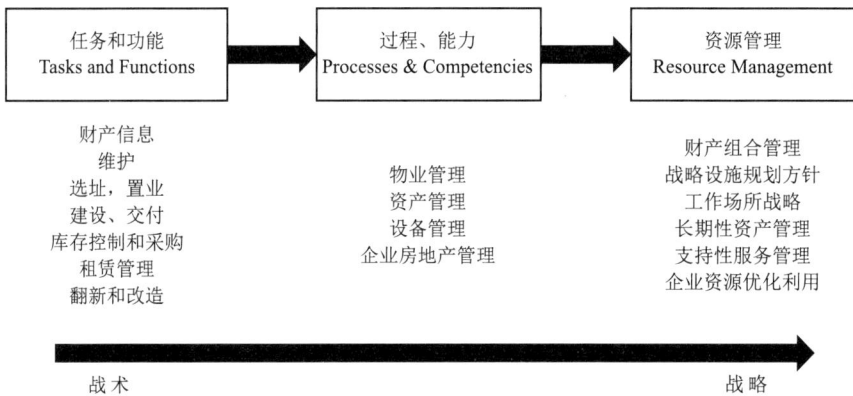

图 7-8   设施管理实践的变化趋势图

由图7-8可见，设施管理的重点逐渐转向综合性资源管理，由此可见，设施以及设施管理的需求（设施和服务的购买者）和供给（提供者和服务承包人）两方面的竞争性发生了剧烈变化。组织精简和外包的趋势为许多组织增加了负担，认真地审视设施管理的变化有助于提升组织竞争性。

2.项目交付后价值实现的途径

设施管理的组织管理体系必须建立在战略层面上基本活动和日常运营层面上组织资源之间的持续沟通。图7-9分析了基于组织基本活动的战略管理和运营管理之间需要持续对话的机制。

整合基本活动与辅助活动的关键不仅是需要提高双方意识——使设施资源和组织战略意图紧密联系，而且要建立正式的信息沟通渠道，保证双方完全了解外部市场，以及外部市场对公司运营资产基础的影响。

图7-9中，首先，项目管理阶段结束以后，项目的交付使得组织的运营能够在起初有一个合理的资源结构；其次，随着内外部环境以及组织自身的变化，组织发展战

略受到以下因素的影响：（1）企业文化；（2）环境；（3）应变能力；（4）技术性变化倾向；（5）公司对财产和支持性服务作用的观点；（6）资源投入和抗压能力。

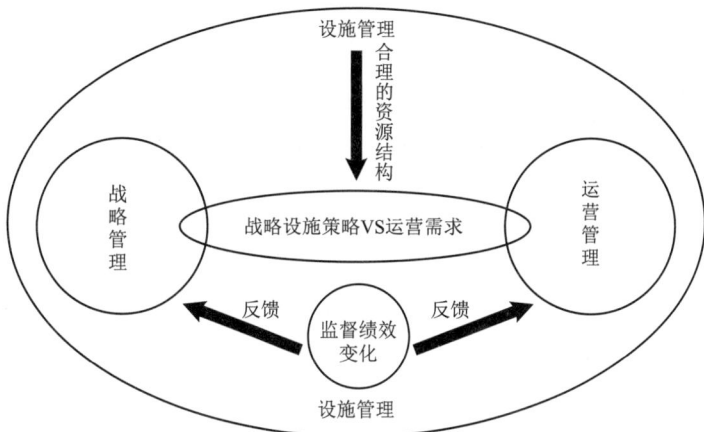

图 7-9　设施管理整合机制图

对于日常的运营管理则受到以下因素的影响：（1）工作环境风险最小化；（2）实体资产的服务性；（3）资产保值；（4）工作环境；（5）采购战略；（6）成本和抵御风险的能力。

因此，运营需求与设施供应（泛指满足组织运营需求的所有设施管理和服务）不可能总是彼此处于平衡的状态，设施管理作为整合组织基本活动和辅助活动的重要手段，绩效评估就成为战略管理方和运营管理方获取信息的必要途径。

设施管理成功的主要困难是获取商业部门和设施管理过程中的正确信息。在商业部门内部确定有效信息的存在，并定期获取这些信息，这通常是很难实现的。从这方面来说，设施管理的关键作用是作为信息界面，能够对战略管理和运营管理方面的不同信息进行协调，为有效地解决二者之间的冲突提供一个最优方案。

第五节　资产管理

经过竣工验收和检验后的建设项目已转化为合格的建设项目产品，即建筑物。一方面在竣工阶段，对建设项目产品进行验收，并将完整的、合格的建设产品移交给投资人或产权人，将建设项目产品转化为资产进行管理，同时通过运营发挥其投资作用；另一方面在运营阶段，通过资产管理实现建设项目的资产价值，是投资人要实现其目标的基础。因此，无论资产管理方是哪个角色，只有对建设项目开展良好的资产管理，才能最大限度地提高资金的价值和利益相关方期望的满意度。

全过程工程造价咨询机构在资产管理的工作内容要求下，在策划和评估方面出具咨询方案。一方面，全过程工程造价咨询机构对资产的增值和运营进行分析，为委托人提供管理依据；另一方面，全过程工程造价咨询机构需充分了解各方需求，为资产管理制订清晰的目标，并为委托人提供合理化建议。

资产管理主要从建设项目的资产增值、运营安全分析和策划、运营资产清查和评估、招商策划和租赁管理等方面进行策划。

建设项目的资产增值。一是把竣工验收和检验合格后的建设项目转化为固定资产，实现资产价值；二是设备材料使用年限分析。建筑物中设备材料的使用年限和建筑物的全生命周期各有不同，所以在建筑物全生命周期存在着设备材料的常规维护、中修和大修情况；三是运营成本分析。在建设项目移交后，应研究工程资料，根据建设项目的功能和营造标准，准确确定运营管理的范围内容和特点，进而分析建筑物维护费用标准的构成，对费用的影响因素和费用可量化程度及量化进行分析。有利于实现资产增值。

建设项目的运营安全分析和策划。一是形成建筑物的运营维护指导书，以保证建筑物正常运营并保证其品质，确保资产的增值和保值；二是维修应急方案策划。编制建筑物的大修、中修及常规维护的规划，及时安排资金，准备备品、备件，做好边维修边使用的应急方案，有利于体现资产的价值。

建设项目的运营资产清查和评估。一是根据建设项目情况对资产进行清查并形成资产清单，为资产评估提供基础数据；二是结合决策阶段设定的目标及优质建设项目评判标准对建设项目形成的固定资产进行评估、调整、维护等工作，有利于实现资产保值。

建设项目的招商策划和租赁管理。为了建筑物的保值和增值，需要设置使用人员准入条件，加强建筑物的招商策划和（或）租赁管理。首先确定合格的使用单位或人员的要求，尽可能使使用建筑物或建筑小区的单位的经营范围产生聚集效应，通过良好的聚集效应，使其建筑物的功能得到更好提升；其次，规范租赁人员的行为和义务，营造共同保护建筑物的意识；再次，借助信息化物联网等先进技术，协调服务，有利于提高建筑物的物业管理水平以及利益相关方的满意度。

一、资产管理的依据

1.可行性研究报告等；

2.验收文档技术资料；

3.使用单位方运行维护目标；

4.设施性能参数；

5.监测的设施性能状况；

6.类似项目后评价资料等；

7.项目建议书；

8.项目实施过程文档资料；

9.项目投资目标（基于利益相关者价值体系）；

10.项目的实际运行资料；

11.类似项目后评价资料；

12.基于LCC的成本预算目标；

13.运行维护的历史成本数据；

14.设施/构件等性能状况；

15.设施运行维护方案；

16.运行维护成本实际数据；

17.建筑设施外形描述的技术档案；

18.项目涉及的相关法律法规；

19.全过程工程咨询单位的知识体系及经验；

20.其他相关资料。

二、资产管理的内容

（一）资产管理的目的

资产管理，并实现资产价值，是任何组织要实现其目标的基础。无论是公共或私人部门，无论资产是有形的，还是无形的，只有良好的资产管理，才能最大限度地提高资金的价值和利益相关方期望的满意度。资产管理涉及协调和优化规划、资产选择、采集/开发、利用、服务（维修）和最终处置或更新相应的资产和资产系统。资产管理是关于什么是我们想要达到的资产，如何做到这一点，除了评估与资产相关的风险外，它需要有一个长期战略。这种长期战略方法还迫使我们去更好地了解我们的资产。识别资产和管理资产，对资产存在的问题有深入的了解，有助于经营决策和组织的总体绩效。

（二）资产管理的工作内容

1.资产保值和增值

（1）在建工程转固定资产

在建工程转固定资产，首先必须有工程支出发票，没有发票不能计入在建工程科目，在固定资产完工后，要有工程验收记录、工程结算单（竣工结算单），需要强制检测安全性的固定资产（如压力管道、配电设备等）还必须取得相关主管部门的检查认定报告。以上单据齐全，即可将在建工程结转为固定资产。

首先要对已完工需结转的项目、工程或设备进行确认，明确在建工程确已完工，已达到可用状态；同时，需对在建工程成本支出进行汇总，明确该在建工程全部成本是否已完全计入，如果有部分项目内容因尚未决算不能明确的，则需要组织进行工程验收、项目决算，需要强制检测安全性的固定资产（如压力管道、配电设备等），在固定资产完工后，还必须取得相关主管部门的检查认定报告。这个过程即是要对即将结转固定资产的在建工程成本核算的完整性进一步进行确认，以明确结转固定资产的成本造价总额。在此基础上，要求对尚未取得的项目支出及时取得结算发票，如果因合同约定限制等原因不能及时取得结算发票入账，则可以根据上述项目决算数据对尚未结算入账的在建工程内容进行估算，以便及时结转固定资产。

为明确责任，确保在建工程结转数据的准确性，建议对所有加工安装，或是土建类项目建设的结转，由总咨询师负责项目完工及数据的确认，要求他们在"在建工程完工结转报告单"上签字确认。

在建工程转固定资产的条件是：工程完工达到预定可使用状态。

根据《企业会计准则第4号——固定资产》应用指南规定：已达到预定可使用状态但尚未办理竣工决算的固定资产，应当按照估计价值确定其成本，并计提折旧；待办理竣工决算后，再按实际成本调整原来的暂估价值，但不需要调整原已计提的折旧额。

（2）设备材料使用年限分析

设备材料使用年限分析是指固定资产更新，即对技术上或经济上不宜继续使用的在用固定资产，用新的固定资产进行更换，目的在于使投资人获得更大的收益。固定资产更新决策则是通过财务分析，决定是否需要更新固定资产的管理行为。该决策属于长期投资决策（资本预算），对企业的长期发展产生重要的影响，因此必须进行科学、合理的决策分析。

（3）运营成本分析

通过项目前期各阶段及其运营管理主体前期介入方式等综合形成的项目交付成

果，已经发生了项目LCC中的全部建设成本，并且已形成了影响后期运行维护成本发生的项目/设施实体。但项目的运行维护成本的实际发生毕竟是在运行维护阶段，因此，运行维护管理主体对项目进行基于LCC的日常运行维护管理将进一步实现LCC的总目标。

为此，本阶段的另一方面重要工作是基于设施质量功能目标与性能监测的全生命周期运行维护成本规划与控制。其总体框架如图7-10所示。

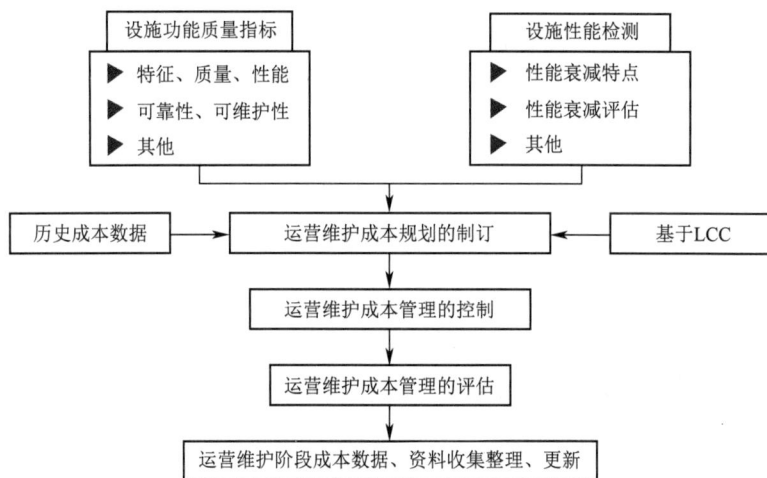

图 7-10　建设项目运营成本管理框架

基于以上总体框架，要形成运营成本规划必须依据三个方面的因素：其一，设施的质量与功能目标标准及运行过程中的动态性能监测参数的对比结果；其二，类似项目运行维护阶段可供参考的相关信息；其三，基于LCC的项目成本分析。基于此，项目/设施的运行维护管理主体可以制订出详细的运行维护成本规划并予以执行。若执行过程中，发生较大偏差，则进行相关的控制，以保障科学的运行维护成本规划的落实，所形成的数据资料进入数据库。

2.运营安全分析和策划

（1）运营维护指导书

运营维护指导书是指根据建设项目的类型、功能、实际运营状况等因素编制而成，指导管理人员对建设项目运维管理的工作。按照不同需求，可分为管理篇、运营篇、安全篇等不同章节。其中管理篇包括：生产运营管理制度、运营各岗位职责、客户服务规范；运营篇包括：各类岗位、设备操作规程和标准；安全篇包括：燃气运营相关安全管理制度、消防演习方案、事故应急抢险预案等。

（2）安全应急预案

安全是建设项目价值体现的重要因素，缺乏安全的建设项目无法给利益相关方带来任何价值提升以及满意度。建立一个有效的突发事件应急预案体系，编制完善的突发事件预案，开展预案的定期演练，对于提高建设项目的运营人预防和处置突发事件的能力，确保发生突发事件时各运营岗位的有效应对，最大限度地预防和减少突发事件及其造成的损害，保障运营人和使用人的生命、财产安全，具有十分重要的意义。

3.建设项目的运营资产清查和评估

（1）资产清查

资产清查是指受委托的资产评估机构，应对委托单位的资产、债权、债务进行全面清查，在此基础上要核实资产账面与资产实际是否相符，考核其经营成果，盈亏状况是否真实，并作出鉴定。

主要对建设项目形成的固定资产清查进行阐述，固定资产清查是指从实物管理的角度对单位实际拥有的固定资产进行实物清查，并与固定资产进行账务核对，确定盘盈、毁损、报废及盘亏资产。固定资产清查的范围主要包括土地、房屋及建筑物、通用设备、专用设备、交通运输设备等，要求各单位配合会计师事务所认真组织清查，原则上对所有固定资产全面清查盘点。

固定资产清查的范围：

1）对固定资产要检查固定资产原值、待报废和提前报废固定资产的数额及固定资产损失、待核销数额等；关注固定资产分类是否合理；详细了解固定资产目前的使用状况等；

2）对出租的固定资产要检查相关租赁合同；检查各单位账面记录情况，检查是否已按合同规定收取租赁费；

3）对临时借出、调拨转出但未履行调拨手续和未按规定手续批准转让出去的资产，要求各单位收回或者补办手续；

4）对清查出的各项账面盘盈（含账外资产）、盘亏固定资产，要查明原因，分清工作责任，提出处理意见；

5）检查房屋、车辆等产权证明原件并取得复印件，关注产权是否受到限制，如抵押、担保等，检查取得的相关合同、协议；

6）对批量购进的单位价值低的图书等，如果被资产清查单位无法列示明细金额的，按加总数量清查核对实物，按总计金额填列固定资产清查明细表，并注明总数量。

（2）资产评估

资产评估，是指评估机构及其评估专业人员根据委托对不动产、动产、无形资产、企业价值、资产损失或者其他经济权益进行评定、估算，并出具评估报告的专业服务行为。

资产评估的对象是资产。资产，从理论上来讲是被特定权利主体拥有或控制并能为其带来经济利益的经济资源，资产还具有价值和交换价值的特点，是用来作为生产经营和价值交换的资本。资产评估的目的主要是估算出被评资产的现实市场价值，也就是说，将资产的历史成本估算为现实成本。

资产评估的工作范围：

1）整体资产评估（企业价值评估）：适用于设立公司、企业改制、股权转让、企业兼并、收购或分立、重组集团、合资、租赁、承包、融资、抵押贷款、破产清算；

2）单项资产评估：各类房地产（商业用房、生产厂房、办公室、住宅、酒店、会所、冷冻仓库、教堂、学校、高尔夫球场、度假村、码头、加油站）、各类机械设备（高精尖设备、进口设备、特殊设备、专用设备、普通设备、自制设备、专业化生产线、运输设备、模具、计算机硬件和软件）林木、果木、花卉、景观等；

3）无形资产评估：品牌、商标、商誉、字号、企业家价值等评估；专利权、专有技术、著作权（版权）、药品批准文号、计算机软件、秘诀等价值评估；特许经营权、植物新品种发明权、海域使用权、航线经营权、高速公路收费经营权、建设用地使用权、探矿权、采矿权、排污权、酒窖窖池、特殊景观等价值评估；专业网、营销网、客户名单、长期合同等价值评估；

4）项目评估：项目转让、项目融资、项目合资合作、项目投资价值、项目数据分析、可行性研究等。

4.建设项目的招商策划和租赁管理

（1）招商策划

在运营阶段对建设项目进行招商策划，目的是实现建筑物的保值和增值。因为建设项目价值的体现，不仅仅是指建设项目本身的价值，很重要的一部分因素与建设项目的使用者有关。通过对建设项目的招商策划，能够吸引合格的使用单位或人员，进而产生聚集效应。合格人才的聚集现象是一种规模经济现象，使建设范围内的人才交易成本降低，社会效益显著提高。在合格使用者和人员的聚集过程中，不论是在空间上，还是在规模上都实现了资源的不断重新配置，在和谐的内外部环境下，通过使用者之间信息共享等方式，发挥超过各自独立作用的加总效应，这种效应对建设项目来说是十分经济的。由此可见招商策划的重要性。

对建设项目进行招商策划，首先需要确定投资人的目标和诉求，针对目标广泛收集各方面信息资料，制订招商方案，对制订的方案进行比选，选择最优方案，最后进入招商方案的实施阶段。

（2）租赁管理

在招商完成后，为了建设项目的正常运营，要对建设项目使用者的行为进行规范化管理，在使用者中营造出共同保护建筑物的意识。在规范管理过程中，要维护投资人与使用者双方的利益，遵循平等、自愿、合法和诚实信用的原则。严格履行与建设项目的使用者订立的租赁或购买合同，及时处理入住使用者在使用过程中的纠纷问题，及时修复损坏部分。在管理建设项目的使用者时，可以借助先进的信息化技术更好地服务于使用者，可采用智能物业管理系统，将计算机强大的功能与现代化的管理思想相结合，提高管理的经济效益和管理水平。通过借助信息化技术，实现对使用者、房产信息、租赁、租赁合同的全面管理。通过科学的管理，不断提高利益相关方的满意度。

三、资产管理的工作流程

项目竣工验收合格后，为实现优质建设项目的目标以及满足利益相关方的需求，首先需要制订建设项目资产管理目标，包括资产增值、资产安全、资产保值、利益相关方满意度四个方面的目标。针对资产管理的目标，需要由建设项目的全过程工程咨询单位协助运营人分别完成相应的工作内容：

1.为实现建设项目资产增值的目标，运营人要对建筑物进行转固定资产，并完成对设备材料使用年限分析、运营成本分析的工作。

2.为实现建设项目资产安全的目标，由运营人编制运营维护指导书并针对建设项目的运营制订安全应急预案。

3.为实现建设项目资产保值的目标，运营人要完成对建设项目资产清查以及资产评估的工作。

4.为使利益相关方的满意度不断提高，需要在运营前进行招商策划，在运营中对建设项目的使用者进行租赁管理。如图7-11所示。

全过程工程咨询单位在协助运营人完成资产管理工作时，需要对工作内容和方法持续优化。持续优化的结果最终体现在资产管理策略的优化上，并且为下一个建设项目提供决策依据。全过程工程咨询单位需要从各方面要求出发，设定目标应体现安全、效能、成本综合最优、避免片面强调某一两个方面目标要求，而忽视其他方面要求，如片面突出安全或规划水平，而忽视资产效益，导致建设项目积累不足，持续发展动力不足。

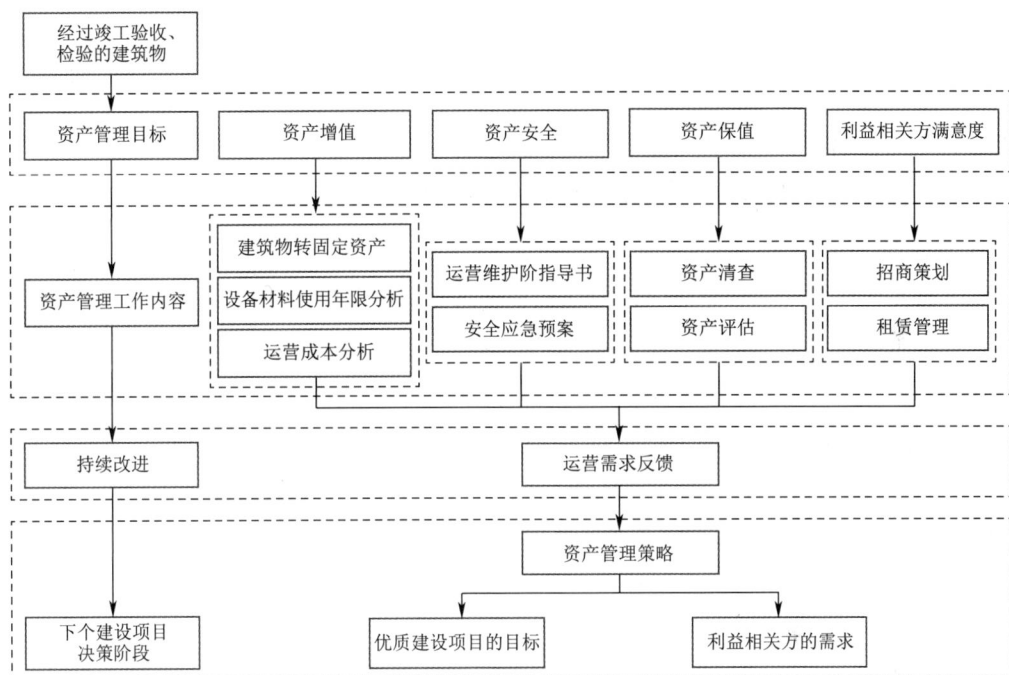

图 7-11　资产管理实施流程图

在具体实践中，通过对过程进行管控、资产运行绩效开展监测等手段监测资产目标或计划的执行情况。在横向上，通过对决策、设计、发承包、实施、竣工、运营等跨阶段的反馈与评估，持续优化运营人的工作流程，形成更加完善的资产管理策略，为下一阶段的规划提供优化的方向；在纵向上，通过运营人对建设项目的监控，与原设定的目标或计划内容进行比较，不断修正目标或计划，当达到一定的程度或阶段时，修正资产管理策略，并为下一阶段优质建设项目的目标以及利益相关方满意度方面提供优化的依据。

四、注意事项

资产管理过程中，运营人需要判断工作内容是否基于优质建设项目的目标进行协调运转。因此，资产管理过程中工作内容的需要关注的要点如下。

1. 运营人中各部门和单位在工作过程的衔接和交接中职责明确、界面要清晰；

2. 工作和部门对应关系要明确，不能存在工作缺项和职责重复；

3. 根据优质建设项目的目标和要求，对工作流程运转开展全过程管理和闭环控制；

4. 各单位和部门明确流程执行中所需要及应输出的信息、数据；

5. 工作过程中产生的信息、数据及时准确记录并保存，其他相关过程性信息应留存；

6. 工作过程中各单位和部门及时获取所需要的信息，确保工作中有准确及时的信息作为参考；

7. 有相应的工作机制或统一信息凭条保证实现信息共享；

8. 决策环节全面考虑资产的成本优化和表现提升，可采用LCC等综合最优方法作为决策依据；

9. 工作过程中进行监测分析，对发现的问题具备分析、监督、改进的管理机制；

10. 工作过程中各项工作建立相应的规章制度和标准，制度和流程绝对统一，通过制度固化流程，保证各项工作有据可依。规章制度和标准协调一致，不存在冲突现象。

附录 A
全过程工程咨询服务目标责任书

1. 目标责任书总则

为了认真贯彻党和国家关于安全生产的方针政策、法律法规、规范、标准，加强×××××项目全过程工程咨询服务管理工作，落实相关服务责任，预防和杜绝各类施工生产事故的发生，确保员工在劳动生产过程中的安全和健康。保证×××××项目全过程工程咨询服务的顺利进行，特制订本目标责任书。

各咨询单项组应与中建路桥集团有限公司协商制订×××××项目全过程工程咨询服务目标责任书，一般包括以下内容：

（1）明确总控管理目标和目标实现的评价原则、内容和办法；

（2）明确单项咨询目标和目标实现的评价原则、内容和办法；

（3）明确×××××项目全过程工程咨询企业与各单项组之间的责权利；

（4）明确各单项组与全过程工程咨询服务企业之间的责权利；

（5）明确×××××项目全过程工程咨询人对各单项组负责人的授权范围、期限和内容。

2. 目标责任书范本

2.1 总咨询工程师

××××× 项目全过程工程咨询服务目标责任书

甲方：×××××××××

乙方：总咨询工程师

为充分调动公司管理层的工作积极性，确保××××公司××××年总经营目标的实现；推动公司全过程工程咨询服务工作逐步向理性、科学、精细和规范的方向发展，用科学的指标评价体系替代粗线条的考评；使管理层能够与公司荣辱与共，更好地执行公司各项计划和决议，按照责、权、利对等的原则，双方在平等的基础上签订××年度（生效期限为××××至××××）岗位目标责任书。

乙方××××同志担任该项目的总咨询工程师（授权期限为×年×月至×年×月），为该全过程咨询服务项目的第一责任人。

一、工程概况

1. 工程名称：

2. 工程地点：

3. 建设单位：

4. 建筑面积：

5. 合同范围：

6. 合同价格：

7. 合同工期：

8. 合同质量要求：

9. 合同安全要求：

10. 合同特殊要求：

二、双方的权利与义务

（一）甲方的权利与义务

1. 甲方有权对乙方的业务服务过程进行检查和监督，并提出改进意见；

2. 甲方有义务为乙方在业务服务过程中提供必要的服务和支持；

3. 甲方有权在乙方业务服务过程出现失控和重大失误时，对本责任书提出修订或决定终止本责任书的执行；

4.甲方应配合及时提供相关的工作材料，提供相关的报批报建资料，协助乙方办理与本项目有关的建设手续；

5.乙方若连续3个月指标完成情况很差，或出现明显不能完成目标的情形，甲方有权向其提出警告，直至终止本责任书；

6.甲方应在规定时间内审核乙方的组织形式和资源的配置情况；

7.甲方应组织进行服务方案设计评审，对方案进行比较或专题研究，需要时组织专家论证会，为咨询服务提供依据；

8.甲方应对委托人的满意度情况进行全过程跟踪分析，对乙方的执行情况和管理工作的执行情况进行全过程监督和控制。

（二）乙方的权利和义务

1.乙方应负责整个项目流程的管理和运行，全程跟踪和协调各方；

2.乙方应负责向各咨询单项组下发任务单，并对报告方案等文件质量负责，对项目实施时间节点负责；

3.乙方应负责组建全过程咨询管理组，确定全过程咨询管理部各部门设置及部门职责，确定全过程咨询管理部各部门人员配置及其岗位职责；

4.乙方应负责全过程咨询管理的任务分解、资源配置和利益分配等事宜；

5.乙方应负责审核全过程咨询管理服务过程中的各项成果文件，并取得委托人的批复；

6.乙方应负责审核制订全过程总控管理范围、流程、制度和单项咨询实施方案等，并检查和监督其执行情况；

7.乙方应按合同要求审核单项咨询人和承包人的各项履约成果，并取得委托人的批复；

8.乙方应协调解决项目实施过程中产生的重大变更认定和处置；

9.乙方应协调解决项目实施过程中产生的责任的划分和处置；

10.乙方应负责协调解决项目实施过程中突发的重大事件的调查和处置；

11.乙方应协调解决委托人、承包人和各相关人之间的有关争议或纠纷；

12.乙方应定期组织评价团队工作绩效。

三、其他

1.如甲方与委托人签订的合同终止，此责任书同时终止；

2.此项目若有后续工程，均按本责任书执行，甲乙双方另有约定的除外；

3.责任书中的未尽事宜，甲乙双方可另行协商签订补充协议，并具有同等效力；

4.与公司的所有相关制度文件均为本责任书附件，乙方须严格遵守执行；

5.本目标责任书一经双方签订立即生效，双方应严格遵守并执行。本目标责任书属中建路桥集团有限公司内部项目管理使用的约束激励方式，有关本责任书的任何争议，由双方协商解决；协商未决的，由甲方项目管理委员会协调解决；仍未决的，报集团项目管理委员会协调，协调结果为最终决定；

6.乙方更换总咨询工程师时，应提前7天书面通知委托人，除主要咨询人员客观上无法正常履职情形外，还应征得委托人书面同意，由咨询人负责安排具有同等资格和能力的人员代替，同时承担更换费用。自书面通知到达时起，新的负责人为第一责任人。

甲方：   日期：

乙方：   日期：

乙方相关责任人签字：   日期：

2.2　投资决策咨询组

×××××× 项目全过程工程咨询服务目标责任书

甲方：××××××××××

乙方：投资决策咨询组

为充分调动公司管理层的工作积极性，确保××××公司××××年总经营目标的实现；推动公司全过程工程咨询服务工作逐步向理性、科学、精细和规范的方向发展，用科学的指标评价体系替代粗线条的考评；使管理层能够与公司荣辱与共，更好地执行公司各项计划和决议，按照责、权、利对等的原则，双方在平等的基础上签订××年度（生效期限为××至××）岗位目标责任书。

乙方×××同志担任该项目的单项负责人（授权期限为×年×月至×年×月），由其组建全过程咨询项目各单项目标责任担当体。此目标责任书中单项负责人为第一责任人。

一、工程概况

1.工程名称：

2.工程地点：

3.建设单位：

4.建筑面积：

5.合同范围：

6.合同价格：

7.合同工期：

8.合同质量要求：

9.合同安全要求：

10.合同特殊要求：

二、双方的权利与义务

（一）甲方的权利与义务

1.甲方有权对乙方的业务服务过程进行检查和监督，并提出改进意见；

2.甲方有义务为乙方在业务服务过程中提供必要的服务和支持；

3.甲方有权在乙方业务服务过程出现失控和重大失误时，对本责任书提出修订或决定终止本责任书的执行；

4.甲方应配合及时提供相关的工作材料，提供相关的报批报建资料，协助乙方办

理与本项目有关的建设手续；

5.乙方若连续3个月指标完成情况很差，或出现明显不能完成目标的情形，甲方有权向其提出警告，直至终止本责任书；

6.甲方应在规定时间内审核乙方的组织形式和资源的配置情况；

7.甲方应组织进行服务方案设计评审，对方案进行比较或专题研究，需要时组织专家论证会，为咨询服务提供依据；

8.甲方应对委托人的满意度情况进行全过程跟踪分析，对乙方的执行情况和管理工作的执行情况进行全过程监督和控制。

（二）乙方的权利和义务

1.乙方负责设计前期的初步策划，包括研究项目投资意向，研究项目投资机会及必要性，确定项目总体目标，定义项目性质、定位和建设内容，确定项目建设功能、规模和标准，研究项目预选址方案，比较、论证建设方案及预可行性论证，策划项目投（融）资方案，形成项目立项文件；

2.乙方负责项目立项策划的深化，包括深化项目建设必要性和依据深化项目建设内容、功能及规模深化项目建设方案，分析项目建设投资，分析项目效益，研究项目建设风险，形成项目可行性研究文件；

3.乙方负责项目配套管理，包括协助办理项目建议书报审（如有），协助办理项目报建手续，提出用电、给水排水、燃气、通信等项目配套条件征询，取得建设选址意见书意见，取得建设用地预审意见，协助办理项目节能审批，办理项目社会稳定风险审批，协助办理项目卫生监督、环境影响、民防等职能部门审批，协助办理项目其他审批，完成可行性研究报告报审；

4.乙方负责项目实施策划，主要包括策划项目管理目标，策划项目管理组织结构，策划项目管理模式，策划项目管理制度，策划项目信息管理，策划项目合同总体架构，策划项目管理实施方案，策划项目团队内部管理。

三、其他

1.如甲方与委托人签订的合同终止，此责任书同时终止；

2.此项目若有后续工程，均按本责任书执行，甲乙双方另有约定的除外；

3.责任书中的未尽事宜，甲乙双方可另行协商签订补充协议，并具有同等效力；

4.与公司的所有相关制度文件均为本责任书附件，乙方须严格遵守执行；

5.本目标责任书一经双方签订立即生效，双方应严格遵守并执行。本目标责任书属中建路桥集团有限公司内部项目管理使用的约束激励方式，有关本责任书的任何争议，由双方协商解决；协商未决的，由甲方项目管理委员会协调解决；仍未决的，报集团项目管理委员会协调，协调结果为最终决定；

6.乙方更换单项负责人时，应提前7天书面通知委托人，除主要咨询人员客观上无法正常履职情形外，还应征得委托人书面同意，由咨询人负责安排具有同等资格和能力的人员代替，同时承担更换费用。自书面通知到达时起，新的负责人为第一责任人。

甲方：　　　　　　　　　　　　　　　　　　　日期：

乙方：　　　　　　　　　　　　　　　　　　　日期：

乙方相关责任人签字：　　　　　　　　　　　　日期：

2.3 勘察设计咨询组

×××××× 项目全过程工程咨询服务目标责任书

甲方：×××××××××××

乙方：勘察设计咨询组

为充分调动公司管理层的工作积极性，确保××××公司××××年总经营目标的实现；推动公司全过程工程咨询服务工作逐步向理性、科学、精细和规范的方向发展，用科学的指标评价体系替代粗线条的考评；使管理层能够与公司荣辱与共，更好地执行公司各项计划和决议，按照责、权、利对等的原则，双方在平等的基础上签订××年度（生效期限为××××至××××）岗位目标责任书。

乙方×××同志担任该项目的单项负责人（授权期限为×年×月至×年×月），由其组建全过程咨询项目各单项目标责任担当体。此目标责任书中单项负责人为第一责任人。

一、工程概况

1.工程名称：

2.工程地点：

3.建设单位：

4.建筑面积：

5.合同范围：

6.合同价格：

7.合同工期：

8.合同质量要求：

9.合同安全要求：

10.合同特殊要求：

二、双方的权利与义务

（一）甲方的权利与义务

1.甲方有权对乙方的业务服务过程进行检查和监督，并提出改进意见；

2.甲方有义务为乙方在业务服务过程中提供必要的服务和支持；

3.甲方有权在乙方业务服务过程出现失控和重大失误时，对本责任书提出修订或决定终止本责任书的执行；

4.甲方应配合及时提供相关的工作材料，提供相关的报批报建资料，协助乙方办

理与本项目有关的建设手续；

5.乙方若连续3个月指标完成情况很差，或出现明显不能完成目标的情形，甲方有权向其提出警告，直至终止本责任书；

6.甲方应在规定时间内审核乙方的组织形式和资源的配置情况；

7.甲方应组织进行服务方案设计评审，对方案进行比较或专题研究，需要时组织专家论证会，为咨询服务提供依据；

8.甲方应对委托人的满意度情况进行全过程跟踪分析，对乙方的执行情况和管理工作的执行情况进行全过程监督和控制。

（二）乙方的权利和义务

1.乙方负责设计前期工作（如需），包括编制规划设计任务书，组织考察规划设计单位，组织规划设计招标及合同谈判，协调规划设计过程，组织规划设计评审，规划设计报规划管理部门审批，组织考察勘察单位，组织勘察招标或直接委托，协调勘察设计整个过程，组织审查勘察报告；

2.乙方负责设计任务的委托，包括确定设计合同结构及设计委托方式；编制设计任务书，组织方案设计竞赛（如有必要），组织设计招标；

3.乙方负责设计合同管理，包括起草设计委托合同，组织设计合同的谈判及签订工作，跟踪管理合同执行，合同变更和补充协议的签订，审核设计付款，审核和处理设计阶段出现的索赔和与资金有关的事项；

4.乙方负责设计阶段的造价控制，包括根据项目总体造价控制目标制订造价分解控制目标，在设计任务书中提出有关造价控制的要求，审核方案设计估算，扩初设计概算、施工图预算，组织价值工程论证，分析设计变更对造价的影响，编制设计各阶段造价控制报表和分析报告；

5.乙方负责设计协调及信息管理，包括建立信息沟通机制和制订设计协调制度，协调各方工作，组织设计方协助和参与材料设备采购及施工等相关工作，建立设计文档信息管理制度，组织设计阶段各类工程文档管理工作；

6.乙方负责设计阶段的报批报建及配套管理，包括项目配套征询，协助将初步设计文件、施工图设计文件等报送有关部门审批，办理施工图年审，协助办理建设工程规划许可证；

7.乙方负责专业深化设计管理，包括提出专业深化设计技术要求，专业深化设计过程协调，组织论证专业深化设计。

三、其他

1.如甲方与委托人签订的合同终止，此责任书同时终止；

2.此项目若有后续工程，均按本责任书执行，甲乙双方另有约定的除外；

3.责任书中的未尽事宜，甲乙双方可另行协商签订补充协议，并具有同等效力；

4.与公司的所有相关制度文件均为本责任书附件，乙方须严格遵守执行；

5.本目标责任书一经双方签订立即生效，双方应严格遵守并执行。本目标责任书属中建路桥集团有限公司内部项目管理使用的约束激励方式，有关本责任书的任何争议，由双方协商解决；协商未决的，由甲方项目管理委员会协调解决；仍未决的，报集团项目管理委员会协调，协调结果为最终决定；

6.乙方更换单项负责人时，应提前7天书面通知委托人，除主要咨询人员客观上无法正常履职情形外，还应征得委托人书面同意，由咨询人负责安排具有同等资格和能力的人员代替，同时承担更换费用。自书面通知到达时起，新的负责人为第一责任人。

甲方：　　　　　　　　　　　　　　　　　　日期：

乙方：　　　　　　　　　　　　　　　　　　日期：

乙方相关责任人签字：　　　　　　　　　　　日期：

2.4　招标采购咨询组

×××××× 全过程工程咨询服务目标责任书

甲方：×××××××××

乙方：招标采购咨询组

为充分调动公司管理层的工作积极性，确保××××公司××××年总经营目标的实现；推动公司全过程工程咨询服务工作逐步向理性、科学、精细和规范的方向发展，用科学的指标评价体系替代粗线条的考评；使管理层能够与公司荣辱与共，更好地执行公司各项计划和决议，按照责、权、利对等的原则，双方在平等的基础上签订××年度（生效期限为××××至××××）岗位目标责任书。

乙方××××同志担任该项目的单项负责人（授权期限为×年×月至×年×月），由其组建全过程咨询项目各单项目标责任担当体，此目标责任书中单项负责人为第一责任人。

一、工程概况

1.工程名称：

2.工程地点：

3.建设单位：

4.建筑面积：

5.合同范围：

6.合同价格：

7.合同工期：

8.合同质量要求：

9.合同安全要求：

10.合同特殊要求：

二、双方的权利与义务

（一）甲方的权利与义务

1.甲方有权对乙方的业务服务过程进行检查和监督，并提出改进意见；

2.甲方有义务为乙方在业务服务过程中提供必要的服务和支持；

3.甲方有权在乙方业务服务过程出现失控和重大失误时，对本责任书提出修订或决定终止本责任书的执行；

4.甲方应配合及时提供相关的工作材料，提供相关的报批报建资料，协助乙方办

理与本项目有关的建设手续；

5.乙方若连续3个月指标完成情况很差，或出现明显不能完成目标的情形，甲方有权向其提出警告，直至终止本责任书；

6.甲方应在规定时间内审核乙方的组织形式和资源的配置情况；

7.甲方应组织进行服务方案设计评审，对方案进行比较或专题研究，需要时组织专家论证会，为咨询服务提供依据；

8.甲方应对委托人的满意度情况进行全过程跟踪分析，对乙方的执行情况和管理工作的执行情况进行全过程监督和控制。

（二）乙方的权利和义务

1.乙方负责发包与采购管理，包括策划发包和采购工作，选择工程招标代理单位（如需），组织发包和采购工作，组织资格预审，参与组织开标、评标活动，参与合同的谈判及签订工作，办理合同备案；

2.乙方负责施工前各项计划管理，包括制订建设单位施工阶段工程管理制度和工作计划，策划现场用地计划，督促施工单位编制施工总进度计划并审核，督促造价咨询顾问制订施工阶段资金使用计划并审核；

3.乙方负责施工前准备阶段建设配套管理，包括协助办理工程配套建设申请，组织现场施工配套工作，组织场地（坐标、高程、临电和临水）移交，组织规划验线；

4.乙方负责协助相关部门进行施工前期准备阶段建设报批手续办理，包括办理建设项目专项报审及相关规费的支付管理，协助申办施工图审查，申报质量监督、安全监督，协助办理施工许可证；

5.乙方负责开工条件审查，包括审核施工组织设计，审核和批准监理规划，组织召开第一次工地会议，组织设计交底和编制交底纪要，检查监理机构组织准备情况，督促核查现场施工机械、材料的准备情况，检查现场人员的准备情况及质量和安全保证体系，核对签发开工报告。

三、其他

1.如甲方与业主签订的合同终止，此责任书同时终止；

2.此项目若有后续工程，均按本责任书执行，甲乙双方另有约定的除外；

3.责任书中的未尽事宜，甲乙双方可另行协商签订补充协议，并具有同等效力；

4.与公司的所有相关制度文件均为本责任书附件，乙方须严格遵守执行；

5.本目标责任书一经双方签订立即生效，双方应严格遵守并执行。本目标责任书属中建路桥集团有限公司内部项目管理使用的约束激励方式，有关本责任书的任何争议，由双方协商解决；协商未决的，由甲方项目管理委员会协调解决；仍未决的，报集团项目管理委员会协调，协调结果为最终决定；

6.乙方更换单项负责人时，应提前7天书面通知委托人，除主要咨询人员客观上无法正常履职情形外，还应征得委托人书面同意，由咨询人负责安排具有同等资格和能力的人员代替，同时承担更换费用。自书面通知到达时起，新的负责人为第一责任人。

甲方：　　　　　　　　　　　　　　　　　　　　日期：

乙方：　　　　　　　　　　　　　　　　　　　　日期：

乙方相关责任人签字：　　　　　　　　　　　　　日期：

2.5 监理咨询组

×××××× 项目全过程工程咨询服务目标责任书

甲方：×××××××××

乙方：监理咨询组

为充分调动公司管理层的工作积极性，确保××××公司××××年总经营目标的实现；推动公司全过程工程咨询服务工作逐步向理性、科学、精细和规范的方向发展，用科学的指标评价体系替代粗线条的考评；使管理层能够与公司荣辱与共，更好地执行公司各项计划和决议，按照责、权、利对等的原则，双方在平等的基础上签订××年度（生效期限为××××至××××）岗位目标责任书。

乙方××××同志担任该项目的单项负责人（授权期限为×年×月至×年×月），由其组建全过程咨询项目各单项目标责任担当体，此目标责任书中单项负责人为第一责任人。

一、工程概况

1.工程名称：

2.工程地点：

3.建设单位：

4.建筑面积：

5.合同范围：

6.合同价格：

7.合同工期：

8.合同质量要求：

9.合同安全要求：

10.合同特殊要求：

二、双方的权利与义务

（一）甲方的权利与义务

1.甲方有权对乙方的业务服务过程进行检查和监督，并提出改进意见；

2.甲方有义务为乙方在业务服务过程中提供必要的服务和支持；

3.甲方有权在乙方业务服务过程出现失控和重大失误时，对本责任书提出修订或决定终止本责任书的执行；

4.甲方应配合及时提供相关的工作材料，提供相关的报批报建资料，协助乙方办

理与本项目有关的建设手续；

5.乙方若连续3个月指标完成情况很差，或出现明显不能完成目标的情形，甲方有权向其提出警告，直至终止本责任书；

6.甲方应在规定时间内审核乙方的组织形式和资源的配置情况；

7.甲方应组织进行服务方案设计评审，对方案进行比较或专题研究，需要时组织专家论证会，为咨询服务提供依据；

8.甲方应对委托人的满意度情况进行全过程跟踪分析，对乙方的执行情况和管理工作的执行情况进行全过程监督和控制。

（二）乙方的权利和义务

1.乙方负责施工过程的进度控制，包括完善或建立进度控制体系，明确进度编制标准和要求，完善、细化、调整项目总控进度计划，明确各级控制节点，严格实施，审核施工总进度计划及各专项计划，并跟踪、督促其执行，编制、调整建设单位的专项控制计划，审核各专项实施计划，督促各单位实施，审核监理单位、总承包单位编制的进度控制方案并跟踪其执行，督促监理、承包单位定期比较施工进度计划执行情况并根据需要采取措施，编制进度分析报告，专项评估分析对项目进度可能产生重大影响的事宜，协调各参建单位的进度矛盾，审批、处理工程停工、复工及工期变更事宜；

2.乙方负责施工过程的质量控制，包括组织编制工程施工质量管理规划，贯彻落实，组织建立项目质量控制系统，督促各单位建立质控体系，并跟踪执行，编制质量分析报告，专项评估分析可能对项目质量产生重大影响的事宜，督促和检查监理单位、承包单位的工程质量控制工作，督促监理、承包单位做好质量控制应急预案及实施，组织处理工程质量问题及事故；

3.乙方负责施工过程的造价控制，包括分解、调整、优化施工过程的投资目标，编制、完善合约规划，组织编制资金使用计划并动态调整，动态监控项目成本，组织编制分析报告，经评估分析对项目成本可能产生重大影响的事宜，审核、处理工程变更、签证中的相关造价问题，管控甲供、甲控材料设备的造价，审核工程款支付申请，跟踪支付情况，审核及处理施工过程各项费用索赔，组织施工过程工程结算，配合施工过程的外部审计；

4.乙方负责施工过程的招采控制，包括编制合同包的招采清单，明确招采形式，编制、调整招采计划，组织实施，采购变更管控，管控甲供材料设备进场计划，管控甲控乙供项目的招采过程；

5.施工过程的合同管理，包括细化、完善、调整合同架构、合同界面，动态调整合约规划，组织、参与合同或补充协议的谈判、签订，建立、维护合同管理台账，督促各方履约，跟踪、监管合同履约情况，提供合同履约报告，处理合同变更，指导、督促相关人员做好现场记录，处理施工过程中合同争议与索赔，管控履约保函、担保、保证金；

6.乙方负责施工过程的设计与技术管理，包括设计图纸与技术文件管理，审核、协调、管理施工图深化设计，组织编制相关的技术管理标准、导则，组织召开、参加专家评审／论证会，工程材料设备选型与技术管理，组织编制工程样品、样板规划并监控实施，审核、处理工程变更的相关技术问题，科技创新与研究管理；

7.乙方负责施工过程的安全文明管理，包括组织编制安全生产文明施工管理规划，督促各单位建立健全安全生产文明施工控制体系，并跟踪执行，督促监理履行安全生产法定及合同约定的监理职责，定期组织进行项目安全文明施工情况检查，评比，审核、监管安全文明措施费专款专用，组织或参与处理安全事故，督促有关安全文明、绿色环保的评比、认证、创优的工作；

8.乙方负责施工过程的组织与协调管理，包括策划、完善工程建设管理模式，组织协调与政府有关部门的关系，协调施工现场周边群体关系，办理施工过程相关手续，组织协调施工总平面管理，组织建立项目沟通机制，协调处理现场矛盾与争议，主持、参与工程管理相关会议；

9.乙方负责施工过程的信息与文档管理，包括建立、完善信息编码体系、传递标准和信息管理制度，督促、检查各单位做好信息管理工作，编制、撰写各类工程项目管理报表、报告及相关文件，进行项目各类文件、信息与档案的收集、整理、流转、归档、汇编和台账管理，组织、督促各参建单位做好工程竣工资料与档案的管理。

三、其他

1.如甲方与业主签订的合同终止，此责任书同时终止；

2.此项目若有后续工程，均按本责任书执行，甲乙双方另有约定的除外；

3.责任书中的未尽事宜，甲乙双方可另行协商签订补充协议，并具有同等效力；

4.与公司的所有相关制度文件均为本责任书附件，乙方须严格遵守执行；

5.本目标责任书一经双方签订立即生效，双方应严格遵守并执行。本目标责任书属中建路桥集团有限公司内部项目管理使用的约束激励方式，有关本责任书的任何争议，由双方协商解决；协商未决的，由甲方项目管理委员会协调解决；仍未决的，报集团项目管理委员会协调，协调结果为最终决定；

6.乙方更换单项负责人时，应提前7天书面通知委托人，除主要咨询人员客观上无法正常履职情形外，还应征得委托人书面同意，由咨询人负责安排具有同等资格和能力的人员代替，同时承担更换费用。自书面通知到达时起，新的负责人为第一责任人。

甲方：   日期：

乙方：   日期：

乙方相关责任人签字：   日期：

2.6 竣工移交咨询组

×××××项目全过程工程咨询服务目标责任书

甲方：×××××××××

乙方：竣工移交咨询组

为充分调动公司管理层的工作积极性，确保××××公司××××年总经营目标的实现；推动公司全过程工程咨询服务工作逐步向理性、科学、精细和规范的方向发展，用科学的指标评价体系替代粗线条的考评；使管理层能够与公司荣辱与共，更好地执行公司各项计划和决议，按照责、权、利对等的原则，双方在平等的基础上签订××年度（生效期限为××××至××××）岗位目标责任书。

乙方××××同志担任该项目的单项负责人（授权期限为×年×月至×年×月），由其组建全过程咨询项目各单项目标责任担当体。此目标责任书中单项负责人为第一责任人。

一、工程概况

1.工程名称：

2.工程地点：

3.建设单位：

4.建筑面积：

5.合同范围：

6.合同价格：

7.合同工期：

8.合同质量要求：

9.合同安全要求：

10.合同特殊要求：

二、双方的权利与义务

（一）甲方的权利与义务

1.甲方有权对乙方的业务服务过程进行检查和监督，并提出改进意见；

2.甲方有义务为乙方在业务服务过程中提供必要的服务和支持；

3.甲方有权在乙方业务服务过程出现失控和重大失误时，对本责任书提出修订或决定终止本责任书的执行；

4.甲方应配合及时提供相关的工作材料，提供相关的报批报建资料，协助乙方办

理与本项目有关的建设手续；

5.乙方若连续3个月指标完成情况很差，或出现明显不能完成目标的情形，甲方有权向其提出警告，直至终止本责任书；

6.甲方应在规定时间内审核乙方的组织形式和资源的配置情况；

7.甲方应组织进行服务方案设计评审，对方案进行比较或专题研究，需要时组织专家论证会，为咨询服务提供依据；

8.甲方应对委托人的满意度情况进行全过程跟踪分析，对乙方的执行情况和管理工作的执行情况进行全过程监督和控制。

（二）乙方的权利和义务

1.乙方负责项目联合调试，主要包括组织编制及审核联动调试方案，组织参建各方进行联动调试并形成书面记录，组织相关参建单位对调试结果进行评估；

2.乙方负责项目竣工验收准备，包括组织编制项目竣工验收计划和方案，组织编制竣工档案资料，督促监理单位和施工单位进行预验收后发现问题的整改落实情况，审核施工单位提交的竣工验收申请；

3.乙方负责项目竣工验收管理，包括组织各参建单位出具相关验收报告，配合政府相关职能部门进行工程专项验收，组织成立验收小组，召开竣工验收会议，进行工程正式验收，签署工程竣工验收报告，办理建设工程竣工验收备案；

4.乙方负责项目竣工结算和审价，包括施工单位编制竣工结算文件，收集和接收项目竣工相关结算资料、图纸，审核本阶段各类付款及工程结算付款，组织审核及处理施工综合索赔事宜，协调解决结算过程中出现的疑难分歧，督促工程审价单位出具竣工结算审核报告；

5.乙方负责项目移交管理，包括组织签订工程质量保修书，督促施工单位做好场地清理工作，审核施工单位编写的使用维护手册，组织运行单位人员的培训工作，组织工程档案资料移交并获得移交证书，组织编写固定资产明细表，组织工程实物移交并获得移交证书，督促相关参建单位做好人员及设备的撤离，配合开办，配合搬迁，协助申办土地核验，调查房地产权属，获得产权证书。

三、其他

1.如甲方与委托人签订的合同终止，此责任书同时终止；

2.此项目若有后续工程，均按本责任书执行，甲乙双方另有约定的除外；

3.责任书中的未尽事宜，甲乙双方可另行协商签订补充协议，并具有同等效力；

4.与公司的所有相关制度文件均为本责任书附件，乙方须严格遵守执行；

5.本目标责任书一经双方签订立即生效，双方应严格遵守并执行。本目标责任书属中建路桥集团有限公司内部项目管理使用的约束激励方式，有关本责任书的任何争议，由双方协商解决；协商未决的，由甲方项目管理委员会协调解决；仍未决的，报集团项目管理委员会协调，协调结果为最终决定；

6.乙方更换单项负责人时，应提前7天书面通知委托人，除主要咨询人员客观上无法正常履职情形外，还应征得委托人书面同意，由咨询人负责安排具有同等资格和能力的人员代替，同时承担更换费用。自书面通知到达时起，新的负责人为第一责任人。

甲方：   日期：

乙方：   日期：

乙方相关责任人签字：   日期：

2.7　运营维护咨询组

×××××× 项目全过程工程咨询服务目标责任书

甲方：×××××××××××

乙方：运营维护咨询组

为充分调动公司管理层的工作积极性，确保××××公司××××年总经营目标的实现；推动公司全过程工程咨询服务工作逐步向理性、科学、精细和规范的方向发展，用科学的指标评价体系替代粗线条的考评；使管理层能够与公司荣辱与共，更好地执行公司各项计划和决议，按照责、权、利对等的原则，双方在平等的基础上签订××年度（生效期限为××××至××××）岗位目标责任书。

乙方××××同志担任该项目的单项负责人（授权期限为×年×月至×年×月），由其组建全过程咨询项目各单项目标责任担当体，此目标责任书中单项负责人为第一责任人。

一、工程概况

1.工程名称：

2.工程地点：

3.建设单位：

4.建筑面积：

5.合同范围：

6.合同价格：

7.合同工期：

8.合同质量要求：

9.合同安全要求：

10.合同特殊要求：

二、双方的权利与义务

（一）甲方的权利与义务

1.甲方有权对乙方的业务服务过程进行检查和监督，并提出改进意见；

2.甲方有义务为乙方在业务服务过程中提供必要的服务和支持；

3.甲方有权在乙方业务服务过程出现失控和重大失误时，对本责任书提出修订或决定终止本责任书的执行；

4.甲方应配合及时提供相关的工作材料，提供相关的报批报建资料，协助乙方办

理与本项目有关的建设手续；

5.乙方若连续3个月指标完成情况很差，或出现明显完不成目标的情形，甲方有权向其提出警告，直至终止本责任书；

6.甲方应在规定时间内审核乙方的组织形式和资源的配置情况；

7.甲方应组织进行服务方案设计评审，对方案进行比较或专题研究，需要时组织专家论证会，为咨询服务提供依据；

8.甲方应对委托人的满意度情况进行全过程跟踪分析，对乙方的执行情况和管理工作的执行情况进行全过程监督和控制。

（二）乙方的权利和义务

1.乙方负责项目保修管理，包括组织和安排保修单位对项目缺陷的修复施工并跟踪其完成情况，编制项目保修内容一览表，审核相关单位尾款申请，签署缺陷责任期终止协议书，编制设备维修、保养工作的内容和范围；

2.乙方负责项目审计和决算，包括配合项目审计工作，配合决算前的清理工作，配合进行项目财务决算，组织项目工程造价经济分析审计、项目决算完成后，需对项目造价进行比较分析；

3.乙方负责项目其他工程（零星改建工程），组织和协调零星改建工程的设计，组织零星改建工程的合同起草、谈判和签订，组织零星改建工程的施工和验收；

4.乙方负责项目管理工作总结，包括明确项目管理工作总结，编制项目管理工作总结内容；

5.乙方负责项目后评估，包括组织编制项目进度控制情况和差异分析报告，编制项目投资控制和差异分析报告，编制项目工程质量和修缮情况评估分析报告，编制项目组织和合同结构状况评估分析报告，编制项目人力资源研究情况报告，编制项目核心目标达成情况分析报告，编制项目效益评估，组织编制项目后评价报告，组织评审项目后评价报告；

6.乙方负责运营规划，包括对运营要求进行战略分析，开发运营规划，实施运营规划；

7.乙方负责运营财务与成本规划，包括开展全生命周期成本分析，编制并管理运营财务预算，建立运营管理基准体系并持续改进；

8.乙方负责外包管理，包括识别核心运营业务和非核心运营业务，制订运营业务外包策略，确定运营业务外包目标；

9.乙方负责建筑空间管理，包括对空间进行需求分析，编制建筑空间使用规划，制订建筑空间配置标准，建立建筑空间成本评估及分摊机制，实施建筑空间调整与搬迁；

10.乙方负责建筑运维，包括制订运行标准，选择维护策略，实施运行和维护，开展专业服务；

11.环境、健康与安全管理（EHS），包括编制环境、健康与安全管理目标与方案，识别环境要素，开展建筑环境健康评价，识别健康与安全危险源，实施环境、健康与安全审核；

12.乙方负责应急管理，包括成立应急管理组织，评估应急事件风险，制订应急管理计划，组织应急演练与评审；

13.乙方负责信息管理，包括成立运营信息管理中心小组，选择运营信息管理系统，实施运营信息管理系统，构建运营管理BIM模型、智慧楼宇。

三、其他

1.如甲方与业主签订的合同终止，此责任书同时终止；

2.此项目若有后续工程，均按本责任书执行，甲乙双方另有约定的除外；

3.责任书中的未尽事宜，甲乙双方可另行协商签订补充协议，并具有同等效力；

4.与公司的所有相关制度文件均为本责任书附件，乙方须严格遵守执行；

5.本目标责任书一经双方签订立即生效，双方应严格遵守并执行。本目标责任书属中建路桥集团有限公司内部项目管理使用的约束激励方式，有关本责任书的任何争议，由双方协商解决；协商未决的，由甲方项目管理委员会协调解决；仍未决的，报集团项目管理委员会协调，协调结果为最终决定；

6.乙方更换单项负责人时，应提前7天书面通知委托人，除主要咨询人员客观上无法正常履职情形外，还应征得委托人书面同意，由咨询人负责安排具有同等资格和能力的人员代替，同时承担更换费用。自书面通知到达时起，新的负责人为第一责任人。

甲方：　　　　　　　　　　　　　　　　　　　　　　　日期：

乙方：　　　　　　　　　　　　　　　　　　　　　　　日期：

乙方相关责任人签字：　　　　　　　　　　　　　　　　日期：

附录 B
发包人要求

第一节　功能要求

（一）工程目的

本工程的目的在于：

1.建设目标：_____ ;

2.性能：_____ ;

3.产能：_____ ;

4.社会经济效益：_____ ;

5.其他：_____ 。

（二）工程规模

1.总投资：_____ 。

2.总建筑面积：_____ 。

3.总用地面积：_____ 。

4.项目用地规划：_____ 。

5.其他工程规模指标：_____ 。

编写说明

工程规模既是经济指标，也是技术指标，一般而言需包括总投资、总建筑面积、总用地面积等主要指标。由于工程项目的种类繁多，具体到某一项目而言，除了前述的总投资、总建筑面积等普遍性的指标外，还可以增加发包人比较关注的指标，如用地规划指标，也可以根据具体的工程类型等情况详细约定工程规模的其他指标。

（三）性能保证指标（性能保证表）

性能保证指标包括：

1.总指标（可附表）

2.总平面指标（可附表）

3.建筑指标（可附表）

4.结构指标（可附表）

5.建筑电气指标（可附表）

6.给水排水指标（可附表）

7.供暖通风与空气调节指标（可附表）

8.热能动力指标（可附表）

9.智能建筑指标

10.绿色性能、建筑节能指标

11.装饰装修指标（可附表）

12.室外工程指标（可附表）

13.其他指标（可附表）

编写说明

1.性能保证指标一般包括总指标、总平面指标、建筑指标、结构指标、建筑电气指标、给水排水指标、供暖通风与空气调节指标、热能动力指标等，可根据工程项目实际情况进行具体设置。对于建筑工程而言，具体的性能指标编写应涵盖以下内容：建筑总面积、建筑占地面积、建筑层数、总高、建筑防火类别、耐火等级、设计使用年限、地震基本烈度、主要结构选型、人防类别和防护等级、地下室防水等级、屋面防水等级以及建筑构造及装修（包括墙体、地面、楼面、屋面、天窗、门、窗、顶棚、内墙面、外墙面等）。

2.发包人对项目的性能指标要求可区分预期要求和最低保障要求，且最低保障要求应不低于国家强制性标准。

（四）产能保证指标

本工程总承包项目的产能保证指标包括（可附表）：＿＿＿＿＿＿＿＿。

编写说明

1.产能是指在计划期内，企业参与生产的全部固定资产，在既定的组织技术条件下，所能生产的产品数量，或者能够处理的原材料数量。产能是反映企业所拥有的加工能力的一个技术参数，也可以反映企业的生产规模。产能保证指标是工业建筑总承包项目的重要指标之一，由于工业种类繁多，产能保证指标也包括了各种计量的单位形式，比如电力行业的万千瓦、煤炭行业的吨、铁合金行业的千伏安、电解铝行业的千安等，因此需根据工业项目的实际情况进行详细的约定。

2.发包人如对产能要求有区分最低要求和预期要求的，应在此处进行注明。

第二节 工程范围

（一）概述

工程范围包括：_____。

编写说明

1.应指出工程总承包项目所涵盖的范围：设计、采购、施工、竣工验收、竣工后试验（如有）等阶段。

2.应根据工程总承包项目实际情况明确是否包含了以下各类工作：土建、线路、管道、设备安装及装饰装修工程。也可以视项目情况具体到是否包括供暖、卫生、燃气、电气、通风与空调、电梯、通信、消防等专业工程的安装以及室外线路、管道、道路、围墙、绿化等工程。

（二）包括的工作

1.永久工程的设计、采购、施工范围（可附表）

2.临时工程的设计与施工范围（可附表）

3.竣工验收工作范围（可附表）

4.技术服务工作范围（可附表）

5.培训工作范围（可附表）

6.保修工作范围（可附表）

编写说明

对永久工程、临时工程、竣工验收、技术服务、培训、保修等事项的工作范围，编写时应注意按照发承包双方约定开展。

（三）工作界区

发包人和总承包人的工作界区：_____。

总承包人和其他承包人的工作界区：_____。

其他工作界区：_____。

（四）发包人提供的现场条件

1.施工用电。发包人应在承包人进场前将施工用电接至约定的节点位置，并保证其需要。施工用电的类别为：_____，取费单价为：_____，发包人按实际计量结果收费。发包人如无法提供施工用电，相关费用由承包人纳入报价并承担相关责任。

2.施工用水。发包人应在承包人进场前将施工用水接至约定的节点位置，并保证其需要。施工用水的类别为：_____，取费单价为：_____，发包人按实际计量结果收费。发包人如无法提供施工用水，相关费用由承包人纳入报价并承担相关责任。

3.施工排水。发包人应当报批取得临时施工排水许可，承包人应当遵守国家和地方规定，按排水许可设置完善的排水系统，保持现场始终处于良好的排水状态，防止降雨径流对现场的冲刷。

4.施工道路。发包人负责取得因工程实施所需修建施工道路的权利并承担相关手续费用和建设费用，承包人应协助发包人办理修建施工道路的手续。承包人负责修建、维修、养护和管理施工所需的临时道路和交通设施，包括维修、养护和管理发包人提供的道路和交通设施。

5.其他现场条件。临时用地：_____；场地平整：_____；通信：_____；热力：_____；燃气：_____；地内地下管线和地下设施相关资料：_____；其他_____。

（五）发包人提供的技术文件

除另有批准外，承包人的工作需要遵照发包人的下列技术文件：

1.发包人需求任务书。

2.发包人已完成的设计文件。

3.发包人已完成的其他技术文件。

第三节　工艺安排或要求

（一）工艺方案

（二）流程安排

（三）质量要求

（四）产能要求

（五）技术要求（包括控制要求、可操作性、可控制性、先进性等方面）

（六）安全生产要求

（七）环保要求

（八）经济性和合理性要求

（九）工艺试验要求

（十）其他要求

编写说明

工艺安排或要求可以包括工艺方案、流程安排、质量要求、产能要求、技术要求、安全生产要求、环保要求、经济性和合理性要求、工艺试验要求等方面的内容。

第四节 时间要求

（一）开始工作时间＿＿＿＿＿＿＿＿＿。

（二）设计完成时间＿＿＿＿＿＿＿＿＿。

1.方案设计完成时间（如有）：＿＿＿＿＿＿＿＿＿。

2.初步设计完成时间（如有）：＿＿＿＿＿＿＿＿＿。

3.施工图设计完成时间：＿＿＿＿＿＿＿＿＿。

4.专项设计完成时间（根据项目情况确定）：＿＿＿＿＿＿＿＿＿。

（三）进度计划

具体编写内容可参考2017版FIDIC黄皮书对进度计划的内容和编制工具作出的指引。2017版FIDIC黄皮书通用合同条件第8.3款［进度计划］中约定进度计划应包含以下内容：

（1）工程和各个区段（如果有）的开工日期及竣工日期。

（2）承包商根据合同数据载明的时间获得现场的日期，或在合同数据中未明确的情况下承包商要求业主提供现场的日期。

（3）承包商实施工程的步骤与顺序以及各阶段工作持续的时间，这些工作包括设计、承包商文件的编制与提交、采购、制造、检查、运抵现场、施工、安装、指定分包商、试验、启动试验和试运行。

（4）业主要求或合同条件中载明的承包商提交文件的审核期限。

（5）检查和试验的顺序与时间。

（6）对于修订版进度计划，应包括修复工程（如果需要）的顺序和时间。

（7）所有活动的逻辑关联关系及其最早和最晚开始日期以及结束日期、时差和关键线路，所有这些活动的详细程度应满足业主要求中的规定。

（8）当地法定休息日和节假日。

（9）生产设备和材料的所有关键交付日期。

（10）对于修订版进度计划和每个活动，应包括实际进度情况、延误程度和延误对其他活动的影响。

（11）进度计划的支撑报告应包含：涉及所有主要阶段的工程实施情况描述；对承包商采用的工程实施方法的概述；详细展示承包商对于工程实施的各个阶段现场要

求投入的各类人员和施工设备的估计；如果是修订版进度计划，则需标识出与前版进度计划的不同，以及承包商为克服进度延误的建议。

（四）竣工时间

1.单位建筑竣工时间：＿＿＿＿＿＿＿＿＿＿。

2.项目整体竣工时间：＿＿＿＿＿＿＿＿＿＿。

（五）缺陷责任期

＿＿＿＿＿＿＿＿＿＿。

编写说明

缺陷责任期对应承包人按约定承担缺陷修复义务及发包人预留质量保证金的时间。

（六）其他时间要求

对以上要求进行补充说明。

第五节　技术要求

（一）设计阶段和设计任务

1.方案设计阶段（如果有）：＿＿＿＿＿＿＿＿＿＿。

2.初步设计阶段（如果有）：＿＿＿＿＿＿＿＿＿＿。

3.施工图设计阶段：＿＿＿＿＿＿＿＿＿＿。

编写说明

1.关于设计阶段

根据《建筑工程设计文件编制深度规定（2016年版）》，工程设计一般分为方案设计、初步设计和施工图设计三个阶段；对于技术要求相对简单的民用工程，若行政管理没有对初步设计有强制性要求，可以在方案设计通过审批后直接进入施工图设计阶段。

2.关于设计任务

设计阶段的主要任务是根据拟建设之工程项目的特性，对拟建设工程所需的技术、经济、资源、环境等条件进行综合分析、论证，进而编制出合法合规且可行的建设工程设计文件。

3.注意各阶段设计文件的完成应与其他行政审批等程序相配合。我国对涉及土地使用、城乡规划的工程建设行为有着比较严格的行政监督管理制度，发包人应注意工程建设项目的整体管理，在设定各设计阶段完成时间时应考虑其他行政审批等程序的时间要求。如《中华人民共和国城乡规划法》第四十条规定"申请办理建设工程规划许可证，应当提交使用土地的有关证明文件、建设工程设计方案等材料"，因此设计方案应当在办理建设工程规划许可证前完成。

4.注意施工图设计文件应当依法进行审查，但也应关注近年施工图审查相应的改革措施。

《建设工程质量管理条例》第五十六条规定："违反本条例规定，建设单位有下列行为之一的，责令改正，处20万元以上50万元以下的罚款……"

（二）设计标准和规范

1.严格执行工程建设强制性标准。

2.其他应当执行的设计标准和规范：_____。

编写说明

1.应当要求承包人严格执行工程建设强制性标准并列明相应强制性标准名称。

2.其他应执行的设计标准和规范应同样明确列明。

（三）技术标准和要求

1.特殊要求的技术标准：_____。

2.新技术、新材料、新工艺、新设备的技术标准：_____。

（四）质量标准

1.一般要求的设计质量标准：_____。

2.特殊要求的设计质量标准：_____。

3.一般要求的设备采购质量标准（如果有）：_____。

4.特殊要求的设备采购质量标准（如果有）：_____。

5.一般要求的施工质量标准：_____。

6.特殊要求的施工质量标准：_____。

（五）设计、施工和设备监造、试验（如果有）

1.设计技术要求：_____。

2.施工技术要求：_____。

3.设备监造要求：_____。

4.试验要求：_____。

编写说明

本条主要针对设计、施工、设备监造和试验环节，除通用合同条件要求外，发包人根据工程特点和项目功能需求在技术方面可能有的特别要求。

（六）样品

1.涉及结构安全的试块、试件以及有关材料及其性能指标：＿＿＿＿＿＿＿＿＿＿＿。

2.其他需报送样品的材料或设备（种类、名称、规格、数量、性能指标）：

＿＿＿＿＿＿。

3.样品质量检测结果备案：＿＿＿＿＿＿＿＿＿＿。

第六节　竣工试验

（一）第一阶段，如对单车试验等的要求，包括试验前准备。

1.单车试验要求：＿＿＿＿＿＿＿＿＿＿。

2.试验前准备工作：＿＿＿＿＿＿＿＿＿＿。

（二）第二阶段，如对联动试车、投料试车等的要求，包括人员、设备、材料、燃料、电力、消耗品、工具等必要条件。

1.联动试车条件

（1）承包人已经提供符合要求的联动试车方案。

（2）联动试车前须整改项目已经整改完毕。

（3）联动试车前已经完成相关现场检查，包括：＿＿＿＿＿＿＿＿＿＿。

（4）承包人已经提供联动试车所需要相关技术文件、培训指导，包括：＿＿＿＿＿＿＿。

（5）满足以下法律法规以及相关规范标准中的试车要求：＿＿＿＿＿＿＿＿＿＿。

工程具备联动试车条件的，承包人组织试车，试车方案报发包人并在试车前48小时通知发包人代表，通知包括试车内容、时间、地点和发包人应做准备工作的要求。发包人相关配合工作，主要包括：＿＿＿＿＿＿＿＿＿。联动试车通过，发包人及承包人在联动试车记录上签字。

2.投料试车条件

（1）承包人已经提供符合要求的投料试车方案。

（2）投料试车前须整改项目已经整改完毕。

（3）投料试车前已经完成相关现场检查，包括：＿＿＿＿＿＿＿＿。

（4）承包人已经提供投料试车所需要相关技术文件、培训指导，包括：＿＿＿＿＿。

（5）满足以下法律法规以及相关规范标准中的投料试车要求：＿＿＿＿＿＿＿＿＿。

工程具备投料试车条件的，试车方案经发包人同意后由发包人组织试车，发包人应提前将试车内容、时间、地点通知承包人。投料试车通过，发包人及承包人在投料试车记录上签字。

竣工试验过程中产生的收益归发包人所有。

（三）第三阶段，如对性能测试及其他竣工试验的要求，包括产能指标、产品质量标准、运营指标、环保指标等。

第七节　竣工验收

编写说明

竣工验收是指承包人完成了合同约定的各项内容后，发包人按合同要求的范围和标准、发包人要求及国家相关规定等进行的验收。竣工验收是全面考核建设工作成果，检查设计、施工、设备和生产准备工作的质量、安全、投资、工期等内容的重要环节，对促进建设项目及时投产，发挥投资效益，总结建设经验有重要作用。凡新建、扩建、改建的基本建设和技术改造项目，按批准的设计文件所规定的内容建成后，应及时组织竣工验收。

第八节　竣工后试验（如有）

1.竣工后试验范围：＿＿＿＿＿＿＿＿＿＿＿。

2.竣工后试验时间和程序：＿＿＿＿＿＿＿＿＿＿＿。

第九节　文件要求

（一）设计文件及其相关审批、批准、备案要求

1.设计文件要求：＿＿＿＿＿＿＿＿＿＿＿。

2.设计文件相关审批要求：＿＿＿＿＿＿＿＿＿＿＿。

3.设计文件核准要求：＿＿＿＿＿＿＿＿＿＿＿。

4.设计文件备案要求：＿＿＿＿＿＿＿＿＿＿＿。

（二）沟通计划

1.与发包人沟通：＿＿＿＿＿＿＿＿＿＿＿。

2.与政府相关部门沟通：＿＿＿＿＿＿＿＿＿＿＿。

3.与分包人沟通：＿＿＿＿＿＿＿＿＿＿＿。

4.与供应商沟通：＿＿＿＿＿＿＿＿＿＿＿。

5.与工程师沟通：＿＿＿＿＿＿＿＿＿＿＿。

6.与设计部门沟通：＿＿＿＿＿＿＿＿＿＿＿。

7.与采购部门沟通：＿＿＿＿＿＿＿＿＿＿＿。

8.与施工部门沟通：＿＿＿＿＿＿＿＿＿＿＿。

9.与其他参与方沟通：＿＿＿＿＿＿＿＿＿＿＿。

编写说明

沟通计划是对项目全过程的沟通工作、沟通方法、沟通渠道等方面的计划与安排。由于建设工程项目沟通的性质多种多样，所涉及的关系错综复杂，因而沟通的复杂程度和难度都比较大，为了建设工程项目各参与方沟通顺畅，使建设工程项目按期交付使用，应制订沟通计划。

（三）风险管理计划：＿＿＿＿＿＿＿＿＿＿＿

1.风险识别：＿＿＿＿＿＿＿＿＿＿＿。

2.风险评估：＿＿＿＿＿＿＿＿＿＿＿。

3.风险响应：＿＿＿＿＿＿＿＿＿＿＿。

4.风险控制：＿＿＿＿＿＿＿＿＿＿＿。

编写说明

建设工程项目具有投资规模大、建设周期长、建设工序复杂、技术风险大等特点，这些特点使工程项目所涉及的不确定因素和风险较多，且由此类风险导致的损失规模也较大。工程项目的风险与其投资、施工和使用是密切相关的，工程量和投资越大的项目，往往风险也就越大。因此，在工程总承包项目的管理中，风险管理是发承包双方都应当极为重视的一环。

（四）竣工文件和工程的其他记录：＿＿＿＿＿＿＿＿＿＿＿

编写说明

竣工文件和工程的其他记录称为建设工程文件。建设工程文件是在工程建设过程中形成的各种形式的信息记录，其包括工程准备阶段文件、监理文件、设计文件、采购文件、施工文件、竣工图和竣工验收文件。

（五）操作和维修手册：＿＿＿＿＿＿＿＿＿＿＿

（六）其他承包人文件

发包人另行制订要求。

第十节　工程项目管理规定

（一）质量：_____。

（二）进度，包括里程碑进度计划（如有）：_____。

（三）支付：_____。

编写说明

支付管理规定应对预付款、进度款、竣工结算款、安全文明措施费的支付方式、质保金的提供形式及返还方式、期限要求、准确性要求、审核流程、承包人使用工程资金的要求、农民工工资专用账户的人工费支付比例及支付周期等做出约定。

（四）HSE（健康、安全与环境管理体系）：_____。

（五）沟通：_____。

（六）变更：_____。

编写说明

建设过程中的工程变更，对工程质量、工期和造价都可能产生影响。变更管理要求应对变更范围、承包人合理化建议范围、变更引起的合同价格调整等做出约定。

第十一节　其他要求

（一）对承包人的主要人员资格要求

1.承包人主要人员范围认定：_____；

2.承包人主要人员的确定和变动：_____；

3.承包人主要人员具体信息：_____；

4.特定岗位人员最低要求：_____。

编写说明

工程总承包项目对承包人主要人员的资格要求普遍较高，是由工程总承包模式的特点及该模式下发包人和承包人双方权责范围及风险承担决定的。

（二）相关审批、核准和备案手续的办理

政府投资项目相关审批、核准和备案手续的办理：_____。

企业投资项目相关审批、核准和备案手续的办理：_____。

（三）对项目业主人员的操作培训

1.承包人培训义务

承包人应对发包人进行工程操作和维修培训。培训应当在工程接收前进行，在培训结束前，不应认为工程已经按照承包合同约定的接收要求竣工。

2.培训计划的制订

承包人应在承包合同生效后3个月内向发包人提交详细的项目培训计划，发包人有权审核承包人提交的培训计划并向承包人回复审核意见。

培训计划涵盖的范围根据承包合同确定承包人工作范围以及发包人和承包人双方的责任矩阵。

培训计划内典型的培训课程至少包括下列要素：

·课程名称

·内容概述

·培训日期

·培训地点

·培训时间

·目标参培人员及参培人员数量

·设备/系统信息

·培训人员信息

鉴于合同生效3个月内不能保证所有供应商会被授标，培训计划应当是一个动态的更新过程。

（四）分包

1.分包计划：_____；

2.分包人资格审查：_____；

3.分包人确定及授标：_____；

4.分包合同商务条款：_____；

5.劳务分包特定要求：_____。

编写说明

分包管理是工程总承包项目全生命周期管理过程中的一项重要内容，承包人分包管理的效果直接关系着项目能否按照约定工期和质量标准完工，施工现场各项作业是否有序，施工现场工作人员能否遵守各项规章制度，以及发包人的项目指标能否顺利实现。

（五）设备供应商

1.设备采购计划：_____ ；

2.供应商资格预审：_____ ；

3.设备采购程序文件：_____ ；

4.备品备件和专用工具的采购：_____ ；

5.技术标评标及授标：_____ ；

6.采购合同商务条款：_____ 。

（六）缺陷责任期的服务要求

1.缺陷责任期内的扫尾工作：_____ 。

2.缺陷修复的范围和内容：_____ 。

编写说明

缺陷责任期内为了使工程、每个分项工程和承包人文件在相应缺陷通知期限期满日或期后尽快达到合同要求（合理的损耗除外），承包人应在发包人指示的合理时间内，完成接收证书注明日期时尚未完成的任何工作。

（七）联合体投标

1.本项目是否接受联合体投标：_____ 。

2.联合体的资质要求：_____ 。

3.联合体牵头人：_____ 。

4.联合体项目经理的派出单位：_____ 。

（八）争议评审

1.争议评审小组成员的人数：_____ 。

2.争议评审小组成员的确定：_____ 。

3.选定争议避免/评审组的期限：_____ 。

4.争议评审员报酬的承担人：_____ 。

附录 C
法律法规

一、法律

1.《中华人民共和国环境保护法》（2014年版）；

2.《中华人民共和国大气污染防治法》（2018年版）；

3.《中华人民共和国水污染防治法》（2017年版）；

4.《中华人民共和国环境影响评价法》（2018年版）；

5.《中华人民共和国安全生产法》（2021年版）；

6.《中华人民共和国水土保持法》（2010年版）；

7.《中华人民共和国水土保持法实施条例》（2011年版）；

8.《中华人民共和国城乡规划法》（2019年版）；

9.《中华人民共和国道路交通安全法实施条例》（2017年版）；

10.《中华人民共和国道路交通安全法》（2021年版）；

11.《中华人民共和国建筑法》（2019年版）；

12.《中华人民共和国标准施工招标文件》（2007年版）；

13.《中华人民共和国招标投标法》（2017年版）；

14.《中华人民共和国招标投标法实施条例》（2019年版）；

15.《中华人民共和国职业病防治法》（2018年版）；

16.《中华人民共和国固体废物污染环境防治法》（2020年版）；

17.《中华人民共和国档案法》（2020年版）。

二、相关规范文件

1.《政府投资项目可行性研究报告编写通用大纲（2023年版）》；

2.《企业投资项目可行性研究报告编写参考大纲（2023年版）》；

3.《关于投资项目可行性研究报告编写大纲的说明（2023年版）》；

4.《项目申请报告通用文本》；

5.《建设项目经济评价方法与参数》（第三版）；

6.《建设项目环境保护管理条例》（2017年版）；

7.《建设项目环境影响评价分类管理名录》；

8.《关于进一步加强环境影响评价管理防范环境风险的通知》（环发〔2012〕77号）；

9.《建设项目环境影响评价分类管理名录》（2021年版）；

10.《国务院关于落实科学发展观加强环境保护的决定》（国发〔2005〕39号）；

11.《建设项目环境影响评价技术导则　总纲》HJ 2.1—2016；

12.《固定资产投资项目节能审查办法》（2016年版）；

13.《国务院关于进一步加强企业安全生产工作的通知》（国发〔2010〕23号）；

14.《建设工程安全生产管理条例》（国务院令第393号）；

15.《建设项目安全实施"三同时"监督管理暂行办法》（2010年版）；

16.《海洋石油安全生产规定》（2013年版）；

17.《安全评价通则》AQ 8001–2007；

18.《安全预评价导则》AQ 8002–2007；

19.《关于加强建设项目安全设施"三同时"工作的通知》（发改投资〔2003〕1346号）；

20.《建设领域安全生产行政责任规定》；

21.《国家发展改革委重大固定资产投资项目社会稳定风险评估暂行办法》；

22.《重大固定资产投资项目社会稳定风险分析篇章和评估报告编制大纲（试行）》；

23.《生产建设项目水土保持技术标准》GB 50433—2018；

24.《生产建设项目水土流失防治标准》GB/T 50434—2018；

25.《国土资源部关于加强地质灾害危险性评估工作的通知》（国土资发〔2004〕69号）；

26.《地质灾害防治条例》（国务院令第394号）；

27.《国务院办公厅转发国土资源部　建设部关于加强地质灾害防治工作意见的通知》（国办发〔2001〕35号）；

28.《地质灾害危险性评估规范》GB/T 40112—2021；

29.《建设用地地质灾害危险性评估技术要求》（试行）；

30.《国务院办公厅转发公安部　建设部关于实施全国城市道路交通管理"畅通工程"意见的通知》（国办发〔2000〕18号）；

31.《城市规划编制办法》；

32.《建设项目交通影响评价技术标准》CJJAT 141—2010；

33.《建设项目交通影响评价技术手册》；

34.《建设工程勘察设计管理条例》（2017年版）；

35.《岩土工程勘察规范》GB 50021—2001（2009年版）；

36.《建设工程勘察质量管理办法》（2021年版）；

37.《工程建设项目勘察设计招标投标办法》（2013年版）；

38.《实施工程建设强制性标准监督规定》（2015年版）；

39.《房屋建筑和市政基础设施工程施工图设计文件审查管理办法》（2018年版）；

40.《建设项目设计概算编审规程》CECA/GC 2—2015；

41.《建设工程施工合同（示范文本）》GF—2017—0201；

42.《建设项目工程总承包合同（示范文本）》GF—2020—0216；

43.《建设工程招标控制价编审规程》CECA/GC 6—2011；

44.《建设项目全过程造价咨询规程》CECA/GC 4—2017；

45.《建设工程造价咨询成果文件质量标准》CECA/GC 7—2012；

46.《建设工程工程量清单计价规范》GB 50500—2013；

47.《建设工程文件归档规范》GB/T 50328—2014；

48.《建设工程质量管理条例》（2019年版）；

49.《建设工程勘察质量管理办法》（2021年版）；

50.《建设工程勘察设计资质管理规定》（2018年版）；

51.《建筑工程设计文件编制深度规定（2016年版）》；

52.《政府核准的投资项目目录》；

53.《建设工程规划许可证》；

54.《安全生产许可证条例》（2014年版）；

55.《建筑工程施工质量验收统一标准》GB 50300—2013；

56.《建设用地规划许可证》；

57.《职业健康安全管理体系　要求及使用指南》GB/T 45001—2020；

58.《建筑工程施工许可管理办法》；

59.《建筑业企业资质管理规定》；

60.《建筑施工企业安全生产许可证管理规定》；

61.《建筑施工安全检查标准》JGJ 59—2011；

62.《规划环境影响评价条例》（国务院令第559号）；

63.《建设项目选址意见书》;

64.《环境管理体系 要求及使用指南》GB/T 24001—2016;

65.《城市生活垃圾管理办法》;

66.《建设工程施工现场环境与卫生标准》JGJ 146—2013;

67.《国务院关于修改部分行政法规的决定》（国务院令第687号）;

68.《质量管理体系 基础和术语》GB/T 19000—2016;

69.《建设工程项目管理规范》GB/T 50326—2017;

70.《建设项目工程结算编审规程》CECA/GC 3—2010;

71.《建设工程造价咨询规范》GB/T 51095—2015;

72.《基本建设项目档案资料管理暂行规定》;

73.《国家基本建设委员会关于编制基本建设工程竣工图的几项暂行规定》;

74.《建设项目（工程）竣工验收办法》;

75.《市政基础设施工程施工技术文件管理规定》;

76.《科学技术档案案卷构成的一般要求》GB/T 11822—2008;

77.《建设工程监理规范》GB/T 50319—2013;

78.《国有土地使用权出让合同》;

79.《国有土地使用证》;

80.《照片档案管理规范》GB/T 11821—2002;

81.《声像档案建档规范》ZKY/B 002—5—2006;

82.《技术制图 复制图的折叠方法》GB/T 10609.3—2009;

83.《国家重大建设项目文件归档要求与档案整理规范》DA/T 28—2002（2015年版）;

84.《房屋建筑和市政基础设施工程竣工验收规定》;

85.《房屋建筑和市政基础设施工程竣工验收备案管理办法》;

86.《基本建设财务规则》（2017年版）;

87.《财政部关于进一步加强中央基本建设项目竣工财务决算工作通知》（财办建〔2008〕91号）;

88.《建设工程价款结算暂行办法》（2022年版）;

89.《工程造价咨询企业管理办法》（2020年版）;

90.《注册造价工程师管理办法》;

91.《建设项目施工图预算编审规程》CECA/GC 5—2021;

92.《工程建设项目货物招标投标办法》。

参考文献

［1］ 吴玉珊，韩江涛，龙奋杰，等.建设项目全过程工程咨询理论与实务[M].北京：中国建筑工业出版社，2018.

［2］ 陈金海，陈曼文，杨远哲，等.建设项目全过程工程咨询指南[M].北京：中国建筑工业出版社，2018.

［3］ 杨卫东，敖永杰，翁晓红，等.全过程工程咨询实践指南[M].北京：中国建筑工业出版社，2018.

［4］ 建设工程项目管理服务大纲和指南.上海市建设工程咨询行业协会，同济大学复杂工程管理研究院[M].上海：同济大学出版社，2018.

［5］ Christensen, L. R. , Jorgenson. D. W. , Lau, L. J. Transecendental logarithmic production frintiers [J]. Review of Economics and Statistics，1973, 55: 28–45.

［6］ 李兴刚.全过程工程咨询丛书——工程项目全过程咨询管理[M].北京：中国电力出版社，2020.

［7］ 北京圣华安咨询有限公司.基础设施全过程工程咨询操作指南[M].北京：中国电力出版社，2020.

［8］ 张江波，徐旭东，郭嘉祯，等.全过程工程咨询施工阶段[M].北京：化学工业出版社，2022.

［9］ 严玲，尹贻林.工程造价导论[M].天津：天津大学出版社，2004.

［10］ Freeman, R. E. Strategic Managerment : A Stakeholder Approach [M]. Boston, MA : Pitman.1984.

［11］ 赵彬，曾思颖.基于BIM的设施管理信息需求与应用框架研究[J].项目管理技术，2017，15(3)：78–83.

［12］ 中国建筑设计咨询有限公司组织.建设工程咨询管理手册[M].北京：中国建筑工业出版社，2017.

［13］ 潘自强，赵家新.建设工程项目管理咨询服务指南[M].北京：中国建筑工业出

版社，2017.

[14] Mitchell，A. &.Wood，D. Toward a Theory of Stakeholder Dentification and Salience：Defining the Principle of Who and What Really Counts[J]. Academy of Managerment Review. 1997, 22(4)：853–886.

[15] [英]罗纳德.科斯，企业的性质[M].北京：北京大学出版社，2003.

[16] 中国建设监理协会.建设工程监理概论[M].北京：中国建筑工业出版社，2017.

[17] 陈勇，曲赜胜.工程项目管理[M].北京：清华大学出版社，2016.

[18] Facility management. Vocabulary. ISO/TR 41011.

[19] Facility management–Guidance on strategic sourcing and the development of agreements. ISO/TR 41012 .

[20] Facility management–Scope, key concepts and benefits. ISO/TR 41013.

[21] R. Haas，W. R. Hudson and J. P. Zaniewski. Modern Pavement Management Systems，Krieger Publishing Company，Malabar Fla,1994.

[22] Benjamin S Blanchard. Life Cycle Costing–A Review Terotechnica，1979(1). 9–15.

[23] 廖祖仁，傅崇伦.产品寿命周期费用评价法[M].北京：国防工业出版社，1993.

[24] 孟宪海.全寿命周期成本管理与价值管理[J].国际经济合作，2007(5).

[25] 徐扬光.设备综合工程学概论(第一版)[M].北京：国防工业出版社，1988.

[26] [美]小艾尔弗雷德.钱德勒.规模与范围——工业资本主义的原动力[M].北京：华夏出版社，2006.

[27] [美]罗伯特.S.平狄克，丹尼尔.L.鲁宾费尔德.微观经济学[M].北京：中国人民大学出版社，2000.

[28] 刘振亚.企业资产全寿命周期管理[M].北京：中国电力出版社，2015.

[29] 樊燕燕，李子奇.建设工程项目管理[M].北京：中国铁道出版社，2012.